上海主题书目

（2017年）

《上海主题书目》编纂组 编

上海书店出版社
SHANGHAI BOOKSTORE PUBLISHING HOUSE

《上海主题书目》
分类纲要与说明

一、 总体思路

本分类纲要是以文献的主要内容为标准进行划分归类，以梳理上海含埠外所出事关上海的图书书目，助力上海文化品牌建设。本纲要将上海主题图书分为政经法律、文学艺术、历史地理、文教生活、科卫生态、方志年鉴六个大类，并确立如下基本原则：

一是力求全面。 只要文献的基本内容能反映上海社会、经济、历史、人文、科技、生活的某一方面，就收录；以文献主要内容作为分类标准。

二是展现包容。 一部分上海地区科研机构的研究可能并非仅是围绕"上海主题"来进行的，但是这些成果往往对全国、甚至全人类的发展做出了相当的贡献，它们是上海文化建设中极其重要的一环，故也将其收录并归类。

三是注重实际。 将地方志、行业与各区县年鉴单独划分为一个大类。有助于这类文献的集中罗列，并方便广大读者、研究人员的查找翻阅。

二、 主要类别

1. 政经法律——研究当今政治经济、社会发展与法律制度

有关上海地方党建的专著入此大类；有关上海地方政治、城市治理的专著入此大类；有关上海经济建设的专著入此大类；有关上海地

方法治建设、法律法规入此大类。 具体包括:

(1) 上海地区机构对马克思主义哲学及其中国化的研究;

(2) 上海各级党政机关、企事业单位党建及团建专著;

(3) 社会科学总论,如社会科学机构、团体、会议专著;

(4) 东西方哲学、宗教研究;

(5) 城市治理、城市发展专著;

(6) 上海地区人才建设专著;

(7) 地方政治研究、政策研究;

(8) 地方经济研究(含第一、第二、第三产业);

(9) 地方法治及地方法律制度专著。

2. 文学艺术——以文学艺术手法讲述上海主题或上海本家作家著作

以小说、诗歌、曲艺等文学形式讲述上海的专著入此大类;有关上海的书画、音乐、艺术摄影、艺术作品入此大类;上海本土作家的作品入此大类。 具体包括:

(1) 小说、散文、诗歌、作品集、杂著、报告文学、戏剧、剧本等文学形式的专著。 例如故事背景发生在上海的小说、出生或主要活跃于上海的作家的作品集;

(2) 书法、绘画、雕刻、艺术摄影、工艺美术、音乐、表演、电影电视等艺术形式的专著。 例如出生或主要活跃于上海的作家的作品;

(3) 语言研究,但沪语专著除外。

3. 历史地理——史料型及地理类专著与人物传记

有关中共党史的专著入此大类;有关上海地区历史的专著入此大类;有关上海地理的专著入此大类;有关上海历史人物的传记入此大类。 具体包括:

(1) 中国共产党党史研究;

(2) 上海地区历史、上海地区军事史(含解放战争)研究;

(3) 上海城市地理专著,但有关地质科学、气象科学、建筑科学的专业学术著作除外;

（4）各时期上海城市地图、交通地图，但旅游地图、景区导览图除外；

（5）与上海有关的历史人物传记，包括出生或主要成就在上海的历史人物。

4. 文教生活——专论文化教育事业与上海生活场景

有关上海地方非物质文化遗产专著入此大类；有关各文化和教育系统或机构的专著入此大类；有关城市旅游的专著入此大类；有关沪语的专著入此大类；有关上海城市生活百态的专著入此大类，但小说、诗歌、戏曲形式的作品除外。具体包括：

（1）上海地区非物质文化遗产专著；

（2）图书馆、博物馆、各级各类教育机构等公共文教事业、体育竞技、职业培训的专著；

（3）上海地区出版行业专著；

（4）上海地区旅游专著；

（5）专论沪语；

（6）上海生活及民俗专著，包括婚丧嫁娶、民间习俗、饮食娱乐、时尚风潮。

5. 科卫生态——科学医卫的学术研究与生态环境

科研机构及研究者的科学技术研究入此大类；科普类专著入此大类；上海地区医学学术专著、卫生保健专著入此大类；上海地区市政规划、交通规划专著入此大类；上海地区农业技术专著入此大类；上海地区生态环境保护研究入此大类。具体包括：

（1）上海地区科学技术研究，例如航空、航天技术、生物技术、计算机技术专著（相关机构的、前沿科研成果包括在内）；

（2）上海地区中医、西医科学研究；

（3）上海地区卫生保健、养生健身专著；

（4）上海地区市政规划研究，包括市政管网、城市道路、公交轮渡等专著；

（5）上海地区农业技术专著；

（6）上海城市及郊区生态环境保护研究。

6. 方志年鉴——地方志与行业年鉴

记述上海地区地方情况的史志入此大类；年鉴入此大类。 具体包括：

（1）上海市地方志、上海各区县地方志；

（2）上海市及各区县年鉴；

（3）上海市各行业年鉴及年度报告，资料；

（4）上海市各类皮书，手册。

目 录

政经法律

文学艺术

历史地理

文教生活

科卫生态

方志年鉴

政经法律

上海概览·2017

徐威 汤汇浩 主编 百家出版社

出版日期：2017.5 一版一次 开本尺寸：20cm 107 页

书号：ISBN978－7－5475－1254－8 定价：28.00 元

提要：本书主要介绍了上海城市概览，从以下几个方面进行叙述：历史沿革、自然地理、人口就业、经济实力、智慧城市、城市建设、对外开放、深化改革、科技创新、社会事业、都市生活等。

卓越的全球城市：不确定未来中的战略与治理

肖林 周国平 著 格致出版社

出版日期：2017.1 一版一次 开本尺寸：26cm 3 卷 924 页

书号：ISBN978－7－5432－2693－7 定价：206.00 元

提要：本书分上、中、下三卷，全面系统分析了城市发展战略研究的意义、方法和范式，梳理了城市发展的理论、规律和趋势，剖析了上海未来 30 年发展的环境大势以及风险挑战，回顾和归纳了上海城市发展历程及特殊基因，提出了上海未来 30 年发展愿景目标以及实现愿景目标的重大战略。 中卷讲述的是战略愿景，内容包括：全球城市创新发展战略与治理、全球城市产业发展战略与治理、全球城市发展更新战略与治理、全球城市可持续发展战略与治理、全球城市文化发展战略与治理、全球城市社会发展战略与治理等。

全球城市：演化原理与上海 2050

周振华 著 格致出版社

出版日期：2017.10 一版一次 开本尺寸：26cm 452 页

书号：ISBN978－7－5432－2782－8 定价：92.00 元

提要：本书以全球城市演化为研究对象，即全球城市生成、崛起、发展、趋向的动态演化过程。 其中，涉及全球城市演化本体论、演化生态环境、演化物种论、演化动力学、演化模式与形态及空间等内容。全书由两大部分构成：基本原理与运用案例。上篇主要阐述全球城市演化原理，构建全球城市动态演化基本框架。下篇主要运用全球城市动态演化基本框架研究"上海 2050"全球城市演化的案例，或者说，指导和支撑"上海 2050"全球城市发展战略研究。

上海战略研究（2050）：资源、环境、驱动力

周振华 徐珺 著 格致出版社

出版日期：2017.1 一版一次 开本尺寸：26cm 470 页

书号：ISBN978-7-5432-2682-1 定价：96.00 元

提要：本书是《发展战略研究丛书》的第四本，也是战略所在"面向未来 30 年的上海"发展战略研究过程中，对上海未来 30 年战略环境、战略资源和战略驱动力等前期研究成果的一次集中呈现。环境篇主要议题涉及：全球与中国经济增长趋势、全球治理结构与投资贸易规则演化趋势、世界新技术革命与中国科技创新趋势、世界能源格局变化与中国能源战略调整趋势、世界城市体系及全球城市发展趋势、"一带一路"与中国对外开放新格局、"长江经济支撑带"与区域发展格局、国内主要城市发展战略与竞合关系。资源篇主要议题涉及：人力资源开发潜力、土地空间资源潜力、科技创新资源潜力、教育与医疗等社会资源潜能、能源发展趋势及发展战略与节能城市建设、综合交通体系承载能力等。驱动力篇议题主要涉及：全面深化改革与上海发展动力再造、全面融入全球化与上海开放新红利、新技术和新产业革命与上海城市生产效率提升等。

21 世纪上海纪事（2015—2016）

当代上海研究所 编 上海人民出版社

出版日期：2017.12 一版一次 开本尺寸：24cm 429 页

书号：ISBN978 - 7 - 208 - 14882 - 6　定价：78.00 元

提要：进入 21 世纪后，上海的发展速度进一步加快。 为了真实、客观地记录上海日新月异的变化，全面、生动地描述上海发展的脚步，由当代上海研究所牵头，由上海社科院历史所和信息研究所专家参与编写了本书，如前几本的体例，本书的内容包括两部分。 一是专题纪事；二是每日纪事。

提升投资贸易便利化水平　构建开放型经济新体制：2016 上海国际智库咨询研究报告

上海市人民政府发展研究中心　编　格致出版社

出版日期：2017.11　一版一次　开本尺寸：26cm　419 页

书号：ISBN978 - 7 - 5432 - 2787 - 3　定价：128.00 元

提要：本书是上海市政府发展研究中心主办的国际智库高峰论坛的实录。 作为上海市委市政府首席智库，上海市政府发展研究中心在认真履行服务市委市政府决策职能的同时，还高度重视整合国内外各类决策咨询资源，并在全国范围内率先成立了以全球知名咨询公司为主体的"上海国际智库交流中心"，服务于上海经济社会发展。 在数年成功运作的基础上，上海市政府发展研究中心从 2014 年开始，每年年末举办一次年度性的"上海国际智库峰会"，并致力于打造成为品牌性的知名智库盛会。 第三届智库高峰的主题为"提升上海投资贸易便利化水平"，本书不仅收录了峰会现场的发言、交流的精彩内容，还收录了国际智库成员单位围绕此次峰会主题开展的前期研究成果报告，以飨读者。

上海国际金融中心建设服务"一带一路"战略研究

杨晔　计小青　编著　格致出版社

出版日期：2017.4　一版一次　开本尺寸：24cm　230 页

书号：ISBN978 - 7 - 5432 - 2719 - 4　定价：50.00 元

提要：本书通过理论研究、实证分析、社会调研、国际比较等四种方法，借鉴全球金融中心建设的国际经验，深入研究了"一带一路"下上海国际金融中心建设的发展态势、比较优势、发展定位，机遇与挑战，以及服务"一带一路"战略突破口的理论问题和实践问题。

中国（上海）自由贸易试验区制度创新：回顾与前瞻

肖林 张湧 主编 格致出版社

出版日期：2017.3 一版一次 开本尺寸：26cm 352页

书号：ISBN978 - 7 - 5432 - 2518 - 3 定价：88.00元

提要：上海自贸试验区自建立以来紧紧围绕国家战略，以制度创新为核心，大胆先行先试，率先探索建立符合国际化、市场化、法治化要求的制度体系，取得了一系列可复制推广的重要成果。 本书是在这一背景下对自贸试验区建设重大问题的研究总结，对于推动自贸试验区在更高层次、更广领域推进改革试验，为新时期中国全面深化改革、扩大开放，具有重要的理论价值。 书中内容涉及投资管理、贸易监管、金融创新、事中事后监管、政府职能转变、"双自联动"、融资租赁、类金融行业监管等诸多领域。

居民自治（上）：经验提炼与梳理

上海市民政局基政处 上海市街镇工作协会 编 华东理工大学出版社

出版日期：2017.2 一版一次 开本尺寸：24cm 195页

书号：ISBN978 - 7 - 5628 - 4886 - 8 定价：40.00元

提要：本书从自治机制的新探索、自治规则的制度化、自治体系的规范化、自治主体的再构建这四个部分，对上海市各街镇、居委会的居民自治工作进行经验提炼与梳理，探析了社区与居民之间是如何通过自治进行互动的，以及在自治模式、制度上新的突破和创新。

居民自治（下）：案例精选与剖析

上海市民政局基政处　上海市街镇工作协会　编　华东理工大学出版社

出版日期：2017.2　一版一次　开本尺寸：24cm　329页

书号：ISBN978－7－5628－4891－2　定价：60.00元

提要：本书是上海市民政局基政处、上海市街镇工作协会对上海市各街镇、居委会的居民自治工作进行的案例调查研究，积累了大量生动的居民自治素材，收集了历年上海市社区居民自治的案例研究成果。其主要内容涉及品牌项目荟萃、基层案例集结、典型街道剖析三个方面。

我国特大城市郊区（域）行政区划体制研究：以上海为例

熊竞　著　江苏人民出版社

出版日期：2017.3　一版一次　开本尺寸：23cm　363页

书号：ISBN978－7－214－20132－4　定价：58.00元

提要：城镇化大潮在中国做出诸多贡献的同时，也发出了诸多挑战，制度和政策仍然是城镇化趋利避害的重要工具，而如何在顺应和推动特大城市郊区经济社会发展中把握好行政区划这一政策工具，是学界和政界普遍关注的问题。本书试图系统回答这一问题，在解答过程中本书尝试引入了"断裂点"公式，对确定区划调整中城乡建制转换的标准这一难点进行了探索性的突破。随着新一代信息技术的发展和数据时代的来临，深化政区研究中的定量分析、科学分析不仅具备了条件，也成为未来研究的重要方向。

时尚之路：上海国际时尚之都建设的新探索

沈滨　著　经济管理出版社

出版日期：2017.4　一版一次　开本尺寸：24cm　235页

书号：ISBN978－7－5096－4704－2　定价：48.00元

提要：本书针对上海城市的基本特征与基因，通过分析国际五大时尚之都，找出上海与国际五大时尚之都之间的差距所在，探讨上海发展成为世界第六大时尚之都的瓶颈。 此外，本书以消费、文化、教育、科创、品牌这五方面为分析主干，全面系统的分析上海国际时尚之都在这五方面应如何进行推进，进而实现突破重围。

融入长江经济带与深化滇沪合作研究

张体伟 孙长学等 著 人民出版社

出版日期：2017.10 一版一次 开本尺寸：24cm 178页

书号：ISBN978－7－01－018101－1 定价：48.00元

提要：本著作通过对云南省典型州市及上海市政府合作交流办、市社科院等地区和部门的深入调研，系统回顾滇沪区域合作历程、现状，总结取得的成效，剖析面临的突出问题及障碍因素，提出融入长江经济带战略与深化滇沪合作的总体思路，侧重对滇沪经济（产能）合作、社会事业合作、共筑长江经济带绿色廊道生态安全屏障的重点路径进行了探讨，提出完善体制机制及政策建议。

岁月留痕：吴邦国工作纪事

本书编写组 编 人民出版社

出版日期：2017.9 一版一次 开本尺寸：25cm 476页

书号：ISBN978－7－01－018240－7 定价：98.00元

提要：1991年至2013年，吴邦国同志先后担任上海市委书记、中央政治局委员、中央书记处书记、国务院副总理和中央政治局常委、全国人大常委会委员长。《岁月留痕》一书，生动反映了吴邦国同志在这些不同领导岗位上的重要实践探索与思考。 本书收录相关纪实性、回忆性文章共二十八篇，这些文章从不同侧面记述了吴邦国同志在推动我国经济社会发展、推动人大立法修法等工作过程中所起的重要作用。 全书内容丰富、资料翔实，具有重要的文献史料价值；对于学习《吴邦国论人大著作》《吴邦国论经济社会发展》两部著作，也具有独特的参考价值。

中国改革开放的排头兵：上海

周振华等 编著 人民出版社

出版日期：2017.9 一版一次 开本尺寸：24cm 148页

书号：ISBN978－7－01－017254－5 定价：54.00元

提要：本书以国际社会普遍关注的问题为导向，在简要介绍上海发展的自然、历史、文化和社会特征，以及上海的国际地位和国内地位的基础上，以经济、社会、文化、生态环境、城市运行管理等领域内的若干重大问题为主线，运用大量的案例、数据、图表，重点阐述上海发展的目标、思路、路径选择与发展经验。 生动地诠释了上海是一座什么样的城市？ 上海经济如何发展与转型？ 上海社会管理如何创新？ 上海文化如何发展与繁荣？ 上海生态环境如何保护和修复？ 上海城市如何运行与管理？ 上海未来将走向何方？

上海的宁波人

李瑊 著 商务印书馆

出版日期：2017.9 一版一次 开本尺寸：23cm 367页

书号：ISBN978－7－100－14974－7 定价：75.00元

提要：上海是一个公认的移民城市。 上海自开埠后由一个普通的地区商埠迅速成为全国经济中心乃至远东金融中心。 其优越的地理条件，特殊的政治格局和多功能中心城市的集聚效应固然是主要原因，但移民"一直是上海最大的资源之一"。 在各地迁居上海的移民中，宁波移民是一个不可忽视的、具有重要影响的优势群体集团，他们对于近代上海的繁荣与辉煌作出过重要贡献。 本书既深入探讨宁波移民对上海城市现代化的深刻影响，剖析宁被移民的心态结构以及他们在上海社会取得成功的原因，又揭示上海城市社会环境对提高宁波人的自身现代化素质，形塑宁波人社会形象的重要作用。本书资料翔实，行文生动流畅，理论表述清晰，既有一定的可读性，又有相当的学术价值，而且对于当今的移民现象也不无借鉴价值。

上海"三农"决策咨询研究：2016年度上海市科技兴农软课题研究成果汇编

孙雷 主编 上海财经大学出版社

出版日期：2017.5 一版一次 开本尺寸：30cm 356页

书号：ISBN978-7-5642-2580-3 定价：60.00元

提要：本书是2016年度上海市科技兴农软课题研究成果的汇编，其内容涉及农业科技创新，农业科技成果推广应用，基层农技推广体系建设，农业生态建设等方面，对各部门研究上海农业科技创新有现实依据，也可以由此通览上海的现状。

实践与探索：上海市教卫工作党委系统统战工作研究文选（第四辑）

上海高校统一战线理论研究会 编 上海大学出版社

出版日期：2017.1 一版一次 开本尺寸：21cm 405页

书号：ISBN978-7-5671-2648-0 定价：52.00元

提要：本书内容为上海市教卫工作党委系统统战工作研究文集，内容包括高校民主党派工作研究、高校民主党派组织对中青年成员的思想心理影响研究、新时期民主党派思想建设问题与对策探索、高校党外干部选拔任用工作研究、新时期少数民族学生教育服务引导工作研究等。

脚踏实地：社会调查论文集

章友德 主编　上海大学出版社

出版日期：2017.1　一版一次　开本尺寸：23cm　312页

书号：ISBN978-7-5671-2551-3　定价：58.00元

提要：本书选取近些年来，学生调查上海地区的报告结集出版，让读者通过阅读调查报告，有所感悟，有所提高，有助于其很好地融入社会，适应社会生活。本书收录了《家庭功能与大学新生学校适应的关系研究——以上海政法学院大学生为例》《影响女大学生体育参与度的心理因素分析——以角色期待理论为视角》《农民工就业现状研究——以上海市嘉定区安亭镇为例》等文章。

上海金融改革理论与实践（银行类）

上海金融业联合会 编　上海交通大学出版社

出版日期：2017.6　一版一次　开本尺寸：23cm　3册　1284页

书号：ISBN978-7-313-17211-2　定价：268.00元

提要：本书是"2016年上海金融业改革发展优秀研究成果"的结集。内容涉及推进上海金融业改革发展、促进市场体系建设、推动先行先试和营造良好发展环境等方面，均体现了自主创新和独到见解，具有一定的理论深度和现实意义。

锐意改革　勇于担当　走在前列

徐未晚 主编　上海交通大学出版社

出版日期：2017.3　一版一次　开本尺寸：26cm　640页

书号：ISBN978-7-313-16730-9　定价：75.00元

提要：为全面落实上海市青年工作会议精神，持续推进新世纪上海青年工作和共青团事业发展，团市委从2001年开始，全面开展了上海共青团系统青年工作课题研究，推动本市各级团组织研究青年和青年工作的现状，提高分析和解决现实问题的能力，不断为党政部门提供青年工作的决策依据和政策建议。 在 2015 年度青年工作课题研究中，全市共有 95 家单位总计申报了 274 个研究课题。 本调研集是在团市委书记班子的直接领导和具体指导下，在团市委相关部门的大力协助下组织编撰而成，团市委研究室负责统稿。

上海国际文化大都市发展研究

王慧敏 主编 上海交通大学出版社

出版日期：2017.4 一版一次 开本尺寸：26cm 138 页

书号：ISBN978 - 7 - 313 - 16837 - 5 定价：42.00 元

提要：本书围绕上海文化发展这一主题，着眼于上海作为文化大都市的消费结构和生产结构、公共文化资源的开发利用、城市品牌推广、文化产业细分行业、文化与教育、文化与金融等方面的关系，以及上海作为文化名城的对内对外影响力等展开研究。 对于理解文化大都市的上海有一定参考价值。

金融改革发展

政协上海市委员会文史资料委员会 中共上海市金融工作委员会青年报社 编著 上海教育出版社

出版日期：2017.8 一版一次 开本尺寸：24cm 466 页

书号：ISBN978 - 7 - 5444 - 7316 - 3 定价：75.00 元

提要：本书以口述形式讲述上海社金融改革的发展与完善，为研究上海金融体制的发展留下了珍贵的口述资料。 本选题也是《口述上海》系列丛书之一。

国资国企改革

政协上海市委员会文史资料委员会 中共上海市党史研究室 中共

上海市国有资产监督管理委员会 编著　上海教育出版社

出版日期：2017.8　一版一次　开本尺寸：23cm　542页

书号：ISBN978－7－5444－7683－6　定价：80.00元

提要：以口述形式讲述上海国资国企的发展历程，口述者都亲身经历了上海国资国企的改革过程，内容翔实可靠，为研究上海国资国企转型发展留下了珍贵的口述资料。

上海市教育卫生党委系统党的建设研究（2016）

沈炜　主编　上海教育出版社

出版日期：2017.7　一版一次　开本尺寸：24cm　480页

书号：ISBN978－7－5444－7696－6　定价：60.00元

提要：本书主要内容为上海市教育卫生党委系统党的建设研究会选编的2016年度上海市教卫党委系统开展的60个课题的研究成果，共分三个部分，具体以深入推进基层服务型党组织建设、切实加强干部队伍作风建设和充分发挥党员先锋模范作用为重点。

上海市建设系统汶川特大地震过渡安置房建设实录

上海市住房和城乡建设管理委员会 编　上海科学技术出版社

出版日期：2017.1　一版一次　开本尺寸：26cm　112页

书号：ISBN978－7－5478－3369－8　定价：100.00元

提要：本书记录了上海市建设系统各单位救灾援助情况，包括上海市建设系统汶川特大地震绵阳过渡安置住房援建实录、上海援建汶川地震灾区陇南过渡安置房现场指挥部工作实录、上海市建设交通两委抗震救灾后方协调小组办公室援助实录等内容。

海国图智：上海国企信息化示范工程案例集

上海市国有资产监督管理委员会 上海市经济和信息化委员会 编著 上海科学技术文献出版社

出版日期：2017.2 一版一次 开本尺寸：25cm 133页

书号：ISBN978 - 7 - 5439 - 7215 - 5 定价：46.00元

提要：本书集中展示了上海市11家信息化示范企业的成功，以及有关负责人的访谈，展示了上海市在当今科技革命、产业革命和企业转型的交会浪潮中，这些企业基于信息化的深化建设而进行的企业创新之道。

上海合作组织区域和国别环境保护研究（2016）

国冬梅 王玉娟 张宁等 编著 社会科学文献出版社

出版日期：2017.3 一版一次 开本尺寸：24cm 275页

书号：ISBN978 - 7 - 5201 - 0516 - 3 定价：98.00元

提要：本书分为上、中、下三篇，上篇重点选取上合组织区域重点环保国际合作机制，分别从组织机构、合作领域、在环保合作领域的进展及已签署的合作协议等方面进行整体梳理。 中篇是对上合组织新加入的两个对话伙伴国（亚美尼亚、阿塞拜疆）环境概况及国际环保合作的阐述，并分别从国家概况、环境问题、环境管理及环保国际合作四个方面进行了详细介绍。 下篇主要针对区域焦点问题，开展综合分析，并提出相应的政策建议，为区域环境可持续发展及环保合作提供依据。

国际上海

上海市人民政府新闻办公室 上海市商务委员会 上海市旅游局 编著 上海科学技术文献出版社

出版日期：2017.12 一版一次 开本尺寸：21cm 116页

书号：ISBN978 - 7 - 5439 - 7560 - 6　定价：38.00元

提要：本书呈现了上海经过三十多年的腾飞之后，它作为国际化大都市的靓丽面貌：国际交通枢纽、国际经贸重镇、国际金融中心、国际交流平台、国际旅游胜地、国际友人家园。全书从以上六个方面客观、全面、准确地描述了上海的新发展，中外朋友及媒体可以通过本书了解上海。

Shanghai:　China's melting pot

上海市人民政府新闻办公室　上海市商务委员会　上海市旅游局　编著　上海科学技术文献出版社

出版日期：2017.10　一版一次　开本尺寸：21cm　113页

书号：ISBN978 - 7 - 5439 - 7561 - 3　定价：38.00元

提要：Shanghai：China's Melting Pot 是《国际上海》的英文版，呈现了上海经过三十多年的腾飞之后，它作为国际化大都市的靓丽面貌：国际交通枢纽、国际经贸重镇、国际金融中心、国际交流平台、国际旅游胜地、国际友人家园。全书从以上六个方面客观、全面、准确地描述了上海的新发展。

上海 2050 协同治理与共享发展

周国平　主编　上海人民出版社

出版日期：2017.10　一版一次　开本尺寸：26cm　521页

书号：ISBN978 - 7 - 5432 - 2479 - 7　定价：198.00元

提要：本次论坛是第三届世界城市日系列论坛之一，由上海市人民政府发展研究中心和世界银行主办，来自世界银行、国务院发展研究中心和国内外相关领域的专家学者在分享全球城市发展经验的同时，围绕未来 30 年上海迈向全球城市面临的科技创新、产业升级、社会文化等问题展开深入交流。

对话张江

中国经济信息社 新华通讯社上海分社 编 上海人民出版社

出版日期：2017.5 2017.9 一版一次 开本尺寸：26cm 241页

书号：ISBN978－7－208－14494－1 定价：68.00元

提要：本书旨在通过对话的方式聚焦科创新成效，挖掘科创新亮点，直面科创新难题，生动展示以张江高新科技产业园区为典型的一系列科技型实例，全景式解读上海改革高地在科创中心建设中的战略布局，营造良好舆论氛围，凝神聚力，并将科创成果和改革经验加以凝练、提升，助推科创中心建设国家战略新布局的快速推进和实施，也为全国创造一种可借鉴可参考的"张江"样本。

城市社区治理：上海的经验

孙小逸 著 上海人民出版社

出版日期：2017.12 一版一次 开本尺寸：23cm 146页

书号：ISBN978－7－208－14917－5 定价：45.00元

提要：本书直接从一些理论模型，尤其是借助法国思想家亨利·列斐伏尔的空间生产理论，来解释和总结20世纪90年代以来上海城市社区的治理经验。全书分为九章，每一章有本章小结，内容是相互紧密关联，又从不同的视角展开，有理论，有经验，具有一定的研究价值和实践推广价值。

大城养老：上海的实践样本

《大城养老》编委会 编 上海人民出版社

出版日期：2017.8 一版一次 开本尺寸：24cm 239页

书号：ISBN978－7－208－14722－5 定价：48.00元

提要：本书提供的就是上海——中国最老的城市（中国最早进入人口老龄化、且是老龄化程度最高的城市）提供的实践样本。书稿通过13篇文章，涵盖了养老机构、社区养老、综合为老、农村互助养老等上海目前存在的多种养老形态，以及为了改善养老宜居环境，而展开的居家改造、失智支持、非正式照料、非养老住区等的种种探索。此外，这不仅仅是案例展示，每一篇之后作者同时提出了自己的思考和需要进一步解决的问题和难题。

大视野　新理念　新台阶

上海市中国特色社会主义理论体系研究中心　编　上海人民出版社

出版日期：2017.9　一版一次　开本尺寸：25cm　515页

书号：ISBN978－7－208－14801－7　定价：88.00元

提要：本书结合中国共产党带领各族人民探索中国特色社会主义道路的伟大实践，深入研究推进中国特色社会主义理论体系的理论和实际问题；结合上海实际深入研究贯彻落实科学发展观、推进中国特色社会主义建设的重大理论和实践问题。

光荣与力量：2016感动上海年度人物的震撼与激励

上海人民出版社

出版日期：2017.3　一版一次　开本尺寸：24cm　255页

书号：ISBN978－7－208－14379－1　定价：88.00元

提要：收录本书的感动上海年度人物，来自各行各业，他们是上海人民在中国梦征程中的代表，是上海当好全国改革开放排头兵和创新发展先行者的前行力量，他们的精神在传递、在光大、引领我们迈向美好的明天。

光荣与引领：上海市加强社会主义核心价值观建设的推进与深化

吴瑞虎　著　上海人民出版社

出版日期：2017.3　一版一次　开本尺寸：24cm　230页

书号：ISBN978 - 7 - 208 - 14380 - 7　定价：88.00 元

提要：本书选编了 43 篇 2016 年本市各区、各战线在深化社会主义核心价值观建设中日常化、具体化、形象化、生活化的探索与实践，并以"深入阐述　广泛宣传""开展活动　强化实践""入法入规　治理管理"三个篇章加以总结。

光荣与责任：上海市庆祝中国共产党成立 95 周年群众性主题宣传教育活动集锦

吴瑞虎 著　上海人民出版社

出版日期：2017.3　一版一次　开本尺寸：24cm　283 页

书号：ISBN978 - 7 - 208 - 14382 - 1　定价：88.00 元

提要：本书选编了部分代表性的庆祝活动和主题论文，共分为四个篇章，同时还附录中收录了纪念长征胜利 80 周年，纪念孙中山先生诞辰 150 周年等市级重大主题活动。

国家试点：上海样本的创新与示范

上海市中国特色社会主义理论体系研究中心 编　上海人民出版社

出版日期：2017.9　一版一次　开本尺寸：24cm　360 页

书号：ISBN978 - 7 - 208 - 14729 - 4　定价：68.00 元

提要：本书分别论述上海在政治、经济、文化、社会、科技等领域的改革和发展，结合案例实践，阐述理论事实。共分为 15 个专题，立足研究十八大以来，以习近平同志为核心的党中央对上海的要求，以及上海贯彻落实中央要求的实践过程、成效和经验。以世界眼光、历史眼光和辩证眼光，反映上海实际生活的深刻变化。

海派匠心：对话国企领导

中国经济信息社 新华通讯社上海分社 编　上海人民出版社

出版日期：2017.5　一版一次　开本尺寸：26cm　126页

书号：ISBN978－7－208－14478－1　定价：56.00元

提要：2016年11月至12月，上海市国资委、新华社中国经济信息社、新华社新闻信息中心、新华每日电讯、新华网、东方广播中心、第一财经等共同主办了"海派匠心"2016对话国企领导全媒体大型访谈，在为期一个多月的时间里，沪上八家大型国企负责人做客新华社访谈间，围绕企业在产品或服务中工匠精神的育成，与新华社记者直接对话，继续为推动上海"全球科创中心"以及"国际经济、金融、贸易、航运"四大中心建设献计献策。为此，新华社中国经济信息社搜集了全国各大媒体对此全媒体访谈的报道。

连接世界的力量：领袖企业的浦东样本

上海市浦东新区商务委员会　编　　上海人民出版社

出版日期：2017.4　一版一次　开本尺寸：24cm　192页

书号：ISBN978－7－208－14393－7　定价：88.00元

提要：本书选取了企业总部在浦东的大型、优秀企业，记述总部企业的生动实践，总结浦东总部经济发展的趋势及特征，反映浦东改革开放的成就，体现浦东新区总部经济发展成果。

东方"犹太人"

李旭　主编　　上海人民出版社

出版日期：2017.3　一版一次　开本尺寸：24cm　240页

书号：ISBN978－7－208－14226－8　定价：88.00元

提要：被称为中国犹太人的温州商人，在我国改革开放后几乎成为当代中国民营企业家的代表，被看作经营的能手。人们惊叹于他们敢为天下先的勇气，灵活头脑与极具活力的经营，以及温州人的吃苦耐劳、坚忍不拔的性格。近年来，第一代的温州企业家纷纷退出了历史舞台，"温二代"接班。 对此业界众说纷纭，有看好的，也有看坏的。 本书以采访纪实的方式，描述了扎根上海的温州籍新一代企业家（包括其他业界的精英）接过父辈的财富、继承父辈的精神，甚至从零开始，打拼、创新，取得不俗业绩的心路历程。

梦想的力量：万国人的口述历史

本书编委会 编 上海人民出版社
出版日期：2017.8 一版一次 开本尺寸：24cm 469页
书号：ISBN978 - 7 - 208 - 14712 - 6 定价：68.00元
提要：2013年7月18日是中国第一家股份制证券公司——上海万国证券公司成立25周年纪念日。 当年的"证券王国"已经成为尘封的记忆，当年的"万国人"却依然活跃在中国资本市场的风口浪尖。 本书是一部万国人的口述历史，一部万国人的集体回忆。 它以一段段当事人心灵中最深刻的人和事，以一个个鲜为人知的感人细节，表现那些个激情燃烧、全心投入的岁月，追寻那曾经洋溢的"万国精神"，以此作为一份对那个开创历史的特殊时代的特别纪念，一份给所有万国人和所有那个时代亲历者的特别礼物，一份风云激荡的中国资本市场的特别记录。

上海服务"一带一路"定位研究

刘乃全等 编著 格致出版社
出版日期：2017.6 一版一次 开本尺寸：24cm 147页
书号：ISBN978 - 7 - 5432 - 2753 - 8 定价：35.00元
提要：2013年9月和10月，中国国家主席习近平在出访中亚和东南亚国家期间，先后提出共建"丝绸之路经济带"和"21世纪海上丝绸之路"的倡议。"一带一路"战略的提出，具有深刻的时代背景。上海作为我国海陆双向开放的重要结点，恰好将"一带一路"连接起来，加之在金融服务、对外贸易、科技创新等方面具有比较优势，可以成为服务"一带一路"建设的枢纽平台和辐射中心。 本书作者从金融、贸易、产业发展、文化和园区建设的角度出发，为上海服务"一带一路"国家战略出谋划策。

人民建议征集制度探索

汤啸天 著　上海人民出版社

出版日期：2017.12　一版一次　开本尺寸：24cm　360页

书号：ISBN978－7－208－14734－8　定价：78.00元

提要：本书收集上海市人民建议征集制度建设的现有研究成果和公开发布的相关文件、表彰优秀人民建议的决定等材料，进行编撰，形成我国第一本有关人民建议征集制度的专集。 本书侧重于理论研究的成果汇集，全面反映人民建议征集制度建设的历程，兼顾理论与实践两个方面，并为今后的相关研究提供历史资料。

上海15分钟社区生活圈规划研究与实践

上海市规划和国土资源管理局　上海市规划编审中心　上海市城市规划设计研究院 编　上海人民出版社

出版日期：2017.6　一版一次　开本尺寸：24cm　147页

书号：ISBN978－7－208－14384－5　定价：48.00元

提要：构建"15分钟社区生活圈"，响应了上海新一轮总体规划的要求，以此为载体，打造宜居、宜学、宜游、宜业的生活空间，真正做到创新社会治理加强基层建设。 为更好地落实规划要求，上海市规划和国土资源管理局协同上海市规划编审中心，通过广泛深入的社区调研和资料研究，编成本书，旨在为"15分钟社区生活圈"的构建指明方向、为社区落实相关精神提出具体和明确的指导。 本书能够比较全面地展现编者对"15分钟社区生活圈"的定位和分析。

上海社会资源发展潜力及高质量开发研究：打造 2050 年全球城市上海

何骏 著　上海人民出版社

出版日期：2017.1　一版一次　开本尺寸：24cm　209 页

书号：ISBN978－7－5432－2699－9　定价：45.00 元

提要：本书内容包括：当前全球城市社会资源发展研究、未来 30 年重大因素对社会资源开发的影响、2050 年全球城市社会资源发展研究等。

中国传奇：浦东开发史

谢国平 著　上海人民出版社

出版日期：2017.6　一版一次　开本尺寸：24cm　464 页

书号：ISBN978－7－208－14434－7　定价：68.00 元

提要：本书共 15 章，从对浦东地名释义开始，依次叙述了海岸线的迁移与浦东成陆历史、盐业发展及新场等集镇的繁荣、精耕农业的发展、浦东人走向大海的努力与困顿、浦东与浦西落差的形成、浦东人依托浦西城市寻求发展、近代浦东籍绅商在浦东的近代化创举、浦江两岸交通联系、开发开放浦东战略的形成、大浦东行政区的形成、浦东先行先试及多方面巨大成就。

中国道路　上海实践：基层治理创新

上海市中国特色社会主义理论体系研究中心 编　上海人民出版社

出版日期：2017.6　一版一次　开本尺寸：24cm　286 页

书号：ISBN978－7－208－14440－8　定价：58.00 元

提要：本书是上海建设社会主义道路的经验总结，收录了上海 17 个区县中具有代表性的经验介绍，总结了它们在社会主义道路建设的实践过程，内容包括经济、文化、生态、党建等各个方面，突出各具特色的社会主义道路的实践，反映了上海的活力与长处，代表了一种中国特色社会主义的发展方向。

中国道路　上海实践：行业发展创新

上海市中国特色社会主义理论体系研究中心 编　上海人民出版社

出版日期：2017.9　一版一次　开本尺寸：24cm　355 页

书号：ISBN978－7－208－14826－0　定价：68.00 元

提要：本书是上海建设社会主义道路的经验总结，收录了上海各委办局中具有代表性的经验介绍，总结了它们在社会主义道路建设的实践过程，内容包括经济、文化、生态、党建等各个方面，突出各具特色的社会主义道路的实践，反映了上海的活力与长处，代表了一种中国特色社会主义的发展方向。

自贸区建设中政府职能转变的突破与创新研究

陈奇星 主编　上海人民出版社

出版日期：2017.6　一版一次　开本尺寸：24cm　304 页

书号：ISBN978－7－208－14320－3　定价：58.00 元

提要：上海按照中央对上海自贸试验区建设的要求，大胆创新，先行先试，力争把上海自贸试验区建设成为新形势下引领全面深化改革、加快创新驱动发展的标杆和引擎。 在这个过程中，就政府职能转变的主要内容、改革路径和操作方法摸索了一些有效的做法，积累了若干"可复制、可推广"的经验，取得了较丰硕的成果，但也面临一些现实问题和困境。 本书着重研究这些经验和问题，提出深化改革的思路与对策，具有一定的理论意义，也为我国自贸试验区和地方政府加快职能转变，深化行政体制改革找到本土性的对策和路径。

城市治理的 25 枚"绣花针"：上海启示录

秦畅 主编　上海社会科学院出版社

出版日期：2017.9　一版一次　开本尺寸：26cm　252 页

书号：ISBN978－7－5520－2122－6　定价：68.00 元

提要：本书是为《市民与社会》栏目 25 周年纪念而作，选取该栏目 25 个经典市民热议话题，主要是市民集中参与、共同治理上海社会的一个个小缩影，解决群租问题、拆除违章建筑、社区小景观设计，等等，话题均是市民关心的，体现如何在市民、政府管理者、企业、专家等各方面的努力下，将社会公共事务妥善解决。

城市综合管理标准体系研究：以上海市黄浦区城市管理情况为例

张同林 编　上海社会科学院出版社

出版日期：2017.6　一版一次　开本尺寸：24cm　230 页

书号：ISBN978 - 7 - 5520 - 1980 - 3　定价：59.80 元

提要：本书是上海社会科学院城市与人口发展研究所张同林接受上海市黄浦区市政综合管理委员会委托研究重大研究项目"上海是黄浦区城市综合管理标准体系研究"课题的前期调查研究成果集。

风展红旗如画

胡礼刚　张中懿 主编　上海社会科学院出版社

出版日期：2017.1　一版一次　开本尺寸：24cm　288 页

书号：ISBN978 - 7 - 5520 - 1575 - 1　定价：99.00 元

提要：本书为上海中环投资开发（集团）有限公司受命承担上海市首批 36 个"城中村"改造地块之一的红旗村的改造重任后，分成六辑，以图文的方式，从多角度、全方位地记载了红旗村"城中村"改造工作迄今为止的整个过程、每个侧面，众多决策者、建设者、亲历者的实践、体验、感想和收获，再现了红旗村风起云涌的日日夜夜和旧貌新颜的点点滴滴。

国家战略中的上海科技创新中心城市建设：理论、模式与实践

屠启宇　李健等　著　上海社会科学院出版社

出版日期：2017.4　一版一次　开本尺寸：24cm　356 页

书号：ISBN978－7－5520－1926－1　定价：85.00 元

提要：本书从城市战略发展的视角出发，根据特大城市特点（多圈层、国际化、广辐射等），分层构筑、分步研究，在理论层面对上海以创新驱动为特征的城市发展机制进行分析，重点研究不同空间主体包括创新城市、创新城区、创新新城（智慧新城）、创新都市区（创新城市—区域）发展的经验与规律；在应用层面研究上海多层级（创新城市—中心城—新城—都市区）在多条线（社会—经济—建设—管理）的创新发展任务体系，提出上海创新驱动在各空间层面的发展思路和应用决策，最终形成一个上海建设全球科技创新中心的完整框架。

沪上观澜：第二届上海学学术研讨会论文集

何小刚　编　上海社会科学院出版社

出版日期：2017.3　一版一次　开本尺寸：24cm　161 页

书号：ISBN978－7－5520－1901－8　定价：49.80 元

提要：本书是第二届“上海学”学术学科会议论文的汇编，“上海学”是上海电机学院的重点学科建设项目。 会议的与会专家主要来自上海社科院、复旦大学、上海交通大学、上海财经大学、华东理工大学、上海师范大学等著名院校以及外省市的诸多学者。 包括《“上海经验”在南通》《落地不生根：上海皖南小三线人口迁移研究》和《上海地方性立法的回顾与展望》等 16 篇文章，内容涵盖政治、经济、法律等，内容丰富，研究深入，具有一定的学术价值。

未来 30 年上海人才发展战略研究

汪怿 著　上海社会科学院出版社

出版日期：2017.7　一版一次　开本尺寸：23cm　222 页

书号：ISBN978－7－5520－1989－6　定价：60.00 元

提要：本书就未来 30 年上海人才发展战略作了前瞻研究，提出了建设"全球人才枢纽"的命题，并对未来人才战略定位、战略选择、战略布局进行了深入研究，对推进上海未来人才发展、建设具有全球竞争力的人才制度体系、制订人才发展政策、充分发挥人才在全球发展中的作用，具有一定的启发和借鉴意义。

现代上海研究论丛（第 13 辑）

徐建刚 主编　上海书店出版社

出版日期：2017.5　一版一次　开本尺寸：21cm　404 页

书号：ISBN978－7－5458－1462－0　定价：55.00 元

提要：《上海研究论丛（第 13 辑）》由上海研究中心主办，本辑收录 2016 年上海社科界对于现代上海历史、经济、文化、政治、社会等各个领域研究的成果，共 29 篇文章，按"规划展望""改革创新""文化纵横""口述实录""人物春秋""抗战一页"六个板块，分别编选其中较有代表性的论文。另外还有一个关于 2015－2016 年现代上海研究部分文章目录索引。本辑所选文章的视角独特，考察多维，给人多项启迪则以开阔视域、分析精辟，能启发思考取胜。

竞赛铸辉煌，上海市重点工程实事立功竞赛 30 年纪念摄影集（1986—2016）

上海市重点工程实事立功竞赛领导小组 编　上海书画出版社

出版日期：2017.1　一版一次　开本尺寸：26cm　217 页

书号：ISBN978－7－5479－1303－1　定价：380.00 元

提要：上海市重点工程事实立功竞赛活动，是 1986 年 6 月江泽民同志任上海市长时倡导的。 30年来，立功竞赛活动在促进上海市城市建设、经济发展发挥重要作用，成为上海两个文明建设、社会经济发展的著名活动品牌。 30年来，历届上海市委、市政府始终高度重视，给予全力支持。

上海工业改革调整亲历记（1992—2006）

上海市文学艺术界联合会 编著　上海文化出版社

出版日期：2017.1　一版一次　开本尺寸：26cm　309页

书号：ISBN978－7－5535－0554－1　定价：48.00元

提要：本书以口述历史的形式，围绕上海工业系统原七大工业局下属企业和员工在上海产业结构调整升级中一些比较典型的事件，从亲历者、当事人、见证人的角度，口述当年经历的事实，以及当时的所思所想，为上海产业结构调整升级、城市变迁留下一份真实、丰富的历史记录，补充、丰富、完善正史记载，为文艺创作提供可靠的生动素材，也为上海城市文化发展留下普通市民的真实而又可信的细节内容。

2016上海与美国地方交流年度大事记

上海市美国问题研究所 主编　上海远东出版社

出版日期：2017.6　一版一次　开本尺寸：24cm　299页

书号：ISBN978－7－5476－1289－7　定价：58.00元

提要：该项目以"一事一条"的形式呈现，旨在全面反映上海与美国双边交往的年度热点和重要事件。 条目内容从上海市政府、各委办局、沪上大型国企等单位的官网摘录，在此基础上加以编辑、组织文字。 同时，结合市政府单位提供的相关数据，对沪美交流情况及特点进行总结和分析，以期做好当代沪美交流的史料的整理和搜集工作。

上海钱业及钱业公会

邹晓昇 编选 上海远东出版社

出版日期：2017.5 一版一次 开本尺寸：27cm 2册 1140页

书号：ISBN978－7－5476－1227－9 定价：268.00元

提要：本书主要收录的档案内容涵盖上海钱业业规、公会章程、组织结构，上海钱业与政府、商业、金融市场的关系，上海钱业各项附属事业，以及上海钱业公会会议记录，大致能够反映上海钱业在民国时期的基本情况。

"一带一路"沿线地区发展与上海作用：中国青年学者"一带一路"纵横谈

马文玲 智宇琛 杨玉鑫等 编著 社会科学文献出版社

出版日期：2017.5 一版一次 开本尺寸：24cm 316页

书号：ISBN978－7－5201－0713－6 定价：78.00元

提要："一带一路"倡议、长三角经济带发展战略和京津冀一体化战略是我国三大顶层战略，对于我国实现"两个一百年"宏伟目标具有重要意义。 其中，"一带一路"倡议实现了国内外发展战略的整体协同和互联互通，因此与其他两大战略之间的联动实施备受关注。 为深入贯彻办院宗旨，上海研究院特别设立了专题研究项目，旨在关注和研究"一带一路"倡议与长三角经济带战略协同联动情况，对"一带一路"沿线地区发展情况和上海市有关改革发展情况进行系统研究，并提出相应政策建议。

睦邻·自治·社区治理：上海嘉定区案例集

曾凡木 赖敬予 主编 社会科学文献出版社

出版日期：2017.11 一版一次 开本尺寸：23cm 260页

书号：ISBN978－7－5201－1745－6 定价：69.00元

提要：本书按照自组织理论的架构，呈现了上海嘉定区诸多社区的社区营造案例，展现了在不同条件下社区自治组织的成长过程。

全球治理中的中国与上海：上海对接"一带一路"

任琳等 著 社会科学文献出版社

出版日期：2017.10 一版一次 开本尺寸：24cm 208页

书号：ISBN978－7－5201－1238－3 定价：68.00元

提要：本书共分为六章，内容包括影响未来世界政治经济发展的基本因素、中国参与全球治理、发展全球伙伴关系、新发展理念及其实践、中国提出"一带一路"倡议、四个丝绸之路中的上海角色。

上海合作组织 15 年：发展形势分析与展望

李进峰 编 社会科学文献出版社

出版日期：2017.6 一版一次 开本尺寸：25cm 46页

书号：ISBN978－7－5201－0944－4 定价：58.00元

提要：本书是中国社会科学院俄罗斯东欧中亚研究所上海合作组织黄皮书课题组组织撰写的一部智库报告，通过分析上合组织成立至今的发展成就、取得的经验教训和当前面临的国际环境，探究组织发展的机遇和挑战，并对组织的未来作出展望。 书中还附有上合组织成员国总体 GDP 规模情况和成员国相互贸易情况，以及上海合作组织发展 15 年大事记。

贸易规则变迁与上海的机遇

余南平 主编 世界图书出版公司

出版日期：2017.10 一版一次 开本尺寸：24cm 227页

书号：ISBN978－7－5192－3709－7 定价：52.00元

提要：本书的研究课题组一直关注 TPP，并且始终置于中国发展和上海机遇挑战的视域下去考察。 本书认为，TPP 的可能流产，并不代表其研究价值的丧失。 本研究着眼于 TPP 协议从产生到遭遇停摆对于全球贸易结构的改变，包括对中国和上海对外贸易，包括投资的影响进行多层次、多角度的分析和研究，并试图给出政策性建议与对策。 试图探讨，贸易规则的变动对中国发展、上海发展的影响，寻找出可能的、内在的、固定的规律。

共筑高度：上海中心大厦工程参建企业荣誉册

陈晓波　曹参　主编　同济大学出版社

出版日期：2017.7　一版一次　开本尺寸：30cm　199页

书号：ISBN978－7－5608－6789－2　定价：280.00 元

提要：本书主要介绍了参与上海中心大厦建设的各企业因工程体量大、难度高，而成功挑战建设过程中的各种"第一次"；在复杂施工环境下，讲述各企业在求速度中如何坚守安全、质量底线，以及分工协作理念；通过珍贵的图片纪实和精炼的文字引导，揭示超级工程"不止高度"，而是"创造提升、品质呈现"的真内涵。

旅游梦之城：上海国际旅游度假区创新实践

上海国际旅游度假区管理委员会　上海申迪（集团）有限公司 编同济大学出版社

出版日期：2017.2　一版一次　开本尺寸：25cm　222页

书号：ISBN978－7－5608－6678－9　定价：280.00 元

提要：上海国际旅游度假区是以上海迪士尼项目为核心的开发项目，是浦东中部地区十三五期间开发的重点，本书从这个项目的规划、建设和管理三个方面入手，详细地介绍了以上海国际旅游度假区为案例的城市转型发展的创新典范。 打造体验式旅游城，再现经典迪士尼，开创海派文化新高度。

区域创新生态系统适宜度评价及比较研究：上海、北京和深圳

赵程程 著　同济大学出版社

出版日期：2017.2　一版一次　开本尺寸：24cm　91页

书号：ISBN978‐7‐5608‐6574‐4　定价：38.00 元

提要：本书稿构建了区域创新生态系统的评价指标体系，通过引入优化生态位评估模型，计算和比较上海与北京、深圳创新型城市的创新生态系统适宜度，分析上海与北京、深圳在创新生态系统构建方面存在差距。　同时寻找上海在完善创新生态系统的进程中存在的问题和面临的挑战，试图通过分析，提出一些政策建议。

全球城市：服务经济与国际化：伦敦、纽约、上海比较研究

李清娟　兰斓 著　同济大学出版社

出版日期：2017.12　一版一次　开本尺寸：26cm　177页

书号：ISBN978‐7‐5608‐7572‐9　定价：68.00 元

提要：本书从全球城市发展的背景、路径及特点入手，指明了全球城市的产业特征是以服务经济为主。　从金融服务、创意经济、旅游商业服务和零售服务等方面介绍了伦敦和纽约的服务经济发展现状。通过研究伦敦和纽约服务经济发展的历史演进与空间布局规律，在比较研究的基础上重点对上海服务经济展开分析，指出了上海在服务经济发展方面已取得的成效和面临的诸多挑战，探索了上海未来发展的方向和路径，为上海吸引全球贸易投资主体集聚和成为全球贸易投资枢纽节点提出对策和建议。

上海，行走的肖像：60 个交叉的视角

邵甬　（法）兰德 主编　同济大学出版社

出版日期：2017.5　一版一次　开本尺寸：29cm　173页

书号：ISBN978－7－5608－6822－6　定价：98.00元

提要：本书是2014年中法建交50周年的"相遇·行走·共享中法行进式研讨会"的成果。　通过重新编排和整合，将参会者对上海城乡实地考察的感想和交流研讨的过程与成果用更为精准的文字进行表达。　旨在从中法跨学科专家的多元化视角，认识变化中的上海。　书中收录了《将文化、历史因素置于方案的中心》、《发展更好客的全球化城市》等文章。

上海交通发展政策演变

薛美根　朱洪　邵丹　著　　同济大学出版社

出版日期：2017.4　一版一次　开本尺寸：27cm　213页

书号：ISBN978－7－5608－6777－9　定价：108.00元

提要：本书分三大板块。　绪论部分基于公共政策的视角，阐述了交通政策和交通白皮书的内涵，并就交通政策的价值取向、重点关注问题和实施保障机制进行了展开。　正文部分在回顾上海近30年交通发展阶段和相关政策发展沿革的基础上，就两轮白皮书发展战略和重大交通政策的发展沿革进行了详细论述，并总结了白皮书编制的相关技术方法。附件部分则收录了两轮白皮书研究过程中的重要阶段成果和材料。

工会生涯

高建华　著　　文汇出版社

出版日期：2017.6　一版一次　开本尺寸：24cm　378页

书号：ISBN978－7－5496－2172－9　定价：58.00元

提要：本书作者曾有过八年多工会工作的经历（曾任上海市长宁区总工会主席、中共长宁区委组织部副部长等职），本书借助这段经历，为我们呈现了他对广大职工和工会工作的一片深情，并记录了他对工会工作的实践和思考，以此折射出上海市工会工作在社会转型期、时代跨越期的发展轨迹和前进步伐，对当今工会建设具有重要的指导和借鉴作用。

浦东奇迹

赵启正　邵煜栋　著　五洲传播出版社

出版日期：2017.2　二版一次　开本尺寸：23cm　175页

书号：ISBN978‐7‐5085‐3616‐3　定价：49.00元

提要：该书清晰地表述了浦东开发开放的时代背景、政策、过程和成就，真实记录了浦东开发的历程，更道出了上海历届市委，市政府及参与浦东开发实践的人民在探索中逐步形成的重要理念和观点。书中的百余张精美摄影作品和珍贵历史照片，为所有关注浦东、关注上海、关注中国改革开放进程的读者提供了真实、客观的阅读资料。现再版，更新部分图片，增加了上海市党史研究室对赵启正的访谈录《浦东开发开放的软成果》作为附录。

闵行智慧

中共上海市闵行区委党校　上海市闵行区行政学院　编著　武汉出版社

出版日期：2017.6　二版一次　开本尺寸：26cm　244页

书号：ISBN978‐7‐5582‐1443‐1　定价：46.00元

提要：本书收录了36篇研究报告，围绕闵行经济社会发展的重点和难点，涵盖社会、经济、党建、法律等方面，体现了广大干部在探索闵行发展规律上的真知灼见。

先驱精神

杜艳华　刘学礼　主编　中共党史出版社

出版日期：2017.1 一版一次 开本尺寸：24cm 261页

书号：ISBN978－7－5098－3790－0 定价：45.00元

提要：本书史论结合，通过典型事例，生动描绘了中国共产党早期在上海开展工人运动和进行文化传播的历史画面，展现了先驱精神形成、丰富和发展的历史进程，深刻阐述了先驱精神的主要内涵和基本特征，并结合实际深入探讨了先驱精神的历史意义和当代价值。

制度变革与创新：中国（上海）自由贸易实验区商事制度改革

上海市工商行政管理局 编 中国工商出版社

出版日期：2017.2 一版一次 开本尺寸：23cm 398页

书号：ISBN978－7－80215－892－4 定价：48.00元

提要：本书从理念之变、准入之变、监管之变和制度之变四个方面记录了中国（上海）自由贸易试验区商事制度改革探索，并附有自贸试验区相关文件汇编，对商事制度改革有一定的借鉴意义。

上海市流动人口聚居研究

罗仁朝 著 中国建筑工业出版社

出版日期：2017.10 一版一次 开本尺寸：26cm 159页

书号：ISBN978－7－112－20782－4 定价：35.00元

提要：本书借鉴了西方发达国家人口流动以及流动人口在城市聚居的研究成果，结合国内相关学者对我国流动人口的研究，立足于上海这一国际化大都市，以流动人口在城市聚集空间宏观分布为切入点，对流动人口聚居空间的社会特征、流动人口聚居行为特征以及不同类型的流动人口聚居区展开系统的研究。 研究提出以"聚集指数"来统一测度流动人口在城市的聚集程度，揭示了上海市流动人口空间分布特征。

中国人民银行上海总部重点研究课题汇编（2016）

张新 主编 中国金融出版社

出版日期：2017.9 一版一次 开本尺寸：24cm 352页

书号：ISBN978－7－5049－9135－5 定价：48.00元

提要：本书收录了2016年开展的金融研究重点课题报告。这些研究课题汇集了人民银行上海总部的优秀研究成果，反映了一年来人民银行上海总部在政策、学术、实践方面的探索和实践成果。

砥砺奋进：擘画上海"北大门"建设蓝图

蒋建 主编 中国经济出版社

出版日期：2017.12 一版一次 开本尺寸：24cm 244页

书号：ISBN978－7－5136－4984－1 定价：58.00元

提要：本书分为总论、分论两大部分，主要内容包括：南通对接服务上海的总体思路与战略布局，接轨上海、服务上海、融入上海，更好更快地建设上海"北大门"，发挥优势、彰显特色，推动启东休闲农业迈上新台阶——启东休闲农业对接服务上海的SWOT分析等。

乡土上海：都市内的村落延续与内生

张文明 邓辰辉 编著 中国社会出版社

出版日期：2017.2 一版一次 开本尺寸：24cm 398页

书号：ISBN978－7－5087－5538－0 定价：50.00元

提要：本书是编著者带领他的研究生们在上海农村持续8年田野调查的成果，非常生动全面地记录了上海这个中国最发达城市社会从人情交往到乡土政治等多角度的"农村事实"，展现了"摩天大楼"以外鲜为人知的乡土性上海。

反哺与责任：解放以来上海支援全国研究

谢忠强 著　中国社会科学出版社

出版日期：2017.8　一版一次　开本尺寸：24cm　258页

书号：ISBN978-7-5161-9932-9　定价：69.00元

提要：本书指出上海是全国的上海，开埠以来上海与全国的经济联动关系就十分紧密。 解放后，随着新民主主义经济的建立，在国家对于全国经济发展调控不断加强的历史语境下，上海与全国的经济联动关系更加密切。 上海的发展离不开全国的支援，而上海在得到全国支援的同时也为全国的发展做出了很大的历史贡献。 建国后在第一个五年计划的执行过程中，虽未被当作国家投资的重点地区，但由于具有雄厚的工业技术力量，上海担负起了支援全国建设的历史任务。

建设具有全球影响力的世界级城市群

李培林 主编　中国社会科学出版社

出版日期：2017.9　一版一次　开本尺寸：24cm　2册　899页

书号：ISBN978-7-5203-1048-2　定价：258.00元

提要：本书分为"领导致辞""专家发言""创新发展篇""协调发展篇""绿色发展篇""开放发展篇""共享发展篇"七个栏目，收录了《长三角城市群一体化将重塑"大上海"》《加快长三角一体化进程，推进具有全球影响力的世界级城市群建设》《努力打造长三角世界级城市群重要一翼》等文章。

上海自贸试验区建设推进与制度创新

廖凡等 著　中国社会科学出版社

出版日期：2017.8　一版一次　开本尺寸：24cm　352页

书号：ISBN978-7-5203-0651-5　定价：108.00元

提要：本书紧扣上海市自贸试验区"先行先试"和积累"可复制可

推广"经验这一主题，在扎实调研基础上，从贸易、投资、金融、航运、仲裁等方面对上海自贸试验区的建设推进工作和制度创新情况进行了梳理和总结，并提出了完善建议。 全书分为六章，第一章概述上海自贸试验区建设推进的总体情况，其余五章分别介绍上海自贸试验区在贸易、投资、金融、航运和商事仲裁领域的建设推进和制度创新情况。

自主、抗争与妥协：民国上海同业公会价格功能嬗变研究

严跃平 著　中国社会科学出版社

出版日期：2017.1　一版一次　开本尺寸：24cm　248页

书号：ISBN978－7－5203－1097－0　定价：76.00元

提要：本书研究了民国时期上海同业公会价格协调功能及其嬗变特点。 由于政治和经济形势的变化，同业公会的生存环境呈现鲜明的时代特征，其协调价格方式及其与政府的博弈关系也因此发生改变。在经济相对自由时期，同业公会具有很强的自主协调能力，通过制定业规约束同业会员的价格行为。 而在统制经济时期，受制于政府的统制政策，同业公会成为配合限价的重要力量。 为了行业的正当利益，同业公会与政府展开了互动和博弈，可谓抗争与妥协同时存在。 民国上海同业公会的价格协调，经历了从自主到妥协的嬗变。 价格协调过程中，同业公会扮演了重要的市场治理角色，在降低交易成本、维护市场秩序、争取行业利益和沟通政企方面发挥过积极作用。

社区居家养老服务绩效评估研究

李文军 著　中国政法大学出版社

出版日期：2017.12　一版一次　开本尺寸：21cm　318页

书号：ISBN978－7－5620－7886－9　定价：36.00元

提要：本书立足于上海社区居家养老服务政策运行的具体实践和政策环境，综合运用居家养老服务、政策评估、绩效管理等多领域知

识，系统分析社区居家养老服务特征、绩效评估特点等问题，构建社区社区居家养老服务绩效评估指标体系，并开展相应的实证研究。

上海标准化改革的思考与实践

上海市质量技术监督局 编　中国质检出版社　中国标准出版社

出版日期：2017.9　一版一次　开本尺寸：26cm　167页

书号：ISBN978-7-5066-8731-7　定价：50.00元

提要：本书分为五部分，内容包括：探索标准领跑新路　促进产业提质增效；推动政府职能转变　服务科创中心建设；提升城市管理水平　创新社会治理机制；系统推进标准示范　打造现代服务品质；提升标准技术基础　助力生态文明建设。

产业转型与城市更新：实践三十八法

夏雨　著　中信出版社

出版日期：2017.7　一版一次　开本尺寸：23cm　315页

书号：ISBN978-7-5086-7697-5　定价：58.00元

提要：本书结合作者长期在上海从事产业发展规划、布局、调整和转型工作，立足于上海各区产业和经济转型、城市更新经验，放眼长江三角洲经济带建设，总结了产业和经济转型、城市更新的38法。38法是作者从亲历的实际操作过的大量成功案例中提炼和梳理出来的，通过经济学、哲学、城市学和管理学等角度分析和思考这些方法为什么能行之有效？　有哪些规律性的东西可以遵循？　在其他工作中如何举一反三？　本书具有可操作性、实战性、理论性和创新性的特点，它对处于结构调整、产业转型过程中的城市、地区和企业而言具有很强的参考、启发和借鉴价值。

自贸区实践指南：图解工作手册

赵晓雷 主编 东北财经大学出版社

出版日期：2017.5 一版一次 开本尺寸：24cm 133页

书号：ISBN978－7－5654－2740－4 定价：39.00元

提要：本书主要以上海自贸试验区的成功实践经验为基础，结合新形势和新政策，从国家战略层面、制度创新层面、主要任务层面对自贸试验区的建设运行给出了实践操作的描述。

基地报告（第 11 卷）

李扬 殷剑峰 主编 裴长洪 谢谦 著 经济管理出版社

出版日期：2017.12 一版一次 开本尺寸：24cm 224页

书号：ISBN978－7－5096－5492－7 定价：78.00元

提要：本书收录了中国社科院陆家嘴研究基地《中国（上海）自由贸易试验区建设的法制保障》和《上海自贸区金融监管体制的建构与优化》两篇研究报告。

基地报告（第 12 卷）

李扬 殷剑峰 主编 裴长洪 谢谦 著 经济管理出版社

出版日期：2017.12 一版一次 开本尺寸：24cm 250页

书号：ISBN978－7－5096－5495－8 定价：78.00元

提要：本书在总结上海自由贸易试验区总体进展的基础上，从贸易便利化、服务业开放、金融改革和创新，营商环境法制化和国际化的进展、政府管理模式创新五个方面进行系统的总结和评估。 为上海自贸区未来的发展提供了必要的理论及实践支撑。

基地报告（第 13 卷）

李扬 殷剑峰 主编 经济管理出版社

出版日期：2017.12　一版一次　开本尺寸：24 cm　346 页

书号：ISBN978－7－5096－5532－0　定价：78.00 元

提要：本书收录了"消费导向的大城市经济增长：上海增长绩效评估""知识生产、现代服务与上海转型战略研究报告""新竞争范式下长三角制造业转型升级研究""新一轮工业革命与上海市制造业转型升级的影响研究""上海市老年照料劳动力需求研究报告"五篇研究报告。

"一带一路"与长三角经济发展研究

何任　刘威江　刘斌等　著　东北财经大学出版社

出版日期：2017.12　一版一次　开本尺寸：24 cm　218 页

书号：ISBN978－7－5654－3020－6　定价：48.00 元

提要：本书以上海市、江苏省和浙江省这两省一市的上市公司为研究对象，通过对这些上市公司财务数据的统计分析，力图从企业这一微观视角窥探长三角地区经济发展的现状。

企业空间感知与产业区投资环境优化：以上海临港产业区为例

李刚　著　东南大学出版社

出版日期：2017.1　一版一次　开本尺寸：24 cm　150 页

书号：ISBN978－7－5641－6985－5　定价：42.00 元

提要：本书梳理了投资环境、企业区位以及行为地理与空间感知等方面的研究成果，分析了企业空间感知的形成机理及对投资环境优化的价值，并建立了理论的框架，提出"企业空间感知作用于企业区位选择行为，进而对产业区的投资环境建设具有引导作用"。 通过实证研究，特别是对上海临港产业区的调研，发现企业空间感知受到企业经济活动特征和企业家的社会经历、素质、文化水平等多方面因素的复杂影响，而企业文化和决策机制等也会影响企业的空间感知。

埠际往来与互动视野下的上海金融

复旦大学中国金融史研究中心 编　复旦大学出版社

出版日期：2017.9　一版一次　开本尺寸：23cm　349页

书号：ISBN978－7－309－13248－9　定价：50.00元

提要：本书分专题研究、学位论文、档案史料、旧文新刊、书评、学术动态、资料架等专栏，梳理了近代以来上海金融业以民族救亡和复兴为使命，承担起应有的社会责任，引领着整个行业的近代化，并服务于上海城市的运作和发展的历史。

上海发展绿色金融的路径研究

上海发展绿色金融路径研究课题组 编著　复旦大学出版社

出版日期：2017.6　一版一次　开本尺寸：23cm　331页

书号：ISBN978－7－309－13058－4　定价：46.00元

提要：本书拟对绿色金融的理论内涵，以及国际国内的发展现状和发展经验进行分析，探究绿色金融发展的基础、要件以及发展趋势。　同时对我国尤其是上海发展绿色金融的现实需要、基础条件进行梳理。　在上述两方面分析的基础上，提出上海发展绿色金融的目标、发展路径以及政策需求，提出上海发展绿色金融的目标、发展路径以及政策需求，提出具体可行的执行方案以及评价体系，为上海切实发展绿色金融，推进绿色经济转型提供参考。

空间溢出与区域新兴产业发展研究：兼论上海文化与科技融合产业发展

秦可德　周威平　秦月　陈珩　著　格致出版社

出版日期：2017.3　一版一次　开本尺寸：24cm　267页

书号：ISBN978－7－5432－2700－2　定价：49.00元

提要：发展新兴产业需要大量新兴技术的支撑。　对于发展中经济体来说，获得新兴技术的途径一般有三条，即组织力量自主研发、从发达经济体购买以及利用参与国际合作的机会接受空间溢出等。其中，利用空间溢出获得新技术发展新兴产业的条件，除了可达性外，具备较强的吸收能力是发展中经济体技术进步的最为关键的因素，这也正是本书研究的逻辑基础与动因。作者利用所建构的反映"空间溢出、吸收能力、新兴产业发展以及环境因素"之间基本关系模型，以北京、上海、广东与湖北四省市高新技术产业的客观数据为依据，从区域和产业两个维度进行了验证和探索性分析。

新发展理念与全面深化改革：理论研究和政策选择 ——上海市经济学会学术思想（2016）

上海市经济学会 编 格致出版社

出版日期：2017.1 一版一次 开本尺寸：26cm 308页

书号：ISBN978-7-5432-1628-0 定价：68.00元

提要：本书是上海市经济学会多年来一直坚持编撰出版的年度经济论文精粹，旨在汇集上海经济学界一年一度的最新研究成果，促进上海经济学理论的繁荣与发展。在研究范围方面，涉及政治、经济、资源、环境、廉政建设等各个方面。在研究跨度方面，既有聚焦于地方性问题的研究，如上海"自贸区建设"和"科创中心建设"问题；也有国家产业发展和对外贸易等的宏观研究。在研究方法上，既有理论和政策研究；也有通过实证计量模型研究，来预估各种经济变量可能对经济造成的影响。在供稿的作者方面，既有上海市经济学界的领军人物，也有已经退休但仍然热衷于学术研究的人士。

中国（上海）自由贸易试验区与长江经济带协调发展研究

徐永林等 编著 格致出版社

出版日期：2017.6 一版一次 开本尺寸：24cm 302页

书号：ISBN978－7－5432－2768－2　定价：65.00元

提要：本书在分析上海自贸试验区对长江经济带制度创新辐射作用的基础上，有针对性地提出加强经济协同作用的对策建议。书中选题首先介绍国外自贸区及上海自贸区的制度创新经验，接着对长江经济带各区域间的经济协同效应进行实证分析，指出长江经济带经济协同存在的主要问题和不足；接下来揭示上海自贸试验区的制度创新及在长江经济带的复制推广；并以此为基础，提出提升上海自贸试验区对长江经济带经济协同辐射作用的策略建议。

上海产业政策优化调整研究：基于供给侧结构性改革的视角

王宏伟　江飞涛　贺俊　李平等　著　经济管理出版社

出版日期：2017.9　一版一次　开本尺寸：24cm　107页
书号：ISBN978－7－5096－5372－2　定价：42.00元

提要：本研究在剖析了当前上海产业政策存在的不足与面临的挑战的基础上，总结提炼发达国家实施产业政策推进供给体系提质增效的经验，在此基础上提出供给侧结构性改革背景下上海产业政策优化调整的方向与思路，指出上海市产业政策优化调整的总体方向要以实现创新驱动为纲，积极推进供给侧结构性改革，提高产业政策指向精准度，全面推进结构性政策与功能性政策，协同优化稳增长政策和调结构政策。

中国财政支农绩效监测评价研究：以试点地区为案例

王宏伟　张艳芳等　著　经济管理出版社

出版日期：2017.9　一版一次　开本尺寸：24cm　159页
书号：ISBN978－7－5096－5400－2　定价：48.00元

提要：面对经济发展的新常态、新一轮科技革命与产业变革、国际贸易投资的新秩序，以及推进供给侧结构性改革的大背景下，传统的产业政策模式正受到严峻的挑战，上海迫切需要优化调整其产业政策模式。本研究剖析了当前上海产业政策存在的不足与面临的挑战的基础上，总结提炼发达国家实施产业政策推进供给体系提质增效的经验，在此基础上提出供给侧结构性改革背景下上海产业政策优化调整的方向与思路，指出上海市产业政策优化调整的总体方向要以实现创新驱动为纲，积极推进供给侧结构性改革，提高产业政策指向精准度，全面推进结构性政策与功能性政策，协同优化稳增长政策和调结构政策。

沪深 300 股指期货市场结构与功能研究

刘向丽 著 经济科学出版社

出版日期：2017.6 一版一次 开本尺寸：23cm 218页

书号：ISBN978‒7‒5141‒7806‒7 定价：39.00元

提要：本书共分为三个部分。第一部分：绪论，主要介绍本书的研究背景、研究意义，并综述国内外的相关研究现状，分析现有研究成果并发现其中的可以改进的地方，对本书研究意义予以支持。第二部分：股指期货市场特征描述，先后从理论层面与实证分析层面研究我国股指期货市场的基本特征。第三部分：期现货市场联动性研究，从价格、收益率、波动性研究与价格研究等多个角度分析股指期货市场与股指现货市场之间的互动关系。

江浙沪经济发展中的问题及差异研究

李晓春等 著 经济科学出版社

出版日期：2017.11 一版一次 开本尺寸：24cm 230页

书号：ISBN978‒7‒5141‒8522‒5 定价：46.00元

提要：本书以我国长三角地区的江苏省、浙江省和上海市为研究对象，从农业、工业、金融等领域入手，结合环境保护、最低工资线、混合制企业的发展和现代农业发展等当前江浙沪经济热点问题，对江浙沪三地在经济高速发展中存在的问题及差异进行了多角度的探讨，对于掌握江浙沪三地经济发展方向、提高区域经济发展效率，以及探求江浙沪未来经济模式改革之路径具有积极意义。本书立足于江浙沪三地，将现代农业纳入理论框架，并从理论上分析污染治理技术改进的经济效果；我们将由资本错配而导致的劳动错配从总的劳动错配中分离出来，从而更为精确的度量由资本错配导致的直接和间接生产率损失；我们用购买力平价换算的收入水平更能反映地区间的收入差距。

上海国家会计学院案例集（第八辑）

上海国家会计学院 编　经济科学出版社

出版日期：2017.12　一版一次　开本尺寸：24cm　511页

书号：ISBN978-7-5141-8897-4　定价：88.00元

提要：本书是上海国家会计学院的教师在 2015 年曾发表过的案例集，包括 HD 集团对标管理、普惠金融的商业可持续发展之路、台州银行的实践等共 21 个案例。各案例曾在专业会计领域、CFO 培训和高级会计师培训中多次使用，满足了高层次财经人才培养的需要，并受到欢迎。

上财文萃：财经大学获奖成果简介

上海财经大学科研处 编　上海财经大学出版社

出版日期：2017.9　一版一次　开本尺寸：29cm　2册　1100页

书号：ISBN978-7-5642-2766-1　定价：480.00元

提要：本书分为上、下两卷，汇编了由学校统一组织申报的 15 种类型 508 项省部级以上获奖成果。上卷汇编了入选国家哲学社会科学成果文库、全国高校人文社会科学研究优秀成果奖、全国教育科学研究优秀成果奖、财政部优秀成果奖、全国统计科学研究优秀成果奖、孙冶方经济科学奖、安子介国际贸易研究奖、上海市决策咨询研究成果奖、中国特色社会主义理论体系研究和宣传优秀成果奖 9 种类型共 249 项获奖成果；下卷汇编了上海市哲学社会科学优秀成果奖、上海市科学技术进步奖、上海市教育科学研究成果奖、全国法学科研优秀成果奖、全国外经贸研究优秀成果奖等。

上海财经大学 MBA 整合实践项目（2016 汇编）

薛丽萍　主编　上海财经大学出版社

出版日期：2017.7　一版一次　开本尺寸：26cm　140 页

书号：ISBN978－7－5642－2792－0　定价：40.00 元

提要：本书共分为 2016 年度 MBA 整合实践项目优秀报告、2016 年度 MBA 整合实践项目活动随想两部分，其主要内容包括：理论依据、企业现状、经营问题、意见和建议、创意手工体验行业分析、作物木艺手工体验店简介等。

上海财经大学城市与区域科学学院/财经研究所纪念百年校庆教师论文集

曹建华　杨培雷　张学良　主编　上海财经大学出版社

出版日期：2017.9　一版一次　开本尺寸：29cm　680 页

书号：ISBN978－7－5642－2827－9　定价：128.00 元

提要：本书分奋斗篇和腾飞篇。内容包括：生产性公共支出、空间溢出效应与区域经济差距——基于多地区动态一般均衡模型的分析、宏观失控与经济监督机制的反思、城乡一体化进程中新型投融资体制与机制的构建等。

海派经济学：第 15 卷第 2 期（2017 年总第 58 期）

程恩富　顾海良　主编　上海财经大学出版社

出版日期：2017.6　一版一次　开本尺寸：26cm　195页

书号：ISBN978－7－5642－2773－9　定价：24.00元
提要：本书分为论文和综述两个部分，收录了《创新与发展当代中国马克思主义政治经济学：目标与举措》《回到斯密，还是要回到马克思》《剩余价值二重性与社会主义市场经济——生产力与生产关系的视角》《需求决定价值吗——对社会必要劳动时间决定价值问题的探讨》等文章。

海派经济学：第 15 卷第 3 期（2017 年总第 59 期）

程恩富　顾海良　主编　上海财经大学出版社

出版日期：2017.9　一版一次　开本尺寸：26cm　204页

书号：ISBN978－7－5642－2798－2　定价：24.00元
提要：本书分为论文、书评、综述三个部分，收录了《劳动生产率与商品价值量的关系探讨》《基于劳动价值论的资源配置分析》《中西部地区城市群培育与人口就近城镇化：机理、关系与演化》《绿色城镇化提升我国经济活力》等文章。

上海科技金融评价体系研究

郝相君　著　上海交通大学出版社

出版日期：2017.6　一版一次　开本尺寸：24cm　251页

书号：ISBN978－7－313－17023－1　定价：68.00元
提要：上海科技金融的发展究竟处于什么样的状态，怎样去衡量科技贷款、科技资本市场、创业风险投资、科技保险等这些板块对上海科技金融发展的贡献，一直没有一个评价体系。本书基于这样一个背景，试图通过指标量化的办法，形成一个上海科技金融评价体系，以利于政府及相关部门更加全面、更加客观地了解上海乃至全国的科技金融发展。

上海纺织服装产业集群（链）品牌运行模型与机制研究

胡守忠　田丙强　著　　上海交通大学出版社

出版日期：2017.5　一版一次　开本尺寸：23cm　232页

书号：ISBN978－7－313－16866－5　定价：38.00元

提要：本书以上海纺织服装行业中最具代表性的国有大企业（集团）——上海纺织集团为例，在对产业集群发展、产业集群品牌战略的基本理论等问题研究的基础上，围绕产业集群品牌的成长影响因素、集群品牌绩效评价模型、纺织服装产业集团发展集群品牌战略的机理与路径等问题进行了综合探讨，并结合上海纺织产业集团创新发展集群品牌战略进行了实证分析。

上海市渔业专业合作社发展问题研究

孔凡宏　著　　上海交通大学出版社

出版日期：2017.5　一版一次　开本尺寸：24cm　203页

书号：ISBN978－7－313－16822－1　定价：58.00元

提要：本书分为七个部分。 对上海市渔业专业合作社的历史演进及发展轨迹、上海市渔业专业合作社的类型进行考察，研究上海市渔业专业合作社的民主治理状况及政府扶持与上海市渔业专业合作社的发展，探讨上海市渔业专业合作社的存续能力。 最后指出研究的限度和未来潜在的探索区域。

上海工业旅游发展研究

吴杨　著　　上海交通大学出版社

出版日期：2017.10　一版一次　开本尺寸：24cm　313页

书号：ISBN978－7－313－17001－9　定价：58.00元

提要：本书主要阐述上海工业旅游发展从无到有，从微观走向宏观的核心要素，以及这些要素之间的相互作用，工业旅游发展的动力机制，以及相应的发展模式。

临空经济：理论解析与上海航空城战略行动

阮菊明 著 上海三联书店

出版日期：2017.3 一版一次 开本尺寸：26cm 600页

书号：ISBN978 - 7 - 5426 - 5814 - 2 定价：158.00元

提要：本书试图对未来上海和浦东的临空经济应如何发展，包括选定哪些产业、如何进行空间布局，以及到2050年，上海和浦东新区的临空经济能发展到什么样子等问题，所进行的理论探索与研究。

走近王升大——一个老字号的百年历练

史鹤幸 王六宝 著 上海三联书店

出版日期：2017.1 一版一次 开本尺寸：24cm 417页

书号：ISBN978 - 7 - 5426 - 5741 - 1 定价：68.00元

提要："宁波帮"不是纯粹的一个经济商帮，而是一个综合性的人文名词，包括商界、学界、政界。他们共同缔造了一部可歌可泣，走向上海、继而跻身世界的传奇史诗。本书稿用文字辅以图片，写意写实并举地演绎一幕始于清末民初的百年嬗变的创业创新之路。从1889年王兴儒在"长于斯、长于斯"的凤岙，创建"王升大号"米店，到1989年王升大第四传人王六宝重拾祖业并创办"王升大博物馆"的百年史事，写就了一段活色生香的人文物语。

2016年中国经济稳中求进

张兆安等 著 上海社会科学院出版社

出版日期：2017.5 一版一次 开本尺寸：25cm 179页

书号：ISBN978 - 7 - 5520 - 1960 - 5 定价：48.00元

提要：本书系上海社科院英文论文集，精选上海社科院学者近来的重要学术论文翻译而成，主要包括的内容有：2016年中国经济稳中求进、疲弱复苏的世界经济：不确定性增多与长周期之变、外国投资法：自贸试验区下一步改革开放的新标杆、中国国际直接投资地位上升中的失衡特征及其纠正、金融摩擦视角下金融经济周期加速传导机制研究：中国的证据、中美新型大国关系构建与全球治理合作、"一带一路"战略构想与欧亚大陆秩序的重塑、中国城市人口规模分布规律研究。

金融服务创新与支持实体经济发展

上海市金融学会 编 中国金融出版社

出版日期：2017.11 一版一次 开本尺寸：24cm 413页

书号：ISBN978-7-5049-9266-6 定价：42.00元

提要：本书是上海市金融学会编写的年度出版物，主要文章来自上海市金融学会年度获奖的重点研究课题、上海市金融学会青年研究课题等。本年度论丛由25篇文章组成，主要分为金融风险与监管、金融支持供给侧改革、货币政策、金融创新等专题，文章涉及宏观经济、货币政策、证券市场、外汇、企业管理等领域。

金融观察与评论（2016年第2辑）

上海财经大学上海国际金融中心研究院 编著 中国金融出版社

出版日期：2017.6 一版一次 开本尺寸：26cm 144页

书号：ISBN978-7-5049-9019-8 定价：40.00元

提要：本书汇集了上海财经大学上海国际金融中心研究院成立以来组织专家学者撰写的成果要报，包括互联网金融发展、上海票据交易所建立、全球经济新秩序重构、中国民营企业"走出去"几部分。

首届上海合作组织经济论坛文集

商务部国际贸易经济合作研究院 编　中国商务出版社

出版日期：2017.5　一版一次　开本尺寸：26cm　224页

书号：ISBN978－7－5103－1849－8　定价：108.00元

提要：本书共分为五大篇：领导致辞、上合组织成员国经济一体化及贸易制度安排、上合组织贸易投资便利化及金融自由化、促进上合组织互联互通及产能合作、论坛总结。 本书重点强调在全球经济形势持续低迷、地缘政治和地缘经济形势日趋复杂的背景下，加强上海合作组织各国智库之间的交流具有越来越重要的意义。

税收征管改革的地方经验与立法完善：以上海自贸区为例

李慈强 著　北京大学出版社

出版日期：2017.11　一版一次　开本尺寸：24cm　208页

书号：ISBN978－7－301－28874－0　定价：42.00元

提要：本书共分七章，除了引言和结语之外，第一章探讨上海自贸区的目标与定位；第二章系统梳理了税收征管改革的理念与原则；第三章介绍上海自贸区政府职能转变的探索；第四章探讨上海自贸区的涉税信息管理经验；第五章指出税收机关的税务综合监管创新；第六章分析国家实施自贸区战略进行，并展望了自贸区建设的前景；第七章探讨经验复制推广的路径并结合《税收征管法》的修改提出完善建议。

法官的思考与探索（三）：上海市金山区人民法院调研成果精选

孙军 著　法律出版社

出版日期：2017.6　一版一次　开本尺寸：24cm　705页

书号：ISBN978－7－5197－0874－0　定价：122.00元

提要：本书是上海市金山区人民法院各位一线法官根据多年工作

经验、思考、案例形成的文集。内容涉及刑事民事、执行甚至综合等方面，细的方面提到部分司法解释、法律法规的修订；大的方面涉及法院的司法改革。

规范与准则：上海市公证管理文件选编（2017版）

上海市司法局公证工作管理处 编　法律出版社

出版日期：2017.8　一版一次　开本尺寸：23cm　373页

书号：ISBN978－7－5197－0989－1；ISBN978－7－900793－74－4

定价：54.00元（含光盘）

提要：近年来，上海市司法局不断加强公证工作管理的规范性，制定出台了一批规范性文件，有针对性地解决了公证工作发展过程中出现的倾向性问题。本书将其中具有长效性、代表性的文件进行汇编，同时收录部分上位法和一批来自公证管理和服务一线的优秀业务论文。

上海政法研究（2016）

李红　主编　法律出版社

出版日期：2017.7　一版一次　开本尺寸：23cm　392页

书号：ISBN978－7－5197－1080－4　定价：58.00元

提要：本书共分为4篇，内容包括：依法严管多元共治　推进社会治理创新；积极探索深化改革　确保公正高效权威；加强法治完善机制　营造良好社会环境；有效应对守护平安　服务经济社会发展。

上外法律评论·2017年卷（总第3卷）

王静　主编　法律出版社

出版日期：2017.10　一版一次　开本尺寸：23cm　202页

书号：ISBN978 - 7 - 5197 - 1406 - 2　定价：46.00元

提要：本书是作者为上海外国语大学法学院教师及少部分校外老师的书稿，全书分为"法律理论与部门法"、"法律与政治"、"法律与语言"三个部分，阐释了上海自由贸易区的法律制度、判决书的叙事修辞等多种问题，展现了上外法学院的研究特色和水准，具有一定的学术价值。

上海市行政执法类公务员"以案释法"实务手册

"以案释法"书系编写组　编　上海科学普及出版社

出版日期：2017.10　一版一次　开本尺寸：19cm　8册　684页

书号：ISBN978 - 7 - 5427 - 7013 - 4　定价：120.00元

提要：本书专业介绍了上海市行政执法类公务员典型执法案例共8册，内容包括：文化执法典型案例；城市管理、绿化市容执法典型案例；质量技术监督执法案例；环境执法典型案例；食品药品执法典型案例；卫生、计划生育执法典型案例；水务海洋，执法典型案例；二商行政执法典型案例。

自贸区税收政策及案例

邬展霞　徐惠琳　李新心　杨华军　编著　格致出版社

出版日期：2017.1　一版一次　开本尺寸：24cm　239页

书号：ISBN978 - 7 - 5432 - 2704 - 0　定价：48.00元

提要：本书搜集和整理了大量案例，有关于税收政策应用的最新实务，也有针对某项税收政策的详细解析。本书作为自贸区研究系列的一本，以税制为题，详细阐述了自贸区相关税收的定义、安排、处理办法、优惠措施，并搜集和整理了大量案例以及有关于税收政策应用的最新实务，用详尽的案例进行相关解读，同时也有针对某项税收政策的详细解析。

国际金融中心法制环境研究

周仲飞等 著 经济科学出版社

出版日期：2017.8 一版一次 开本尺寸：25cm 372页

书号：ISBN978 - 7 - 5141 - 8076 - 3 定价：63.00元

提要：在上海国际金融中心建设过程中，上海究竟在法制保障方面存在哪些问题以及如何克服这些问题？ 本书从历史和现实两个维度，梳理出十一大法律问题。 在金融立法属于中央事权的大前提下，中央立法中涉及金融机构准入和业务准入方面的规定应该授权上海制定相关实施办法。 人民币日益国际化要求我们建立基于货币稳定的宏观审慎监管制度。

2016年上海市第一中级人民法院案例精选

陈立斌 主编 人民法院出版社

出版日期：2017.3 一版一次 开本尺寸：25cm 571页

书号：ISBN978 - 7 - 5109 - 1773 - 8 定价：139.00元

提要：上海市第一中级人民法院自1995年建院以来，一直高度重视精品案例的审理与编纂，以期推进司法公开、提升司法能力。 本书收录的是2016年上海市第一中级人民法院审理的95件精品案例，涵盖了刑事、民事、商事、知识产权、行政等不同审判领域，每件精品案例又分为案例要旨、案情简介、裁判结论、评析意见、附录栏目，比较集中地反映了上海市第一中级人民法院的审判水平与成效，对类似案件的审理工作具有一定的示范参考作用。

金法新声：青年文集荟萃（第三辑）

吴弘 主编 上海交通大学出版社

出版日期：2017.10 一版一次 开本尺寸：24cm 231页

书号：ISBN978 - 7 - 313 - 17887 - 9 定价：80.00元

提要：本书收录了 2015、2016 年经上海金融法制研究会向社会公开招标形成的 9 个青年课题和 1 篇由上海金融法制研究会直接组织的年度专项课题"建设上海科创中心的金融法制保障"。 这些课题从宏观到微观，从难点到热点，从金融战略、市场定位、机构运营、风险防范、法制保障等方面进行了理论与实务研究。

信息与网络空间安全（2016）

上海防灾安全策略研究中心 编　上海科学技术文献出版社

出版日期：2017.6　一版一次　开本尺寸：25cm　353 页

书号：ISBN978－7－5439－7381－7　定价：88.00 元

提要：2016 年是"十三五"的开局之年，面临"互联网＋"、"中国智造 2025 战略"两大转型期的中国产业，正处在全面升级的布局中。 历经六年的上海网络安全论坛，仍将先行一步，同"互联网＋"、"中国智造 2025 战略"结合起来，充分体现了政府职能转变的新常态，并精心打造互联网技术突破和解决方案的智库，为经济发展提供新动力。

观匾话廉：匾额与职务犯罪预防文化

上海市人民检察院 编　上海人民出版社

出版日期：2017.4　一版一次　开本尺寸：24cm　109 页

书号：ISBN978－7－208－14401－9　定价：50.00 元

提要：本书主要讲述了上海市人民检察院与青浦区人民检察院是如何利用青浦的特色——水乡名楼及匾额博物馆进行预防文化建设。全书一共包括六个部分，一是水乡名楼探匾额，介绍了匾额博物馆及其所在地朱家角的基本情况；二、三、四、五部分将匾额博物馆中的廉匾所蕴含的廉政历史故事及廉政人物进行介绍，并论述了检察院在预防文化建设中是如何发挥廉匾的警示与教育作用；第六部分介绍是上海市人民检察院与青浦区人民检察院的利用当地特色进行预防文化建设的经验及所取得的成果。

"静"鸿一瞥：摩登静安盛开预防文化之花

上海市人民检察院 编　上海人民出版社

出版日期：2017.4　一版一次　开本尺寸：24cm　97页

书号：ISBN978－7－208－14400－2　定价：50.00元

提要：本书主要讲述了上海市人民检察院以及上海市静安区人民检察院是如何根据静安区的特色以及全媒体的时代特征进行廉政建设。全书包括四个部分的内容，第一章是"一轴三带"下的静安预防文化；第二章是预防文化"进楼宇"；第三章是预防文化"进园区"；第四章是预防文化"进网络"。本书既展示了静安区廉政文化宣传与传播的成果，更介绍了预防文化建设与传播工作的先进经验。

《上海市华侨权益保护条例》释义

上海市人民代表大会华侨民族宗教事务委员会　上海人大常务委员会法制工作委员会　上海市人民政府法制办公室　上海市人民政府侨务办公室 编　上海人民出版社

出版日期：2017.4　一版一次　开本尺寸：21cm　192页

书号：ISBN978－7－208－14300－5　定价：20.00元

提要：本书为了保护华侨的合法权利和利益，发挥华侨在经济社会发展中的作用，根据《中华人民共和国归侨侨眷权益保护法》的相关规定，《上海市华侨权益保护条例》已由上海市第十四届人民代表大会常务委员会第三十一次会议审议通过，并将于2016年12月1日起正式施行。《〈上海市华侨权益保护条例〉释义》即是根据新的条例所编写，主要是对新条例的相关法律条文进行必要的解释，以便于新条例能够得到正确有效的执行。

《上海市社会信用条例》释义

上海市人大财政经济委员会 上海市人大常委会法制工作委员会
上海市发展和改革委员会 上海市人民政府法制办公室 编 上海人民
出版社

出版日期：2017.11 一版一次 开本尺寸：20cm 133页

书号：ISBN978-7-208-14789-8 定价：40.00元

提要：为了完善社会主义市场经济体制，创新社会治理机制，提高社会信用水平，增强诚信意识，上海市第十四届人民代表大会常务委员会第三十八次会议审议通过了《上海市社会信用条例》，并将于2017年10月1日起正式施行。《〈上海市社会信用条例〉释义》即是根据此条例所编写，主要是对条例的相关法律条文进行必要的解释，以便于新条例能够得到正确有效的执行。

2016年上海法院案例精选

郭伟清 主编 上海人民出版社

出版日期：2017.11 一版一次 开本尺寸：24cm 465页

书号：ISBN978-7-208-14710-2 定价：88.00元

提要：本书共收录2015年上海法院审结并生效的民事、商事、知识产权、行政、刑事、执行六大类型的典型、新型案例91件，每个案例在如实介绍案件事实和审判情况后，邀请专家学者和资深法官着重从适用法律和提炼审判经验的角度进行点评，对审判实践和理论研究具有一定的借鉴和参考价值。

鼎新与融合：上海司法行政研究（2016）

郑善和 主编 上海人民出版社

出版日期：2017.1 一版一次 开本尺寸：27cm 214页

书号：ISBN978-7-208-14271-8 定价：48.00元

提要：本书是"上海司法行政研究"系列丛书中的一本，该丛书每年出版一本，本书是2016年的论文集，从2016年上海司法局内刊《法苑（上海司法行政研究）》中刊出的66篇文章中精选其中最有特色或最有代表性的26篇论文作为上海司法行政研究工作阶段性成果的集中代表进行结集出版，书中收录了《矛盾纠纷多元化解机制下的人民调解创新与发展》《党建工作责任制标准化体系建设若干问题研究》等文章。

激浊扬清：廉洁文化校园行

上海市人民检察院 编　　上海人民出版社

出版日期：2017.4　一版一次　开本尺寸：24cm　93页

书号：ISBN978－7－208－14392－0　定价：50.00元

提要：本书主要结合检察院近些年来在贯彻落实最高人民检察院"五进"专题预防职务犯罪活动中的"廉洁文化进校园"的具体活动对校园廉治文化进行展示，并以一些典型案例的分析展示了目前较为常见的校园腐败现象，针对相应的腐败现象提出犯罪预防的相应对策。

教育领域职务犯罪警示与预防

上海市人民检察院 编　　上海人民出版社

出版日期：2017.3　一版一次　开本尺寸：23cm　250页

书号：ISBN978－7－208－14322－7　定价：50.00元

提要：本书是上海市检察院对其五年来查办的教育领域职务犯罪案件进行收集、汇总和梳理，分析了案件种类、特点及案发原因，并通过实地调查、联合调查等形式，完成本次教育系统职务犯罪专项调研。

廉透七彩：七宝皮影戏助力预防文化传播

上海市人民检察院 编 上海人民出版社

出版日期：2017.4 一版一次 开本尺寸：24cm 86页

书号：ISBN978－7－208－14391－3 定价：50.00元

提要：随着最高人民检察院下发《全国检察机关"进机关、进企业、进乡村、进学校、进社区"专题预防职务犯罪活动方案》以及《上海市预防职务犯罪工作若干规定》的正式施行，闵行区检察机关、闵行区纪委联合闵行区七宝镇纪委、七宝镇检察机关等将七宝皮影戏与廉政预防文化相结合打造出寓教于乐、雅俗共赏的廉政皮影戏。 本文主要讲述七宝皮影戏的发展历史以及与廉政预防文化相衔接的过程，并通过廉政皮影戏剧本与真实案例的对接以起到教育警示的作用。

清风拂面：沪上国有企业廉洁文化建设案例精选

上海市人民检察院 编 上海人民出版社

出版日期：2017.4 一版一次 开本尺寸：24cm 200页

书号：ISBN978－7－208－14397－5 定价：70.00元

提要：本书挑选了中国商用飞机有限责任公司、国网上海电力公司检修公司、中国东方航空集团公司、上海中心大厦建设发展有限公司、上海建工集团股份有限公司、上海隧道工程有限公司和上海申迪（集团）有限公司这七家沪上知名国有企业对其预防文化建设进行经验介绍，并展示其预防文化建设成果。

清风徐来：方塔下的廉政"风景"

上海市人民检察院 编 上海人民出版社

出版日期：2017.4 一版一次 开本尺寸：24cm 114页

书号：ISBN978－7－208－14387－6 定价：50.00元

提要：松江区人民检察院多年来结合区域特色，结合上海市松江区方塔园内现有的廉政教育资源进行廉政教育基地的建设，近年来取得了较好的成绩，受到了社会各界的好评。 本书以方塔园里的廉政风景为主题，将方塔园里的廉政文化展示给读者，主要内容分为三个部分，一是介绍了方塔园这一廉政教育基地是如何建成的；二是对方塔园中廉政文化，尤其是检察机关预防文化实景的展示；三是方塔园这一廉政教育基地建设以来所取得的成效展示。

上海法院行政诉讼案例精选

茆荣华　主编　上海人民出版社

出版日期：2017.06　一版一次　开本尺寸：21cm　379页

书号：ISBN978-7-208-14509-2　定价：42.00元

提要：本书对近年来新修改的《行政诉讼法》2015年5月1日施行以来上海法院审结的典型行政案例进行精选与评析，收入案例近50篇，涵盖公安、房管、社会保障、市场监管等多个行政执法领域，既包括涉及新法适用的典型案例（如共同被告、规范性文件附带审查、行政协议、行政调解等），也包括其他新类型、代表性案例。

上海市食品安全条例

上海市人大常委会法制工作委员会　编　上海人民出版社

出版日期：2017.6　一版一次　开本尺寸：21cm　43页

书号：ISBN978-7-208-14508-5　定价：10.00元

提要：《上海市食品安全条例》已由上海市第十四届人民代表大会第五次会议于2017年1月20日通过并公布，自2017年3月20日起施行。 本书是《上海市食品安全条例》的单行本，全书包含了《上海市食品安全条例》八章的内容，共包括115个条文。

上海需要怎样的法学教育

唐波　张毅　张丽君　黄超英等　著　上海人民出版社

出版日期：2017.1　一版一次　开本尺寸：24cm　239页

书号：ISBN978‐7‐208‐14238‐1　定价：45.00元

提要：法治是国家治理体系和治理能力的重要依托。 全面推进依法治国，人才是基础。 法治人才队伍如何培养是全面推进依法治国中备受关注的问题。 在上海，继"四个中心"和自贸试验区之后，作为一项新的战略定位，正在加快建设具有全球影响力的科技创新中心。这将为创新型法治人才带来前所未有的机遇和挑战。 上海法学院校类型多样、层次丰富、人才和知识密集，拥有20余所法学高校和专业，因而必须着眼于国家和区域重大发展战略需求，围绕反恐处突、网络安全、知识产权、涉外法律等领域培养高端复合型创新人才。 正是立于这个主题，作者根据法学人才培养模式，结合上海担负的使命和经济发展状况，细分八大专题，阐述法学教育、人才培养的目标。 这八大方面有：依法治国建设与法治人才队伍培养、上海"两个中心"战略、自贸区建设与高端涉外复合型法学人才培养、知识产权战略与知识产权人才培养、治安反恐、一带一路建设与法治人才保障、法学教育与长江经济带发展战略和上海法学教育新进展。

心迹双清：移动中的廉政"风景"

上海市人民检察院　编　上海人民出版社

出版日期：2017.4　一版一次　开本尺寸：24cm　100页

书号：ISBN978‐7‐208‐14396‐8　定价：50.00元

提要：本书主要讲述了上海市人民检察院是如何与申通地铁合作，充分利用地铁中的广告设施进行廉政文化的传播，进行实现职务犯罪预防的目的。 本书稿主要内容分为四个部分，一是介绍上海地铁的基本情况，尤其是在广告资源方面的情况；第二、第三和第四部分分别讲述了上海市人民检察院是如何从平面公益广告发展到视频广告再发展到微电影等各种媒体传播方式，并且展示了相应的廉政文化宣传与传播成果。

医疗卫生领域职务犯罪警示与预防

上海市人民检察院 编　上海人民出版社

出版日期：2017.11　一版一次　开本尺寸：23cm　209页

书号：ISBN978－7－208－14857－4　定价：70.00元

提要：本书从警示篇、预防篇和法规制度篇三个部分展开。警示篇以上海市检察机关近年来查办的医疗卫生领域职务犯罪为基础，精选了19个医疗卫生领域职务犯罪典型案例，从医药购销、信息统方、财务管理、基建工程、人事管理等多个医疗卫生领域的关键环节进行剖析，警示医疗卫生领域从业人员廉洁从业。预防篇则由四份调查研究报告组成，归纳了上海市医疗卫生领域职务犯罪的基本情况，案件特点和案发原因等，并提出了相应的预防对策建议。法规篇收录了有关贪污贿赂犯罪的相关法规和司法解释以及有关医疗卫生领域的其他规范性文件。

上海依法治市（2015）：实践探索与理论研讨

上海市依法治市领导小组办公室 编　上海社会科学院出版社

出版日期：2017.7　一版一次　开本尺寸：21cm　545页

书号：ISBN978－7－5520－1992－6　定价：68.00元

提要：本书是上海市依法治市领导小组办公室编的一部年度优秀法治理论研究成果以及优秀依法治理案例的汇编，共分实践探索和理论研讨两大篇。主要是年度法治创建活动的示范单位的介绍，包括年度十大获奖案例，以及上海市民主法治建设课题获奖成果。

上海自贸区法治建设探索

高全喜 主编 社会科学文献出版社

出版日期：2017.12 一版一次 开本尺寸：24cm 348页

书号：ISBN978－7－5201－1607－7 定价：88.00元

提要：本书全面地考察和研究了上海自贸区在加快政府职能转变，推动体制机制创新，营造法治化、市场化、国际化、便利化营商环境方面的探索实践，总结了这四年来取得的法治经验。

知识产权案例精选（2013—2014）

上海市高级人民法院知识产权审判庭 编 知识产权出版社

出版日期：2017.4 一版一次 开本尺寸：24cm 634页

书号：ISBN978－7－5130－4882－8 定价：99.00元

提要：本书从上海法院2013—2014年受理及审结的数千件知识产权案件中精选出具有一定代表性与指导性的案例。 每个案例均设提要、案情、审判、评析四大部分。 每个案例在提要部分对案例涉及的主要问题进行归纳，在案情部分介绍基本案情，在审判部分详细介绍审判理由和判决结果。 评析部分是在概述案件事实的基础上，详细阐述判决的法理和法律依据。

知识产权司法保护前沿（第一辑）

上海知识产权法院 编 知识产权出版社

出版日期：2017.6 一版一次 开本尺寸：23cm 290页

书号：ISBN978－7－5130－4813－2 定价：60.00元

提要：本书包含两部分：理论前沿、精品案例。 理论前沿包括上海知产法院法官围绕司法实践撰写的具有较高学术性、实用性的应用法学研究文章，内容涵盖知识产权审判前沿问题和疑难问题研究、审判实务经验总结、知识产权司法保护、专业化审判机制改革等。 精品案例选自上海知产法院具有典型性、代表性、新颖性和可参考性的结案案件，能够指导审判实践、解决疑难问题，并且较好地体现法律效果与社会效果的统一。

外滩金融创新试验区法律研究（2017版）

李昌道 主编　中国金融出版社

出版日期：2017.3　一版一次　开本尺寸：24cm　382页

书号：ISBN978－7－5049－8911－6　定价：58.00元

提要：本书对2016年金融市场的经典案例进行了精心点评，对涉及的互联网金融、金融控股与金融创新、企业融资与投资贸易、并购重组与争端解决、"一带一路"研究、立法研究等多领域理论联系实际，提出了许多真知灼见，还对中央和地方相关立法进行了颇有价值的研究和建言，其中多篇文章宣传和传播了中国法律制度和法律文化，有助于金融市场监管者和立法者借鉴总结，有利于金融法律研究和服务者从鲜活的市场元素中提炼升华，有利于中外金融家和法学家切磋交流法律经验，为推进上海国际金融中心建设的国家战略建言献策。

《上海市检验检测条例》释义

黄小路 主编　中国质检出版社　中国标准出版社

出版日期：2017.7　一版一次　开本尺寸：26cm　324页

书号：ISBN978－7－5026－4439－0　定价：38.00元

提要：本书内容包括：第一部分《上海市检验检测条例》；第二部分《上海市检验检测条例》相关立法文件；第三部分《上海市检验检测条例》释义；第四部分附表；最后是附录（相关法律、法规、规章和文件）。

文学艺术

华都

叶辛 著　安徽文艺出版社

出版日期：2017.4　一版一次　开本尺寸：24cm　367页

书号：ISBN978－7－5396－5904－6　定价：56.00元

提要：本书以上海市中心一座有着百年历史的公寓华都大楼为线索，讲述了不同阶层的女性的爱情故事，生动地描述了不同时代人物的遭际与命运，故事情节曲折离奇，真实地再现了不同时代普通上海人的生活状态、人际关系、价值理念，堪称百年上海滩的缩影，上海民风社情的生动画卷。

孽债

叶辛 著　安徽文艺出版社

出版日期：2017.5　一版一次　开本尺寸：24cm　343页

书号：ISBN978－7－5396－5898－8　ISBN978－7－5396－5934－3

定价：68.00元　378.00元

提要：本书中的故事发生在上世纪八十年代末的上海，从云南西双版纳插队返城的知青们又都有了新的工作和家庭，他们已经渐渐淡忘了遥远的西双版纳还有他们的孩子。 但是这些西双版纳的孩子们却没有忘记自己远在繁华大上海的父母，他们千里迢迢来到上海寻亲，没想到却给各自的家庭带来了一场地震。

问世间情

叶辛 著　安徽文艺出版社

出版日期：2017.4　一版一次　开本尺寸：24cm　192页

书号：ISBN978－7－5396－5906－0　定价：35.00元

提要：本书为"叶辛长篇小说精品典藏"之一。 这部作品不同作者以往的小说，而是以独特的视角、生动的笔触刻画了一组不同以往的"新上海人"形象，写出了一个和以往的弄堂、石库门迥然不同的上海。 小说以独特的视角，不仅探讨了农民工进城后的"临时夫妻"现象，更向爱情这一永恒的主题，发出了当代人的诘问：问世间情为何物？ 直教人生死相许……在这部与生活同步的书中，作家叶辛深刻地揭示了在城镇化浪潮中，人们心灵的纠结和冲撞，情感的扭曲与波澜，从而使得小说的题材、内涵更为深沉丰富。

归·去·来（第一部）

陈思进 雪城小玲 著 百花洲文艺出版社

出版日期：2017.5 一版一次 开本尺寸：23 cm 293 页

书号：ISBN978－7－5500－1810－5 定价：35.00 元

提要：本书是加拿大华人作家陈思进、雪城小玲合著的长篇小说。 小说如同一部厚重的家族史，主要讲述一个上海大家庭在风云变幻的时代中的悲欢离合，小说采用电影蒙太奇手法，交叉叙述，画面感较强。 语言简洁流畅，又有翔实的家族资料作为支撑，因而具有一定的可读性。

陆康印象

胡建君 著 百家出版社

出版日期：2017.3 一版一次 开本尺寸：26 cm 254 页

书号：ISBN978－7－5475－1229－6 定价：520.00 元

提要：《陆康印象》一书展示海上著名书法篆刻家陆康的篆刻风格特色，梳理其艺术人生经历。 此书兼具学术特征、艺术价值与印谱属性。《陆康印象》分为陆康生平小记、海上名家评述陆康印象，兼及穿插陆康生平行迹的上海溧阳路旧宅、苏州故居与澳门街景艺术黑白照片。最重要的是收入陆康近年来代表性闲章与名章百方，大部分是未发表的近作，工放兼备，风格多样。 部分印章用凹凸版丝网印刷与中国传统花窗边框相结合，既典雅又新颖，令人赏心悦目。 本书从研究和欣赏陆康篆刻入手，追根溯源，了解他的家学渊源与六十年从艺经历，铺陈他的人生地图与生平行迹，从而走进陆康先生的生活与艺术世界。

76 号特务实录

樊绍烈 著 北方文艺出版社

出版日期：2017.4 一版一次 开本尺寸：24cm 314 页

书号：ISBN978－7－5317－3829－9 定价：52.00 元

提要：本书形象地再现了汪伪 76 号的每一场风云突变，揭开笼罩已久的神秘面纱，直捣恐怖而罪恶的特务组织核心。 惊心动魄的策反、暗杀，血雨腥风的剧变、惨案，零距离目击极斯菲尔路 76 号，刺目刻画历史上的黑色一笔。 以理性的眼光、客观的态度、细腻的笔法，深度透视中国抗日战争时期出现的最大的汉奸特务组织。 主要内容包括：为了"出人头地"，走上不归之路；李士群的叛变之路等。

党小组

刘荣书 著 北京十月文艺出版社

出版日期：2017.10 一版一次 开本尺寸：21cm 537 页

书号：ISBN978－7－5302－1697－2 定价：49.00 元

提要：本书是一部关于信仰和忠诚的长篇小说。 清贫的陈烈、江汰清夫妇在上海苦苦支撑生活，守卫着中共档案资料。 江汰清在联络点意外被捕，陈烈带着档案资料匆忙转移，与党组织失去联系。 他贫病交加，身边只有两个年幼的孩子，党的重要文件岌岌可危。 幸亏妻妹江韵清来到陈烈身边，帮助姐夫四处寻找党组织。 热血青年马端方（后改名马天目）受进步思想影响，投身革命。 他受组织派遣，到上海与保管档案资料的同志接头，却没有成功。 他的上线牺牲，他也陷入失联状态，一心寻找接头人和党组织。 双方遵循地下工作规则，终于接上了头。

好人宋没用

任晓雯 著　北京十月文艺出版社

出版日期：2017.8　一版一次　开本尺寸：21cm　520页

书号：ISBN978－7－5302－1689－7　定价：46.00元

提要：本书讲述的是一位苏北女人宋没用在上海艰辛打拼、忍辱负重、立足生根的故事。因为是幺女，被母亲嫌弃，起名"没用"，可就是这样一个"没用"的女子，为父母养老送终，接济游手好闲的哥哥，拉扯大五个儿女……她像很多中国人一样，熬过了战乱、饥饿和种种社会动荡，顽强地生活着；也像很多中国人一样，在勤劳善良之中，不乏怯懦和精明，悲欢与坚忍。本部小说通过一个小人物的历史，折射了一座城市的历史，甚至一个国家的历史。

上海底片

滕肖澜 著　北京十月文艺出版社

出版日期：2017.7　一版一次　开本尺寸：21cm　293页

书号：ISBN978－7－5302－1687－3　定价：35.00元

提要：本书是作者的一本中篇小说集，收录作者最新的中篇小说四部：《在维港看落日》《我的宝贝儿》《又见雷雨》和《上海底片》。作者善于捕捉上海小市民的日常生活琐碎，在平凡的生活中表现普通人的小心思、小情感。温情，暖心。

董竹君：一首激扬的命运交响曲：珍藏版

墨三 著　北京燕山出版社

出版日期：2017.5　一版一次　开本尺寸：21cm　282页

书号：ISBN978－7－5402－4455－2　定价：39.80元

提要：本书讲述了董竹君的传奇一生。12岁时沦为青楼卖唱女；14岁逃出火坑嫁予革命党人成为都督夫人，却不堪忍受封建大家庭和夫权统治，于 29 岁时毅然抛弃都督夫人的名头，选择离开；带着四个儿女两手空空回到上海打拼，历尽艰辛创办了上海锦江饭店。 她的一生，开始于八国联军攻打北京的 1900 年，结束于香港回归祖国的 1997 年，经历了旧中国近代的政权更迭、战争饥荒多事年代，也经历了新中国的建立走向富国之路的时代，她的一个世纪，是中国近现代史风云变幻的缩影，更是一个女人不可多得的传奇。 本书既是这个了不起的女人一生的缩写，也是她所生活时代的映照。

陈丹燕散文精选

陈丹燕 著　长江文艺出版社

出版日期：2017.1　一版一次　开本尺寸：23cm　282 页

书号：ISBN978－7－5354－8447－5　定价：28.00 元

提要：本书精选了陈丹燕数十年来经典散文而成，作者以其特有的写作经历和生活感悟描绘和塑造了一个与众不同的上海城市，用小说、人物传记、散文和游记等不同文体形式向人们抒发了她的上海情怀。 或怀念少年时光，或描写欧洲上海历史文化，或对生活中美好的事物抒情达意，皆情感醇厚真挚。

子夜

茅盾 著　长江文艺出版社

出版日期：2017.10　一版一次　开本尺寸：23cm　361 页

书号：ISBN978－7－5354－6086－8　定价：35.00 元

提要：本书以 19 世纪 30 年代旧上海为背景，以民族工业资本家吴荪甫和买办金融资本家赵伯韬的商业斗争为主线，讲述了致力于发展民族工业的吴荪甫在外国资本强势入侵、军阀混战、民生凋敝、工人罢工等社会情势下而最后全盘失败的故事，生动、深刻地反映了当时中国的社会面貌，揭示了中国半封建半殖民的社会性质。

我在朱家角等你

沈文伟 著 东方出版中心

出版日期：2017.6 一版一次 开本尺寸：21cm 209页

书号：ISBN978－7－5473－1103－5 定价：45.00元

提要：本书为视障人士沈文伟的文学作品集，是他多年笔耕不辍汗水凝聚的成果，题材包含小说、散文、随笔、收藏鉴赏等，其中许多故事围绕朱家角或某个小镇展开，体现了水乡的风土人情，既温情又发人深思。

向交响乐传统致敬

孙国忠 著 广西师范大学出版社

出版日期：2017.8 一版一次 开本尺寸：22cm 341页

书号：ISBN978－7－5495－9857－1 定价：48.00元

提要：本书为孙国忠教授学术性写作之外的音乐评论与随笔集，所收入的大部分文章写于近五年，分别发表在《音乐爱好者》《书城》《文汇报》《新民晚报》等刊物上。从这些既具学术底蕴又有鲜明观点的音乐论说中，可见一位学院派音乐学家现场听乐的独特感受和关于古典音乐欣赏及音乐学术的思考。读者还可以从这些音乐会评论中感受到上海这座大都市近年来音乐生活的律动与色彩。这一随笔集的出版不仅有助于广大音乐爱好者鉴赏水平的提升，而且也能为上海的"城市音乐文化"的历史留下一份文档。

纸边闲草

张伟 著 广西师范大学出版社

出版日期：2017.7 一版一次 开本尺寸：24cm 295页

书号：ISBN978－7－5495－9983－7 定价：62.00元

提要：《纸边闲草》是从事近代文献研究、整理与收藏的名家张伟先生有关纸页研究鉴赏的随笔集。 全书共分六辑，第一辑是作者在写就土山湾研究专著之后新近研究的呈现；第二辑是研究上海小校场年画的心得；第三辑是评述对中国文化作出过特殊贡献的相关书刊和图书馆；第四辑是对自身所收藏的照片、戏单、明信片、电影说明书等的鉴赏；第五辑是对中国早期摄影的探索；第六辑是作者近年为所主编的书籍所写的序跋。 这些文章大都是从片纸只字出发，做历史的细节研究，钩沉大上海往昔的人、事、物，风情浓郁，轻松好读。

黄宗英文集 1：存之天下

黄宗英 著　海天出版社

出版日期：2017.1　一版一次　开本尺寸：24cm　270 页

书号：ISBN978 - 7 - 5507 - 1800 - 5　定价：95.00 元

提要：本书是一本散文集，本书主要收录黄宗英写她的亲人朋友往事的文章。 书中回忆了著名演员、黄宗英第三任丈夫赵丹的生平往事，也有黄宗英的家人、长辈、朋友的人物特写，以及黄宗英与她的第四任丈夫冯亦代的晚年生活描写。 本书使读者可以从一个侧面了解文艺工作者在 20 世纪大时代变迁中的悲欢离合、人生轨迹，展现了艺术文化界各种掌故，不失为那个时代的剪影。

黄宗英文集 2：小丫扛大旗

黄宗英 著　海天出版社

出版日期：2017.1　一版一次　开本尺寸：24cm　369 页

书号：ISBN978 - 7 - 5507 - 1801 - 2　定价：110.00 元

提要：本书主要收录了黄宗英的报告文学、人物特写、电影剧本、电视拍摄日录等扛鼎作品。 时间跨度从上世纪五十年代一直到八九十年代。 黄宗英是一位多才多艺的才女，曾经是著名的演员，后来成功转型作家。

黄宗英文集 3：我公然老了

黄宗英 著　海天出版社

出版日期：2017.1　一版一次　开本尺寸：24cm　321 页

书号：ISBN978－7－5507－1803－6　定价：105.00 元

提要：《黄宗英文集》共四卷，收录了作者的报告文学、剧本等文学创作，与艺术界、文学界交往的种种追忆，描写世情、感悟人生的散文作品，以及与冯亦代往来的书信等。书中包含了作者自 20 世纪 40 年代迄今的大部分作品。演艺世家的出身、从演员到作家的特殊人生经历，使作者的作品颇具特色，情感真挚，文笔优美流畅。她的报告文学，从知青上山下乡运动到改革开放后知识分子的生活状态，反映着鲜明的时代特征；大量有关亲友交谊的散文，又于日常琐忆之中，展现了艺术文化界各种掌故，不失为那个时代的剪影；而晚年与冯亦代的恋爱书信，亦为佳话。

黄宗英文集 4：纯爱

黄宗英 著　海天出版社

出版日期：2017.1　一版一次　开本尺寸：24cm　417 页

书号：ISBN978－7－5507－1802－9　定价：136.00 元

提要：本书是冯亦代、黄宗英 1993 年 2—11 月间的京沪两地书，记录了两人从相互试探到思念升温，再到谈婚论嫁的整个过程。书信是两位文化老人间黄昏恋情的真实记录。冯亦代黄宗英的晚年恋曲和文化情思在他们的书信往来中传递，在情书中诉说对彼此的思念，文字间的激情和浪漫，甚至比年轻人还要热烈。两位老人以纯粹的情感，书写了堪称范本的情书，让生活在二十一世纪的我们，有机会通过情书这一近乎绝迹的文本阅读，重温纯爱的美好。

上海金银细工·张心一

田伟玲 著　海天出版社

出版日期：2017.6　一版一次　开本尺寸：30cm　186页

书号：ISBN978－7－5507－1258－4　定价：268.00元

提要：本书主要介绍非物质文化遗产项目金银细工制作技艺代表性传承人张心一从艺人文环境、手艺人生、手艺绝技、代表作品、著述及访谈实录等内容，为读者勾勒出一条由近代到当代的上海金银细工艺术的发展脉络。

五讲三嘘集

鲁迅 著　赵瑜 编　河南文艺出版社

出版日期：2017.3　一版一次　开本尺寸：21cm　238页

书号：ISBN978－7－5559－0425－0　定价：35.00元

提要：本书分两部：上部"北平五讲"和下部"上海三嘘"。上部收入鲁迅于一九三二年冬在北平五所高校所做的五场讲演内容，以及相关参与人员所著的关于"五讲"的回忆、评论文章和相关报道。下部分别对梁实秋、杨邨人和张若谷用"嘘"的方式加以还击论争，鲁迅以笔为枪嬉笑怒骂、知人论世的机锋与格局可见一斑。

字绘上海

徐郑冰　沈娟　主编　湖北美术出版社

出版日期：2017.7　一版一次　开本尺寸：25cm　143页

书号：ISBN978－7－5394－9135－6　定价：78.00元

提要：本书是湖北美术出版社"手绘中国"项目的其中一本，以手绘的方式，分列上海的景观、美食、非物质文化议程等一百多个条目，以设计、汉字书法、手绘的多元化形式，将上海的城市风貌、人文历史融入书法形式上的汉字之中，融设计美感、城市情怀于一炉。

去，你的旅行

阿 Sam　著　湖南文艺出版社

出版日期：2017.4　一版一次　开本尺寸：21cm　291 页

书号：ISBN978－7－5404－7989－3　定价：42.00 元

提要：本书共分为 4 章，分别是上海——起点和终点、绕着地球走半周、生活在别处以及小镇记忆。 具体内容包括从常德公寓开始、半梦半醒的生活、早安，上海、悉尼路漫漫、和大海做朋友的城市等。

奇境异闻之血月亮

江海潮生　著　花城出版社

出版日期：2017.6　一版一次　开本尺寸：21cm　238 页

书号：ISBN978－7－5360－8337－0　定价：30.00 元

提要：1925 年的上海滩发生了一系列绑架案，震旦大学考古学教授陈奇不得不通过法租界探长洪一枫雇用了江湖人物李四保护自己，而这个年轻英俊的神秘保镖不按常理出牌，搅乱了陈奇的生活。 李四通过昔日搭档吉祥打探消息，得知陈奇是因为神秘的玉璧血月亮而招来了杀身之祸。 陈奇遭遇青斧帮绑架，李四于嬉笑间救出陈奇，却得知血月亮的消息已被人散播出去，赶往青斧帮，却发现这帮派五十多号人全军覆没……李四怀疑另有内情，洪一枫透露了血月亮的来历以及十五年前血月亮考古的秘情。 陈奇李四决定回到原点寻找答案。

华东师大档案馆藏名人手札

汤涛　朱小怡　主编　华东师范大学出版社

出版日期：2017.4　一版一次　开本尺寸：30cm　348 页

书号：ISBN978－7－5675－5668－3　定价：108.00 元

提要：本书系发掘利用华东师范大学档案馆馆藏名人信札，配以释文和信札作者人物简介，图文并茂地展示华东师范大学档案馆馆藏书法珍品，进而展示华东师范大学的艺术文化。 所选名人信札来自学校档案馆所藏因公务活动产生的档案。 依照信札作者身份可分为政界名人信札、教育界名人信札、文化界名人信札、财经界名人信札。

樱桃青衣

张怡微 著　华东师范大学出版社

出版日期：2017.7　一版一次　开本尺寸：19cm　219页

书号：ISBN978－7－5675－6533－3　定价：40.00元

提要：本书为上海青年作家张怡微"家族试验"写作计划的收官之作，收入获得第36届时报文学奖短篇小说组首奖作品《哀眠》。 关于现代人的伤痛和宽容、失落和满足、记忆与遗忘。 各自陪父母前来相亲的年轻男女，住院是为了家里人开心的中老年大叔，在寡淡交谈中建立起共同话题的两代人，依靠微薄薪水过着小民尊严的一家人……一篇篇故事，讲述当代城市人伦理生活及递迁命运的故事，书写普通人相互护佑的善，市井小民令人不舍的义。

红色

徐兵　孙强　石典典　著　　化学工业出版社

出版日期：2017.1　一版一次　开本尺寸：24cm　2册　758页

书号：ISBN978－7－122－28080－0　定价：75.00元

提要：本书以淞沪会战后沦为孤岛的上海为背景，讲述了身怀绝技却隐居做小会计的徐天，因帮助共产党运送物资和保护恋人田丹而身不由己卷入了腥风血雨的厮杀，最终与日本人展开生死对决的故事。 最终，徐天光荣地成为了一名中国共产党员，成就了一段浪漫的红色传奇。

洪门兄弟 1：结义

泳群 著　江苏凤凰文艺出版社

出版日期：2017.11　一版一次　开本尺寸：24cm　281 页

书号：ISBN978－7－5594－0897－6　定价：42.00 元

提要：本书通过民国时期上海的帮派斗争和两代人的情感纠葛展示了旧上海三十年的风云变幻。　常啸天和林健本是两个胸怀大志的旧时代军人，他们志存高远却报国无门，兄弟两人走投无路来到上海投身黑帮。　然而在一场帮派内讧中，常啸天被人陷害误会了林健，最终导致林健惨死。　几经波折得知真相后，常啸天为好友之死深感内疚。

碾玉

云葭 著　江苏凤凰文艺出版社

出版日期：2017.8　一版一次　开本尺寸：21cm　314 页

书号：ISBN978－7－5594－0755－9　定价：29.80 元

提要：上海名媛玉晚辞家世显赫，容貌出众，性格宁折不弯。　父亲玉正扬因好友纪司令蒙冤惨死，不得已纳了纪司令的姨太太乐心兰为妾，以保纪家遗孤纪泽宇。　他对纪泽宇宠爱有加，远胜于亲生女儿晚辞。　晚辞不满父亲偏爱，却反被父亲遣送德国留学。　十年后，晚辞归来，机缘巧合救下神秘男子齐远，暗生情愫，齐远喜欢的却是玉家养女苏凌之。　晚辞遭受打击痛苦不已，彼时陪在她身边的，竟是她一直厌恶的纪泽宇。　他是外人眼中的浪荡公子，却独独包容她，宠溺她，究竟哪一面，才是真正的他？　掀开层层伪装，晚辞身边的每个人似乎都有另一重身份，迷雾重重下，谁才是真正的隐藏者？

一号伪装者

徐品 著　金城出版社

出版日期：2017.11　一版一次　开本尺寸：24cm　251 页

书号: ISBN978-7-5155-1473-4 定价: 36.00 元

提要: 本书是以上世纪三十年代的上海孤岛时期为历史背景, 主要描写了中共地下组织和军统组织联手与日寇及 "76 号" 之间的秘密战争。 文中没有大量的枪林弹雨, 也没有浪漫不已的儿女情长, 没有 "侠客" 般永远也打不死的神话英雄, 更没有 "手撕鬼子"、"裤裆藏手榴弹" 的悬幻与谐谑, 只有一些正常的中国军人在秘密的战线里用坚定信念和血肉之躯与敌人进行斗智斗勇。 本小说的情节逻辑极其严谨, 同时相对尊重历史客观事实, 部分人物为历史真实人物, 虚构人物也绝无 "神功" 与 "神人" 的出现, 故此敢称之为首部无漏洞抗日谍战中篇小说。

霓虹灯下的兵魂: 一名 "南京路上好八连" 战士的印记

黄明光 著 经济日报出版社

出版日期: 2017.1 一版一次 开本尺寸: 24cm 305 页
书号: ISBN978-7-5196-0030-3 定价: 58.00 元

提要: 本书记述了作者在 "好八连" 当兵期间, 和战友们一起牢记 "两个务必", 按照毛主席《八连颂》要求, 在南京路上站岗放哨、军训卫国、巡逻除暴、为民服务和千里行野营、围海造田、救灾抢险、保卫大上海, 以及执行特殊任务等鲜为人知的故事。 部分讲述了作者离开 "好八连" 后, 按 "好八连" 连训, 在从政岗位上长期严于律己、艰苦奋斗、拒腐蚀永不沾、为人民几十年, 励志文艺事业, 奋斗不止的往事。 反映出一名在 "好八连" 接受洗礼的战士铸就出来的兵魂。

情迷双城

吴正 著 漓江出版社

出版日期: 2017.6 一版一次 开本尺寸: 23cm 406 页
书号: ISBN978-7-5407-8079-1 定价: 58.00 元

提要：本作品集是作者在不同时期发表的中篇小说首次结集出版，这些中篇小说作品较为突出地体现了海派小说的艺术特点，行文细腻，感受精微，节奏优雅而韵味悠长。作者以优雅而老到的笔触，以不乏自传性的视角，勾勒出诸多个性鲜明而富于艺术魅力的形象，不仅生动再现了上海与香港两个具有传奇色彩的大都市六十年来的剧烈变迁，而且彰显了中国传统小说笔法和中国传统审美情味的魅力。

亲爱的母亲河

赵丽宏 著　民主与建设出版社

出版日期：2017.1　一版一次　开本尺寸：22cm　310页

书号：ISBN978‒7‒5139‒0899‒3　定价：39.80元

提要：本书收入著名作家赵丽宏的最新散文50篇，其中有关于父亲和母亲的回忆，有关于上海的今夕对比，也有关于丝绸之路的感怀，以及对国外名胜名人的个人沉思等。

独特的女人魅力：张爱玲

任挥 编著　群言出版社

出版日期：2017.3　一版一次　开本尺寸：21cm　246页

书号：ISBN978‒7‒5193‒0205‒4　定价：33.00元

提要：本书解读了上海第一才女张爱玲的心灵世界，回味了沉香屑里的那些生死寓言。在丰富的史料基础上，以张爱玲的生平事实为线索，真实而生动地再现了张爱玲传奇的一生。

上海猎狐行动

中国法学会法治文化研究会 选编　群众出版社

出版日期：2017.12　一版一次　开本尺寸：21cm　245页

书号：ISBN978－7－5014－5771－7　定价：33.00元

提要：这是一部法治纪实文学作品集。本书系由中国法学会法治文化研究会选编的"2016年度法治文学精选"丛书中的纪实文学卷，代表2016年度法治文学在纪实文学创作方面的最高水准，囊括了2016年度法治纪实文学的精品力作。

上戏情缘

顾月华　著　人民交通出版社

出版日期：2017.11　一版一次　开本尺寸：23cm　317页

书号：ISBN978－7－114－14239－0　定价：79.80元

提要：顾月华和儿子孙思翰均是上海戏剧学院毕业的，这本书以上海戏剧学院为背景，通过顾月华母亲的视角去记录儿子从步入上戏到演戏过程中的精彩瞬间，还分享了顾月华及其上戏校友相处间的有趣温馨小故事，包括焦晃、李幼斌、何政军等人，侧面记录了上戏这些年的发展历史。顾月华是纽约华文女作家会长，《侨报》专栏作家，其一家与上戏渊源很深。

放大的时间

王安忆　著　人民文学出版社

出版日期：2017.5　一版一次　开本尺寸：21cm　195页

书号：ISBN978－7－02－012690－3　定价：32.00元

提要：本书由茅盾文学奖得主王安忆写作。该书以看似虚构的短篇小说格式写就，实际上都是作者童年真事。公共浴室，厨房，童年玩具等弄堂里长大的上海孩子所共有的童年回忆，令人感慨。全文细腻写实，情感与记忆交织，极为优雅。

红豆生南国

王安忆 著　人民文学出版社

出版日期：2017.6　一版一次　开本尺寸：21cm　213页

书号：ISBN978－7－02－012626－2　定价：35.00元

提要：本书是作家王安忆2017年最新中篇小说集，收入《红豆生南国》《向西，向西，向南》《乡关处处》三部中篇小说。 三部小说的故事分别发生于中国香港、纽约和上海，讲述了生活在这三个城市的"都市移民"的故事，他们的青春、爱与孤寂。

侯家路

周国平 著　人民文学出版社

出版日期：2017.5　一版一次　开本尺寸：21cm　185页

书号：ISBN978－7－02－012686－6　定价：32.00元

提要：本书由著名散文家周国平写作。 侯家路曾经是上海的一个老街名，那里珍藏着作家周国平的童年岁月，铭刻着他的成长记忆。 因此，若干年后，周国平把这些关于岁月的记忆形成文字，记载了他童年生活的点点滴滴，如"上课时爱做小动作""从班级图书角里偷书""表演节目""走很长的路去上学""拼命节省钱买书""做誓师大会演讲""参加数学竞赛"等，描述亲情、友情，令人动容、感慨，充满童趣和哲思，能让小读者阅读后获得不一样的人生、生命体悟。

谈吃：上海的吃及其他

夏丏尊　王安忆等 著　人民文学出版社

出版日期：2017.7　一版一次　开本尺寸：21cm　227页

书号：ISBN978－7－02－012777－1　定价：35.00元

提要：本书对中国现当代散文名篇进行了全新的分类编选，以同题散文的形式选文成书，既方便读者阅读，也可作为写作参考的范本。 本书精选现当代著名作家以"食"为题的经典散文，有夏丏尊的《谈吃》、迟子建的《故乡的吃食》、王安忆的《上海的吃及其他》、汪曾祺的《故乡的食物》等，共收编散文 36 篇。

文采飞扬的日子

王勉 主编　山西人民出版社

出版日期：2017.12　一版一次　开本尺寸：24cm　55 页

书号：ISBN978－7－203－09994－9　定价：54.00 元

提要：本书主要收录了上海市松江文联文学协会会员的小说、散文、诗歌、书评、杂文等作品，集中反映了 2017 年会员创作的文学成果。

陆小曼·1927·上海

陈建华 著　商务印书馆

出版日期：2017.5　一版一次　开本尺寸：19cm　256 页

书号：ISBN978－7－100－13057－8　定价：56.00 元

提要：本书是陈建华教授关于民国文化的又一研究成果，以 1927 年为时间点，以民国传奇女性陆小曼为切入点，解析近代时尚圈和传媒业的一个侧面，并配以近百幅历史性图像，故事性强，高潮迭起，对于各种回忆录或流行传记的不实之处作辩证考订，可谓对于"新文化史"书写的一种尝试。

海上语丝

范伟国 著　上海交通大学出版社

出版日期：2017.5　一版一次　开本尺寸：21cm　284 页

书号：ISBN978－7－313－16457－5　定价：68.00 元

提要：本书是作者 2005 年后至今在上海工作期间撰写的新闻评论，散文游记和博客文章的汇集。 作者涉猎广泛，见解独到，议论精当，文笔扎实，文字精练，从个人的所见所闻中知微见著，在谈笑风生中传播理论与知识，有较强的可读性，可供新闻工作者、教育工作者、文艺爱好者等读者参考。

那些年，我们读过的书：上海读书故事征文大赛获奖作品

上海市振兴中华读书指导委员会办公室 编　上海科学技术文献出版社

出版日期：2017.1　一版一次　开本尺寸：23 cm　306 页

书号：ISBN978 - 7 - 5439 - 7287 - 2　定价：38.00 元

提要：本书是第十八届上海读书节上海读书故事征文大赛入选作品的作品集。 该次征文的主题是"那些年，我们读过的书"。 众多作者抚今追昔叙述自己的读书故事，以情润心，以学修身，呈现了阅读是一种生活态度。 该书稿有利于推广全民阅读理念，营造书香上海氛围，在全社会形成"爱读书，读好书，善读书"的良好习惯，积极创建学习型城市，提升市民文化素养。

上海高度

钱平雷 著　上海科学技术文献出版社

出版日期：2017.1　一版一次　开本尺寸：22 cm　383 页

书号：ISBN978 - 7 - 5439 - 7279 - 7　定价：35.00 元

提要：本书由上海科普作家协会和上海作家协会的双重会员钱平雷撰写。 全书分为四个板块，内容涉及了交通、建筑、音乐、体育、地理、历史、书画、信息等等诸多专业："情感交织"——诉说对亲情、爱情、友情、乡情、师生情、母校情等各种宝贵情感的感悟；"怀旧睹今"——对往事的回忆与眼前的人和事的感受；"客地行迹"——

离开上海到国内外旅游的所见所闻；"寻乐觅趣"——老有所乐的活动和体会。

读步：2016 上海新剧作

罗怀臻 上海市剧本创作中心 选编 上海人民出版社

出版日期：2017.4 一版一次 开本尺寸：24cm 2册 787页

书号：ISBN978－7－208－14406－4 定价：128.00元

提要：本书共收录2016年上海市舞台演出剧本20部，分上、下两册。它涵盖了舞台剧的各个种类——有话剧、昆剧、历史剧、沪剧、越剧、淮剧、评弹、音乐剧、滑稽戏等。此书是2016年在上海舞台上演出亮相的优秀之作，代表着上海市剧本创作的新水平与新成果，反映着上海舞台艺术剧本创作的基本面貌。

放棹吴淞江：从东太湖到黄浦江

陈益 著 上海人民出版社

出版日期：2017.4 一版一次 开本尺寸：21cm 212页

书号：ISBN978－7－208－14355－5 定价：35.00元

提要：本书是一部糅合了历史、经济、水利、文学等要素的文化散文，引导读者对水乡文化以及中华江河文明进行深入了解，更是对当前苏沪地区区域大发展的文化溯源。

青春站台：上海校园戏剧作品选

陆军 主编 上海人民出版社

出版日期：2017.7 一版一次 开本尺寸：22cm 427页

书号：ISBN978－7－208－14528－3 定价：58.00元

提要：本书是上海校园戏剧文本孵化中心 1+1 丛书之一，是上海校园戏剧的作品集。 本册主要内容包括：校园青春剧、校园童话剧、校园大师剧。

情系我生：陈公白随忆

陈公白 著　上海人民出版社

出版日期：2017.3　一版一次　开本尺寸：25cm　339页

书号：ISBN978－7－208－14293－0　定价：68.00元

提要：本书是我国第一代留苏研究生，著名神经外科学家，曾任上海医科大学华山医院院长陈公白先生的回忆录。

十个人的上海前夜

王唯铭 著　上海人民出版社

出版日期：2017.7　一版一次　开本尺寸：24cm　423页

书号：ISBN978－7－208－14441－5　定价：68.00元

提要：这里有1840年以来的上海历史，云波诡谲，惊心动魄，气象万千。 这里是长江三角洲的顶端，是徐家汇，是外滩，是洋泾浜，是南京西路，是静安寺……是老上海，也是新上海。 这里是巴夏礼、麦华陀、李提摩太和雷士德等外国人在近代中国目前书写下别样一笔的地方；这里更是王韬、容闳、叶澄衷、朱葆三、李平书和陈其美这样的中华儿女挥洒热血的土地。 是城造就了人？ 还是人造就了城？岁月空茫，江河无言，且看历史的轮盘从"前夜"转向"黎明"。

万国之路：10位中国著名作家眼中的万国证券公司

本书编委会 编　上海人民出版社

出版日期：2017.9　一版一次　开本尺寸：24cm　230页

书号：ISBN978－7－208－14714－0　定价：39.80元

提要：由万国之路 10 位中国著名作家眼中的万国证券公司编委会编，这是一份关于中国资本市场和改革开放的特别记录。苏童、范小青、贾鲁生、苏娅等十位作家，带你重温当年的万国人万国事。一段段难以忘却的动人故事，表现激情燃烧的"万国岁月"；一个个鲜为人知的感人细节，再现追求卓越的"万国精神"。

沉重救赎："挑山女人"与一位当代母亲的思考

中国戏曲学会 上海市戏剧家协会 上海宝山沪剧艺术传承中心 编
上海三联书店

出版日期：2017.5 一版一次 开本尺寸：26cm 269 页

书号：ISBN978－7－5426－5452－6 定价：68.00 元

提要：本书是宝山沪剧团根据真人真事创作排演的现实主义题材的沪剧。荣获第十四届文华奖"优秀剧目奖"，被人们誉作"是一部弘扬中国梦、积聚正能量的成功之作"。全书共分三个篇章，第一篇为《挑山女人》创作手记；第二篇为剧本、乐谱与演出纪实；第三篇为对《挑山女人》演出后，各界的评论与研究。本剧编创导人员集合了国内著名戏剧编剧李莉、著名戏剧导演孙虹江、著名作曲汝金山等上海本土的实力派主创人员，并由著名沪剧表演艺术家华雯领衔主演。

海上师风

解放日报 编著 上海三联书店

出版日期：2017.7 一版一次 开本尺寸：24cm 343 页

书号：ISBN978－7－5426－5783－1 定价：40.00 元

提要：本书汇编最近 3 年多来的解放日报教育人物报道，本书共收编了 85 篇报道，将其分为 3 个主题，包括："教书育人"32 篇、"科研育人"26 篇、"服务社会"27 篇，把这些好老师故事向全社会进行二次传播，进一步激发校园正能量。 其中 24 篇为本报"劳模精神在校园"栏目报道，其余还涉及师者如歌；温暖人生好老师；走进他们；教书育人楷模；教育功臣；科技功臣；核心价值观·故事、中国梦·申城美·公益美·劳动美；"五一"、"十一"报道；走进名教授；上海高校教师援滇系列，以及众里寻他等栏目。

上海诗词（2016 年第 2 卷）

褚水敖 陈鹏举 上海诗词学会 著 上海三联书店

出版日期：2017.1 一版一次 开本尺寸：25cm 203 页

书号：ISBN978－7－5426－5782－4 定价：36.00 元

提要：本书分为诗国华章、沪渎行吟、海上诗潮、霜林集叶、施社丛萃、风云酬唱、云间遗音、九州吟草、观鱼解牛。

上海诗词（2017 年第 1 卷）

褚水敖 陈鹏举 上海诗词学会 著 上海三联书店

出版日期：2017.7 一版一次 开本尺寸：26cm 196 页

书号：ISBN978－7－5426－5942－2 定价：36.00 元

提要：古体诗作为中国文化的一个奇葩，正在迎来一次复兴。《上海诗词丛书》就是在这个背景下推出的。 主编单位是上海作家协会主管下的上海诗词学会。《上海诗词（2017 年第 1 卷）》是其中的一本。栏目包括：诗脉承传、风采张家港、海上诗潮、风云酬唱、霜林集叶、诗社丛萃、云间遗音、九州吟草、观鱼解牛等。

沈寂人物琐忆

沈寂 韦泱 著 上海社会科学院出版社

出版日期：2017.5 一版一次 开本尺寸：24cm 284 页

书号：ISBN978－7－5520－1925－4　定价：59.80 元
提要：本书是海上著名小说家、剧作家、文艺活动家沈寂关于民国直至 1949 年后，主要活动于上海的小说家、剧作家、电影人、戏曲表演家和其他艺术家，以及艺林中琐事逸闻的回忆文章结集，其中大部分文章曾在各类刊物上发表过。 这些文章对于了解、理解那个年代，尤其是民国老上海的文人、艺术家，以及艺林、文坛状况都具有特别的价值和意义。

月光下的规矩：社会现象时评

谢京辉 著　上海社会科学院出版社

出版日期：2017.12　一版一次　开本尺寸：21cm　240 页
书号：ISBN978－7－5520－2195－0　定价：36.00 元
提要：谢京辉同志有着多个岗位的工作经历，2004 年 7 月奉调为上海社会科学院副院长，撰写了一批接地气有深度的时评、散文、杂文、理论文章，发表在《解放日报》《文汇报》《新民晚报》《人民日报》等媒体上，本书将其时评文章汇聚成册。

上海鲁迅研究：鲁迅手稿研究专辑

上海鲁迅纪念馆 编著　上海社会科学院出版社

出版日期：2017.8　一版一次　开本尺寸：22cm　334 页
书号：ISBN978－7－5520－2034－2　定价：69.80 元
提要：本书主要包括“鲁迅手稿研究”“鲁迅作品和思想研究”“鲁迅与传统文化”“鲁迅同时代人研究”“史料·辩证”“鲁海漫谈”“我与鲁迅”等主题，在这些主题下，计有 20 多篇相关研究，从不同的角度反映了目前国内外最新最前沿的国内外鲁迅研究状况。

上海鲁迅研究：鲁迅与美术暨纪念李桦诞辰110周年

上海鲁迅纪念馆 编　上海社会科学院出版社

出版日期：2017.9　一版一次　开本尺寸：21cm　321页

书号：ISBN978－7－5520－2071－7　定价：69.80元

提要：本书主要包括"鲁迅与美术暨纪念李桦诞辰110周年""鲁迅生平与作品研究""鲁迅同时代人研究""史料·辩证""我与鲁迅"等主题，这些主题从不同的角度反映了目前国内外最新最前沿的国内外鲁迅研究状况。

上海鲁迅研究（2016冬）

上海鲁迅纪念馆 编　上海社会科学院出版社

出版日期：2017.3　一版一次　开本尺寸：21cm　284页

书号：ISBN978－7－5520－1897－4　定价：39.80元

提要：本书主要包括"鲁迅作品和思想研究""鲁迅比较研究""青年读鲁迅""史料·辩证""鲁海漫谈""读书杂记"等主题，在这些主题下，计有20多篇相关研究，从不同的角度反映了目前国内外最新最前沿的国内外鲁迅研究状况。

海上警事

李动 著　上海书店出版社

出版日期：2017.7　一版一次　开本尺寸：24cm　153页

书号：ISBN978－7－5458－1520－7　定价：35.00元

提要：本书收录了《接管上海旧警察局帅印》《金融界的淮海战役》《新上海惩腐第一枪》《他终于低下了傲慢的脑袋》等作品。

婚纱照

薛舒 著　上海书店出版社

出版日期：2017.1　一版一次　开本尺寸：19cm　312页

书号：ISBN978－7－5458－1371－5　定价：30.00元

提要：近年上海本地作家的中短篇小说创作的总体态势是平稳中有突破。　上海中短篇小说创作一直保持着比较平稳的创作态势，是因为上海有一批作家一直执著于中短篇小说创作。　像女作家薛舒便是其中的一个代表，她在中短篇小说创作上一直保持着比较旺盛的创作力，本书是薛舒中篇小说近作的一个结集，共收入《母鸡生活》《谁让你叫"叶尼娜"》《哭歌》《鞭》《婚纱照》等五部作品。

一个人的河

殷慧芬 著　上海书店出版社

出版日期：2017.9　一版一次　开本尺寸：19cm　368页

书号：ISBN978－7－5458－1491－0　定价：40.00元

提要：本书是著名作家殷慧芬的散文近作结集，共分虹口梦忆、缘结嘉定、平常日子、师友情长、文心告白等五个部分。　殷慧芬以小说创作享誉文坛，后因目疾不得不放下了心爱的小说写作。　但她依然坚持着力所能及的非虚构类散文的写作，这些散文也如同她的小说一样，精彩地记录了上海文化人、老百姓丰富多彩的生活状态。

在思南阅读世界（第二辑）

孙甘露 主编　上海书店出版社

出版日期：2017.8　一版一次　开本尺寸：24cm　496页

书号：ISBN978－7－5458－1521－4　定价：75.00元

提要：本次思南读书会精选阅读活动的讲稿，由上海作协副主席孙甘露统筹主编，将历次内容整理优化，结集推出，是为第二辑。　主要是按照时间顺序，收录了国内外知名作家、新书分享、文化深度阅读等方面的文字，主讲人包括格非、陈丹燕、金宇澄、戴锦华等一批知名作家学者。 全书既保留了活动的现场感，又提升了文字的准确性，并且配有诸多图片，综合呈现上海文化建设、阅读文化发展的新的尝试。

侧耳有诗：我的心是一座城

印海蓉 主编　上海文化出版社

出版日期：2017.8　一版一次　开本尺寸：20cm　207页

书号：ISBN978－7－5535－0788－0　定价：58.00元

提要：本书精选"侧耳"声音团队在线上推送的三十多篇中外诗歌、小说片段、剧本片段等文学作品，包括：《未走之路》《国年路上的圣诞老人》《外滩之吻》《新娘》《我的心是一座城》《秋夜送友》等。

棚户区：仿佛童年　似乎爱情

走走 著　上海文化出版社

出版日期：2017.1　一版一次　开本尺寸：21cm　136页

书号：ISBN978－7－5535－0607－4　定价：25.00元

提要：本书为上海70后代表作家走走，重构年少时光的自传体小说。 回溯童年期在棚户区的生活和记忆，讲述关于迷失和自愈、疏离与融入的时间故事。 站在被铲车推平的童年废墟里，和少年的那个"我"握手言和。

上海壁角落

畸笔叟 著　上海文化出版社

出版日期：2017.8　一版一次　开本尺寸：22cm　217页

书号：ISBN978 - 7 - 5535 - 0780 - 4　定价：28.00 元

提要：壁角落里有好货。　君不见，随便啥人家，金银财宝、字画古董、现钞存折，都不会摆在明处，而是藏于各式各样的壁角落的。用随笔的形式，以街之角、家之角、食之角、风之角、语之角、词之角、歌之角七个板块，钩沉上海的佚文趣事。

上海十八相

董鸣亭　施振华　编　上海文化出版社

出版日期：2017.6　一版一次　开本尺寸：22 cm　222 页

书号：ISBN978 - 7 - 5535 - 0038 - 6　定价：28.00 元

提要：本书讲述《亲历历史》的文稿全部来自《收获》的"亲历历史专栏"，曾引起读者极大的反响。　张贤亮见证的死刑和性，叶兆言的"第壹"记忆，朱正琳的铁窗岁月，徐友渔的大串联，许志英的"五七干校"，邵燕祥妻子的生活碎片，杨宪益的四年牢狱生涯，还有冰心老人写给家人的温馨感人的书信……在《亲历历史》这些著名作家的回忆中，"文化大革命"不再是个宏大、抽象的字眼，不同角度的叙述将人带入了私人的、日常的细节之中，一个时代变得具体鲜活，记忆被赋予了见证的力量。

上海十八行

董鸣亭　施振华　编　上海文化出版社

出版日期：2017.6　一版一次　开本尺寸：22 cm　210 页

书号：ISBN978 - 7 - 5535 - 0061 - 4　定价：28.00 元

提要：老虎灶、小皮匠、包饭作、剃头店、小人书摊、跑街先生……这些以上海石库门生活为背景的行业，有些已经消失，有些又有了新的发展。　从这些故事中，可以窥见上海这座海纳百川，又极具生活气息的城市的演变与发展。

上海小日脚

畸笔叟 著　上海文化出版社

出版日期：2017.6　一版一次　开本尺寸：22cm　222页

书号：ISBN978－7－5535－0539－8　定价：28.00元

提要：本书分小精致、小事体、小考究、小人物、小天井、小浪花。内容包括：上海人家夫妻淘里相互哪恁叫法？一个人发呆也很美；我梦中的淀山湖；鲜肉月饼话当年；那个电视机票很吃香的年代；万元户是这样算出来的。

城南花开

沈嘉禄 著　上海文艺出版社

出版日期：2017.6　一版一次　开本尺寸：22cm　336页

书号：ISBN978－7－5321－6248－2　定价：37.00元

提要：本书收入作者近年来的文艺评论文章，内容包括一系列上海现当代著名艺术家的微评传、文学类书评等。作者常年活跃于上海文化、艺术界，交游广阔，积累了丰厚的创作素材。书中写到一大批上海优秀的现当代画家、书法家，如谢之光、唐云、陆康、戴敦邦等等。本书的最大特点在于作者跟所写对象大多有交往，因此在分析他们各自在艺术上的特点的同时，也表现了他们生活中的一面，对读者而言显得亲切可感。

上海方城

余之 著　上海文艺出版社

出版日期：2017.7　一版一次　开本尺寸：22cm　336页

书号：ISBN978－7－5321－6274－1　定价：58.00元

提要：本书系2016年度上海文化发展基金会文化艺术资助项目，有评论认为，本书是一幅难得一见的上海市井画卷，文学性强，故事性更强，人物关系错综复杂，人物性格鲜明，体现了作者与他所生活的城市的一种情感勾连。 写作该书，出于作者想要倾吐上海故事的强烈愿望，希望能在晚年对自己生活了 70 年的这座城市倾吐感情，说说心里话。

上海诗人·时间之唇

赵丽宏 主编　上海文艺出版社

出版日期：2017.2　一版一次　开本尺寸：24cm　111 页

书号：ISBN978－7－5321－6273－4　定价：12.00 元

提要：本书分为名家专稿、上海诗人自选诗、华夏诗会、散文诗档案等专栏。 收录了：九十初度（组诗）；微雨听音（外八音）；当爱已成往事（组诗）；倒退的火车（组诗）等。

上海诗人·醒在时间里的水

赵丽宏 主编　上海文艺出版社

出版日期：2017.4　一版一次　开本尺寸：24cm　111 页

书号：ISBN978－7－5321－6319－9　定价：12.00 元

提要：本书是"上海诗人"2017 年第 2 期。 由赵丽宏主编，众多著名的上海诗人创作的诗歌作品合集。 是以原创诗歌作品为主的读物，而且这些作品体现了上海乃至全国诗歌界的创作水准与发展趋势，并能提供诸多关于诗歌的信息。

上海诗人·赶马人的背影

赵丽宏 主编　上海文艺出版社

出版日期：2017.6　一版一次　开本尺寸：24cm　111 页

书号：ISBN978－7－5321－6386－1　定价：12.00 元

提要：本书设有名家专稿、上海诗人自选诗、华夏诗会、散文诗档案、诗风景、浦江诗风、诗群扫描等栏目，收录了《倒影是灯光的阴谋》《春暖花开》《诗游记》《一直爱》《安魂曲》《绿洲扎撒》《星月与菩提》《徒步穿过村庄》等诗歌。

上海诗人·雪在火上奔跑

赵丽宏　主编　上海文艺出版社

出版日期：2017.8　一版一次　开本尺寸：24cm　111页

书号：ISBN978－7－5321－6469－1　定价：12.00元

提要：本书的作者有商震、陈有才等著名诗人，而"上海诗人自选诗""华夏诗会"等栏目更让我们领略了上海诗人乃至全国诗人的创作风采。

上海诗人·纯粹的时刻

赵丽宏　主编　上海文艺出版社

出版日期：2017.10　一版一次　开本尺寸：24cm　111页

书号：ISBN978－7－5321－6500－1　定价：12.00元

提要：本书作者有赵恺、李少君、周庆荣、梁平等著名诗人，而"上海诗人自选诗""华夏诗会"等栏目更让我们看到了上海诗人乃至全国诗人的创作风采。

上海诗人·心往高处飞翔

赵丽宏　主编　上海文艺出版社

出版日期：2017.2　一版一次　开本尺寸：24cm　111页

书号：ISBN978－7－5321－6230－7　定价：12.00元

提要：本书的作者有于坚、陈有才等著名诗人。

先进典型周一见

中共上海市委宣传部 编　上海文艺出版社

出版日期：2017.3　一版一次　开本尺寸：24cm　240 页

书号：ISBN978－7－5321－6026－6　定价：45.00 元

提要：本书由中共上海市委宣传部主编，集结了 2015 年、2016 年"中国梦·申城美"报道的精选篇章。将一个个先进典型人物的事迹集中展示，并配以记者手记和专家点评，让先进事迹和先进精神更加深入人心，弘扬主旋律，传播正能量。

雨夜文馨

张文禄　张馨　著　上海音乐出版社

出版日期：2017.9　一版一次　开本尺寸：26cm

书号：ISBN978－7－5523－1423－6　定价：68.00 元

提要：本书分上、中、下三篇。上篇：乐山寻径，作者精选了 32 篇有关民乐及教学的优秀论文，这些文章分别在《音乐艺术》《乐府新声》等上发表过。中篇：星海扁舟，集合了作者多年来将音乐教育与特殊教育结合，获得的丰硕成果。下篇：借月吟风，收录了作者创作于各时期的古诗词 77 首。

一中集

方毅丰　著　上海远东出版社

出版日期：2017.7　一版一次　开本尺寸：21cm　186 页

书号：ISBN978－7－5476－1269－9　定价：48.00 元

提要：本书作者从小生在红色的时代，历经风雨磨难，在改革开放之后，有所成就。他领导的公司承担了许多重要的任务，特别是 2001 年西气东输上海段管线工程，2005 年上海轨道交通机电设备安装工程，2008 年上海外白渡桥修复工程。作者博闻强识，笔耕勤奋，本书收录了他近年来所作的散文和随笔。 有些是追忆人生路程的，有些是记录人生所见所闻所感所思的，有些是感念亲人故友的。 这些文章都极具感染力，并配有珍贵的留有时代记忆的照片。

沪乡记事

沈月明 著　生活·读书·新知三联书店

出版日期：2017.7　一版一次　开本尺寸：19 cm　325 页

书号：ISBN978 - 7 - 108 - 05927 - 7　定价：38.00 元

提要：本书以 20 世纪下半叶上海南汇为背景，通过作者的亲身经历及成长过程中的口耳相传，记录了特定时空下的乡风、民俗、故土、人情。 全书分为五章，依次囊括作者的家庭记忆、地方风俗、日常生活、特色美食、自然风光以及特定时代的历史事件。 二十余篇散文中，作者的父母、祖辈、伙伴、师友轮番登场，春秋四季风貌更迭，时令节气民俗多样，一段段具体鲜活的故事串起一个个鲜为人知的地方知识，勾勒出一卷生动的"沪乡风物志"。 全书行文质朴隽永，情感丰沛动人，具有一定的文学欣赏与文化研究价值。

棚内棚外：上海电影译制厂的辉煌与悲怆

潘争 著　生活·读书·新知三联书店

出版日期：2017.1　一版一次　开本尺寸：21 cm　341 页

书号：ISBN978 - 7 - 108 - 05817 - 1　定价：45.00 元

提要：本书从一个孩子的视角，通过自己从小到大在上海电影译制厂大院的亲身经历和观察，结合近期对上海电影译制厂老艺术家及家属的广泛采访作为第一手素材，把上译厂从建厂至上世纪九十年代初的四十年内的历史事件和艺术家个人分别进行回忆和描述。

永不消逝的电波

刘凤禄 等 主编 四川大学出版社

出版日期：2017.7 一版一次 开本尺寸：23 cm 97 页

书号：ISBN978 - 7 - 5690 - 0475 - 5 定价：24.80 元

提要：本书故事发生在 1938 年，抗日战争进入相持阶段。 为了坚持抗战，反对分裂，反对投降，我党派延安电台政委李侠到上海开展情报工作。 李侠到上海后，在地下党领导下，与女工何兰芬以夫妻的名义秘密开展工作，在工作中他们产生了真挚感情，经组织批准结为正式夫妇。 他们搜集了蒋、日、伪相互勾结的情报，我党据此揭穿蒋、日、伪的阴谋，在国内外产生了极大影响。 在斗争中，李侠曾一度被捕，受到严刑拷打，但始终未暴露真实身份。 1949 年渡江战役前夕，地下党获取了国民党"江防计划"等重要情报，由李侠电告延安，为我军胜利渡江创造了有利条件。 李侠在最后一次发报结束后不幸被捕，英勇牺牲，永远离开了他的战友们。

上海滩的贾斯汀·比伯

老王子 作品 四川文艺出版社

出版日期：2017.8 一版一次 开本尺寸：21 cm 235 页

书号：ISBN978 - 7 - 5411 - 4657 - 2 定价：39.00 元

提要：本书描摹了一群身处上海这座典型大城市中相对自由体面的男女，透过他们之间的情爱、离合悲欢，显现人性的矛盾，以及时代赋予每个人的无法逃离的悲伤。

橙色的爱：细节

张乐天 编 天津人民出版社

出版日期：2017.3 一版一次 开本尺寸：21 cm 167 页

书号：ISBN978 - 7 - 201 - 11564 - 1 定价：29.00 元

提要：本书包含两组书信。 一组书信是两个上海青年 20 世纪 80 年代中期的爱情信，另一组书信是当时即将从安徽劳改农场返回上海的两位 70 岁左右的老人的通信。 两组书信把我们带回 80 年代普通中国人的日常生活中，恍如隔世，让当下的年轻人匪夷所思。

蓝色的爱：真诚

张乐天 编　天津人民出版社

出版日期：2017.3　一版一次　开本尺寸：21cm　247 页

书号：ISBN978 - 7 - 201 - 11562 - 7　定价：31.00 元

提要：本册书信呈现了上海两个年轻人从 20 世纪 50 年代初期开始的恋爱、婚姻的心路历程。 阅读这组书信，一种矛盾的现象令人迷惑：一方面，这对年轻的情侣相互爱慕、关系融洽；另一方面，书信中极少爱的表达，仅仅在恋爱三年以后，女青年的信中才写到"真诚的爱""永远爱"，此后，诸如此类的话语似乎又消失了。 爱是神秘的，她激发起多少人心中的波澜，令多少人诗兴大发、词意昂然。 曾经，无数人留下无数美轮美奂的词藻、华丽动人的文章，无数人在天与地之间宣誓"海枯石烂不变心"。

上海小时光

陈如瑶 文　狼小小童屋 图　天津人民美术出版社

出版日期：2017.10　一版一次　开本尺寸：23cm　30 页

书号：ISBN978 - 7 - 5305 - 8277 - 0　定价：15.00 元

提要：女孩玥玥为大家介绍了她的家乡上海。 她的妈妈是一名旗袍设计师，她的爷爷奶奶住在上海古镇朱家角。 玥玥活泼可爱，对一切事物充满好奇心。 她会约着朋友们逛城隍庙，吃炸猪排、叉烧包，逛豫园，去田子坊学绘画，去南京路坐小火车，到环球金融中心顶层看美景，到徐家汇天主教堂广场喂鸽子，到外滩看日落，到朱家角避暑。

海上花列传

（清）韩邦庆 著　团结出版社

出版日期：2017.1　一版一次　开本尺寸：21cm　516页

书号：ISBN978‐7‐5126‐4400‐7　定价：79.00元

提要：本书内容涉及清末中国上海官场、商界及与之相链接的社会层面。　这部长篇小说的主要内容是写清末中国上海十里洋场中的妓院生活，涉及当时的官场、商界及与之相链接的社会层面。

市声

（清）姬文 著　团结出版社

出版日期：2017.1　一版一次　开本尺寸：22cm　274页

书号：ISBN978‐7‐5126‐4412‐0　定价：45.00元

提要：本书是晚清仅有的一部以工商界生活为题材的小说，它以上海商界为中心，反映了晚清商界在纺织、茶业等方面受外资侵入而日渐萧条的情景，以及若干有志之士欲振兴民族工业的豪举。　它着重谴责了工商界内部种种卑鄙龌龊、尔虞我诈的行为，提供了晚清工商业社会生活的一幅风俗画。

爱夜光杯　爱上海

新民晚报副刊部 主编　文汇出版社

出版日期：2017.8　一版一次　开本尺寸：20cm　258页

书号：ISBN978‐7‐5496‐2223‐8　定价：35.00元

提要：有一些精妙和乐趣是物质以外的，比如情感、比如精神、比如文字……"夜光杯"是上海百态，是你我百姓，穿梭市井，放眼世界，从中到西，从邻家到远方，浓缩百感交集、杂陈五味，讲述寻常人的智慧。　本书选取新民晚报"夜光杯"微信公众号推出至今的高点击率美文，网罗名家、与时偕行，愿您读后对生活、对人生能有新的认识与感悟。

革命之路

邹平 著 文汇出版社

出版日期：2017.5 一版一次 开本尺寸：23cm 324页

书号：ISBN978－7－5496－2153－8 定价：39.00元

提要：本套书是以上海方言为基本写作语言的幽默搞笑小说。 小说分为两部，第一部题为《革命之路》，第二部题为《开春时节》。 故事以一个上海小人物"戆大阿二"为主人公，描写了他从出生到念大学的人生经历。 小说以戆大阿二这样一个小人物及其周边的人和事来展开情节。

芦花有梦

俞建中 著 文汇出版社

出版日期：2017.8 一版一次 开本尺寸：21cm 2册 835页

书号：ISBN978－7－5496－2236－8 定价：80.00元 2册

提要：本书为带有自传体性质的长篇小说。 小说主人公出身上海浦东农村，后参军提干，选拔入国防大学成为高级军事人才，后经历变故，转业至地方，参与创办地方广播有线电视台创建，呕心沥血，功成建业。 退休后下海经商，成为富商。

马天民新传 5

上海公安书刊社 主编 文汇出版社

出版日期：2017.3 一版一次 开本尺寸：21cm 272页

书号：ISBN978－7－5496－2014－2 定价：28.00元

提要：本书记录了上海市公安局在开展群众路线教育活动中，涌现出来的近20位优秀社区民警的感人事迹。 生动地展示了人民警察爱人民一颗颗赤诚之心，以及在维护社区的平安、防范社区的安全，打击各类犯罪活动中无私奉献，忠诚为民的感人故事。 这些民警被人民群众誉为"今天的马天民"。

拍案

李动 著　文汇出版社

出版日期：2017.1　一版一次　开本尺寸：24cm　180 页

书号：ISBN978－7－5496－1957－3　定价：48.00 元

提要：本书是一部纪实文学作品。内容为发生在上海的一些大案侦破过程，讴歌和弘扬人民警察的英勇无畏和保家卫国不怕牺牲的英雄行为。本书精选的案件奇特、诡异、扑朔迷离，公安战线的干警们忠诚、英勇、智勇双全，具有较强的可读性。

如歌的岁月：2015《上海纪实》精选本

《上海纪实》编辑部 编　文汇出版社

出版日期：2017.8　一版一次　开本尺寸：24cm　416 页

书号：ISBN978－7－5496－2182－8　定价：38.00 元

提要：本书为《上海纪实》电子期刊 2015 年度的精选本。本书选编的纪实文学作品，在注重反映当下现实生活的同时，也凸显出纪实作品题材的广泛性和叙事风格的多样性。既有大题材、大事件的宏大叙事，也有以小见大，见微知著的作品，短、中、长篇相结合。

让历史在文本中回声：2016《上海纪实》精选本

《上海纪实》编辑部 编　文汇出版社

出版日期：2017.8　一版一次　开本尺寸：24cm　510 页

书号：ISBN978－7－5496－2221－4　定价：42.00 元

提要：本书为《上海纪实》电子期刊 2016 年度的精选本。

上海街情话

程乃珊 著　学林出版社

出版日期：2017.8　一版一次　开本尺寸：21cm　224页

书号：ISBN978‐7‐5486‐1228‐5　定价：26.80元

提要：本书收录了程乃珊的7篇文章，其中《上海街情话》一文虽为小说，却是根据作者与之交往多年的上海裁缝师傅的故事演绎而成，因为他是20世纪五六十年代红遍香港的上海旗袍裁缝师傅，之后移民加拿大。 作者讲述了联结沪港两地的一个动人的爱情故事，也期望借此表达出沪港双城历经乱世，欲理还乱却欲罢不能的情缘。 其他6篇散文为：玫瑰人生、宝庆路3号、太平花园金兰十姊妹、绿屋情缘、百年婚纱、百年时尚。

上海素描

程乃珊 著　学林出版社

出版日期：2017.7　一版一次　开本尺寸：21cm　445页

书号：ISBN978‐7‐5486‐1227‐8　定价：46.80元

提要：本书收录了已故海派作家程乃珊2008年到2011年间的散文60篇，以多元化的角度阐释上海文化的方方面面，品味地道的上海生活，享受醇正的上海味道。 本书分为六辑，主要篇目为家族之树常绿、上海是个大舞池、光远坊的故事——海上百年建筑世家张氏家族三代传奇、城市地标——城市生活流行色的载体、外滩·上海名片·私人地图、品质与风范——沉淀的美学、苏州河——上海故事从这里开始、还乡之路、第一个国庆、老派上海人是这样约会的、平衡才能和谐、上海的法兰西元素、电车叮当等。 在《家族之树常绿》这篇中，作者满怀深情地回忆着自己经历过的四世同堂的大家庭生活，认为，四世同堂是中国传统最令人羡慕的一种最高境界的生活方式，意寓长寿、和谐、富足和团圆，随着20世纪60年代作者的太祖母高寿去世，加之开放后各房陆续移民海外，要再同堂聚合已非易事。 风风雨雨七八十年，家族之树在各地开枝散叶，其中细节逸事，竟也颇有传奇性。 本书另配珍贵老照片。

上海探戈

程乃珊 著 学林出版社

出版日期：2017.8 一版一次 开本尺寸：21cm 395页

书号：ISBN978－7－5486－1270－4 定价：42.80元

提要：本书收录了程乃珊的9篇文章，基本为作者写于2002年以前的散文作品，最初发表于《上海文学》上，是作者对于上海生活的真实描述、对于上海人的细致刻画。上海的生活节奏急剧抑扬，明快炽烈，颇如南美舞蹈探戈，细腻而富于风情，上海人自信而又坚定从容的生活，也恰如探戈舞曲的旖旎旋律和感性色彩，构筑起海派文化的丰富底蕴。本书包含"阿飞"正传、上海滩上"老克勒"、洋盘上海开洋荤、ARROW先生、后门、白相、都会夜的马蹄声、阿拉上海人、上海先生等九篇文章。

浪荡子美学与跨文化现代性：20世纪30年代上海、东京及巴黎的浪荡子、漫游者与译者

彭小妍 著 浙江大学出版社

出版日期：2017.7 一版一次 开本尺寸：23cm 332页

书号：ISBN978－7－308－16775－8 定价：56.00元

提要：本书是深入探讨浪荡子美学、文化与政治的专论，描绘了从法国到中国和日本，从波德莱尔到刘呐鸥和横光利一，浪荡子美学的跨文化旅行。

上海李氏易园三代清芬集

许建平 陈兵兵 孙莺 闵行区图书馆 编 浙江大学出版社

出版日期：2017.5 一版一次 开本尺寸：25cm 631页

书号：ISBN978－7－308－16893－9 定价：199.00元

提要：本书对《上海李氏易园三代清芬集》进行了点校，《上海李

氏易园三代清芬集》汇集了李氏一家祖孙父子姐妹夫妇三代之著作 8
种 13 卷：李松林《易园集》7 卷、李媞《犹得住楼诗稿》1 卷、《犹得
住楼词稿》1 卷、李尚暲《优钵罗室文稿》1 卷、《优钵罗室诗稿》1
卷、钱韫素《月来轩诗稿》1 卷、李邦黻《李征士遗稿》1 卷、姚其慎
《六宜楼诗稿》1 卷。

上海摩登：一种新都市文化在中国（1930—1945）

李欧梵 毛尖 著 浙江大学出版社

出版日期：2017.7 一版一次 开本尺寸：22 cm 476 页

书号：ISBN978 - 7 - 308 - 16504 - 4 定价：60.00 元

提要：明明是一部极其严肃的文学批评专著，有时候却更像一本
书写上海的颓废放荡的小说，或者像一篇妖艳华丽的散文，厚重的文
字铺展开来又形成一张时空错落的文化地图，将上海这座城市在大时
代中悲情传奇的命运细细勾画出来。

你是我今生最大的宝藏

三蛊 著 浙江工商大学出版社

出版日期：2017.7 一版一次 开本尺寸：21 cm 314 页

书号：ISBN978 - 7 - 5178 - 2124 - 3 定价：36.00 元

提要：本书讲述一个上海棚户区里长大的男人，幸运得到"鸽子
蛋"巨钻之后的命运跌宕。 作者运用诙谐调侃、圆熟老辣的文笔描写
了一个小人物遭遇大财富时人生际遇戏剧性的变化，不禁令人发出这样
的感叹——地狱与天堂之间仅一步之遥。 巨富面前，众生哗变，他们又
将上演一场怎样的闹剧？ 大起大落，大悲大喜，从磨难到幸运，从幸运
再到磨难，否极泰来，平凡的草根最终顿悟，发现今生最大的宝藏不是
天降横财，而是身边真挚的爱情与友情，从而走向蜕变。

地铁：甘正伟长篇小说作品

甘正伟 著　中国财富出版社

出版日期：2017.3　一版一次　开本尺寸：23cm　300页

书号：ISBN978-7-5047-6322-8　定价：45.00元

提要：在拥挤到向地下挖掘生存空间的大上海里，一群初入社会的年轻人面临着爱情，相亲，卖房，租房，工作等种种生活压力；揭示他们内心深处的挣扎与茫然；通过几个主要人物各自经历，目标追求和最终的命运，演绎出一段段悲欢离合的情感故事，展示了当今都市中的漂泊的年轻人的心酸、困惑与无奈。

流光之城

靡宝 著　中国华侨出版社

出版日期：2017.8　一版一次　开本尺寸：22cm　3册　862页

书号：ISBN978-7-5113-6821-8　定价：86.00元　3册

提要：在上海滩，谁人不知容家富贵滔天，也无人不知容大少爷乖僻冷傲，不服管教。冯世真偏向虎山行，过关斩将，顺利成为容家的家庭教师。同时，一场将所有人都算计进去的阴谋，也缓缓展开。在这个同外界截然不同的华丽世界里，在这个流光溢彩的城中城之中，他们相互试探、挑逗、追逐；他们也相爱、背叛、伤害……就如两道流光，萦绕翻飞，似一首永不停歇的舞曲。

今年，我们小升初：插画版

陈盈颖 著　中国青年出版社

出版日期：2017.2　一版一次　开本尺寸：23cm　305页

书号：ISBN978-7-5153-4605-2　定价：35.00元

提要：本书是一部以转学孩子在上海"小升初"经历为主线的校园长篇小说。主人公涟漪，由省会城市的"尖子生"转学到上海，却沦为一名"中下等学生"。在强烈的反差及周围人的歧视和嘲讽下，自强不息，克服了种种困难与压力，终于一跃成为年级的优等生，并在"小升初"的激烈竞争中被名校录取……作者根据自己的亲身经历，通过孩子清新、纯真的独特视角，生动展现了一群性格各异、个性鲜活的孩子们的世界。

穿越岁月的文学刊物和作家（二）

丁言模 著　中国社会出版社

出版日期：2017.11　一版一次　开本尺寸：24cm　408页

书号：ISBN978-7-5087-5784-1　定价：68.00元

提要：本书作者利用其父亲、史料大家丁景唐丰富的藏书和大量文史资料，耐心挖掘鲜为人知的史料，"解读"左翼期刊牵涉的社会背景、创刊宗旨、编辑思路、撰稿人心态、争论的焦点、期刊之间的关系等等，对期刊上发表的文学作品进行文学史意义的评述，考证作家的临时性笔名……试图还原左翼期刊的真实面貌。

沪上盐乡枕水情

上海市浦东新区新场镇人民政府 编　中国文史出版社

出版日期：2017.4　一版一次　开本尺寸：24cm　157页

书号：ISBN978-7-5034-9080-4　定价：99.00元

提要：新场镇隶属上海市浦东新区，为"中国历史文化名镇"之一，明清和民国时期的建筑保存率为55%以上，是浦东地区唯一保存得比较完整的历史古镇。本书收录了从宋代至民国吟咏新场的100余首诗词、歌谣并加以注释、解读，内容涉及新场的风景名胜、名士文采和民俗民风等，作者为新场籍或曾在新场居住过的诗人。该书的出版，对延续新场历史文脉，推动新场文化发展将产生积极作用。

封锁

小白 著　中信出版社

出版日期：2017.4　一版一次　开本尺寸：19cm　240页

书号：ISBN978－7－5086－7181－9　定价：35.00元

提要：本书是一本中篇小说集，由两部中篇小说《封锁》和《特工徐向璧》构成。《封锁》讲述孤岛时期的上海，以租界发生的一起爆炸事件为线索，各色人等被围困在爆炸的楼里，有作家、有日本军官、有汉奸……小说围绕日军对作家鲍啸天的审问和鲍啸天写小说内外的故事平行叙事，戏里戏外，斗智斗勇。《特工徐向璧》是关于双胞胎迷局的短篇小说。　徐向北与妻子孟悠在上海按部就班地过着小日子，徐向北失散多年的双胞胎弟弟徐向璧的突然出现，搅动着三个人的神经，一场精心设计的"交换人生"就此展开。

玫瑰时代

Clara 写意 著　作家出版社

出版日期：2018.1　一版一次　开本尺寸：23cm　297页

书号：ISBN978－7－5063－9686－8　定价：39.80元

提要：本小说的人物原型和故事灵感来源于历史上一段真实故事：1934年的老上海，由新华电台和《大晚报》共同发起了"三大播音歌星竞选"，在为期十八天的赛程里，由电台听众投票选举出最喜爱的歌星。　参赛者无不是上海滩脍炙人口的明星，最终白虹夺冠，周璇获得亚军。　这是中国流行乐坛上的第一次歌星竞选，没有先例。

金山德贵

程鹏 主编　北京工艺美术出版社

出版日期：2017.4　一版一次　开本尺寸：38cm　113页

书号：ISBN978－7－5140－1226－2　定价：158.00元

提要：本书是由上海华侨书画院为庆祝上海金山建区 20 周年举办的中国画精品展的作品集。 全书征集了近百位来自世界的华侨中国画家和国内的中国画家的参展作品，结集出版，反映了当代老中青画家的中国画方面的创作，也表达了他们对祖国对家乡的赤子之心。 参展的作品有人物、山水、花鸟，也有工笔、写意多种风格，是一本可资借鉴的高水平的优秀图书。

申江胜景图

（清）吴友如 绘 江苏广陵书社

出版日期：2017.5 一版一次 开本尺寸：31cm 2 册 131 页

书号：ISBN978 - 7 - 5554 - 0701 - 0 定价：380.00 元

提要：本书为古代版画，主要绘图清上海胜景，故名"申江胜景图"。 书共二卷，六十余幅，每幅配以诗文，书法用真草篆隶等体，可谓诗、书、画三绝兼备。 举凡宁波会馆、静安寺、龙华寺、教场、制造局、英公馆、法租界、外滩、巡捕房、申报馆、戏院、花园等，靡不毕收。 绘图生动逼真，是了解清代上海重要的影像资料。 现据清光绪版影印。

上海电影产业竞争力发展研究

吴春集 著 人民出版社

出版日期：2017.11 一版一次 开本尺寸：26cm 290 页

书号：ISBN978 - 7 - 01 - 017537 - 9 定价：68.00 元

提要：本文采用"分论"的方式进行研究，内容共分为四个部分。 第一部分是绪论，对电影产业竞争力理论研究和上海电影产业竞争力发展的背景和现状进行分析，论述进行该课题研究的必要性。 第二部分：分析决定电影产业竞争力的主要因素。 在综述国内外学术界关于产业竞争力和国家（区域）文化产业竞争力决定因素观点的基础上，首先对迈克尔·波特"钻石模型"理论、弗洛里达的创意阶层理论、马特尔的美国文化竞争优势理论总结、Allen J.Scott 好莱坞电影产业发展理论进行综合评价，指出其理论意义及存在的缺陷或不足；其次，对电影产业竞争力的诸多影响因素进行全面的分析，指出电影产业竞争力发展的特殊规律；第三，提出决定国家（区域）电影产业竞争力的六大因素，即"电影产业竞争力决定因素模型"：电影创意阶层与成长环境、技术资本等其他资源条件、国际/国内/区域电影市场需求、同业竞合和产业集群、相关支持产业、政府政策和社会力量，并分析诸因素之间的关系。 第三部分：结合上海电影产业实际案例，分析六大因素与电影产业竞争力的作用机理及其相关性。 结合上海、北京、洛杉矶等区域的电影产业发展情况，分别研究六大因素在上海电影产业发展中的作用和表现。

盛衰之间：上海评弹界的组织化（1951—1960）

王亮 著　商务印书馆

出版日期：2017.5　一版一次　开本尺寸：21 cm　326 页

书号：ISBN978－7－100－13962－5　定价：40.00 元

提要：本书以专题研究的形式，分章叙述了 20 世纪 50 年代上海评弹界在组织变迁、书目整改、工资固定、技艺传承、演出实践等领域的组织化特征，以评弹为研究对象，诠释了江南社会的历史变迁。本书既遵循了学术研究的基本规范，资料翔实，史论结合，又兼具逸闻故事的趣味性，展现了宏大历史背景下普通百姓的个人命运与生活图景。

张元济画传

姜荣根 绘图　草白 编文　商务印书馆

出版日期：2017.3　一版一次　开本尺寸：29 cm　80 页

书号：ISBN978－7－100－13043－1　定价：198.00 元

提要：本书在原上海人民美术出版社出版的连环画《出版巨擘张

元济》的基础上，重新进行装帧设计而成。 全书用黑白线描图画概括展示了张元济先生为商务印书馆孜孜奉献、波澜壮阔的一生。 采用 12 开线装函套样式，封面为紫红色花绫缎面。 该书为商务印书馆 120 年馆庆献礼书。

余音梦花街　靡靡思南路：上海当代流行乐私人话本

徐冰 著　上海辞书出版社

出版日期：2017.8　一版一次　开本尺寸：19cm　319 页

书号：ISBN978－7－5326－4986－0　定价：38.00 元

提要："梦花街"是上海老城厢一条东西走向的老街，纷杂斑驳，延续着上海最早的本土生活气息；"思南路"是复兴公园旁一条南北走向的马路，幽香烂漫，是被法国人设计出来的一条迷情之路。 这些，都是串联起这个城市的生态脉络。 沿着这座城市的音乐地理脉络，品味曾经的流行小调，似水年华。 上海的魔都气质，不知不觉就成为了那些音乐的本身或注解。 本书共包括 43 篇音乐随笔，通过一座座地标和音乐人的故事概括了上海流行音乐 30 年来的发展历程和历史变迁。

2017 上海大学上海美术学院毕业作品集

上海大学上海美术学院 主编　上海大学出版社

出版日期：2017.7　一版一次　开本尺寸：29cm　7 册　1389 页

书号：ISBN978－7－5671－2865－1　定价：680.00 元

提要：本书是 2017 年度上海大学上海美术学院本科生和硕士研究生的毕业作品集。 本书从理论到实践全面地反映了美院的教学理念和成果，是有纪念意义的总结。 内容为：国画、油画、版画、雕塑、美术学、设计、会展、数码、建筑专业等，其中研究生毕业作品内容为硕士毕业论文和毕业作品集。

百年上海设计

黄建平 主编 上海大学出版社

出版日期：2017.8 一版一次 开本尺寸：29cm 691页

书号：ISBN978－7－5671－2530－8 定价：380.00元

提要：本书将一百余年来上海的设计进行分类叙述，分为平面设计、公共交通形象设计、环境与展示设计、轻工业产品设计、服装设计、工艺美术、设计教育、美术设计机构八个章节。 各章节所涉内容各异，通过挖掘梳理与上海设计历史发展相关的文献资料，集中叙述自20世纪初叶以来上海近、现代设计发生与发展的历史条件、社会背景，为中国设计学的历史与理论建设提供更多有价值的历史材料，从中发现影响上海现代设计发生与发展的历史性因素。

第六届上海当代学院版画展作品集（2017）

姜君臣 主编 上海大学出版社

出版日期：2017.11 一版一次 开本尺寸：26cm 141页

书号：ISBN978－7－5671－2933－7 定价：158.00元

提要：第六届上海当代学院版画展由上海理工大学出版印刷与艺术设计学院、上海大学上海美术学院、上海师范大学美术学院共同主办，上海理工大学出版印刷与艺术设计学院承办，展览共展出16所高校的130多件师生作品，作品涵盖木版、铜版、石版、丝网版等多个版种，集中体现了近年上海高校师生版画创作的水平。

符号上海：李守白海派艺术珍藏集

李守白 著 上海大学出版社

出版日期：2017.8 一版一次 开本尺寸：28cm 149页

书号：ISBN978－7－5671－2892－7 定价：280.00元

提要：上海的街道和建筑纵横交错构成了遍布全市的历史文化风貌

区，用自己不同的风情讲述着有声有色的时间和内在的气质。 有高大巍峨气象崇高的连片楼群；有气质优美典雅，洋溢着诗情的西区夹道梧桐掩映的尖顶小楼；还有夹杂着一丝书卷气息、浪漫气息和人间烟火的东区弄堂、石库门。 它们从四面八方演绎着这座伟大城市海纳百川的谦和大气。 本书为李守白的海派剪纸艺术作品集。 艺术家李守白，以一把剪刀巧夺天工地剪出了上海的肖像，反映出独特的海派文化气息。

鬼手神工：徐龙宝《山海经》木口木刻集

徐立 编 上海大学出版社

出版日期：2017.8 一版一次 开本尺寸：22cm 137页

书号：ISBN978-7-5671-2891-0 定价：118.00元

提要：徐龙宝为上海著名版画家，上海美术学院教授，其新作木口木刻《山海经》，将中国传统的刻《山海经》中的典型形象，通过现代的理解，重新阐述。 形式新颖，刻工精美，具有很高的艺术造诣。本书为其作品的汇集，并附有文字介绍。

海上十年：上海大学美术学院首饰工作室研究生教学回顾展

郭新 主编 上海大学出版社

出版日期：2017.2 一版一次 开本尺寸：26cm 151页

书号：ISBN978-7-5671-2315-1 定价：198.00元

提要：本书收录了上海大学美术学院首饰工作室十年研究生教学成果，师生共28人，论文多篇，首饰艺术作品150余件，同时记录了展览期间的研讨会，使得《海上十年上海大学美术学院首饰工作室研究生教学回顾展》具有欣赏、理论和学术价值以及教学参考价值。《海上十年上海大学美术学院首饰工作室研究生教学回顾展》以社会爱好者和高校中艺术与设计专业师生为主要读者对象。

金色年华：上海大学上海美术学院老教授协会美术作品集

潘耀昌　主编　　上海大学出版社

出版日期：2017.5　一版一次　开本尺寸：26cm　200页

书号：ISBN978 - 7 - 5671 - 2771 - 5　定价：200.00元

提要：本书收集了上海大学上海美术学院老教授协会部分教授的一些新近书画作品，保留着这代人的视觉记忆，这是一种历史沉积，既折射出他们退休岁月的生活和时代变迁的印象，也是上海美术学院先前传统的接续。

媒体的造型：2015—2016上海大学美术学院年度展

丁小真　主编　　上海大学出版社

出版日期：2017.3　一版一次　开本尺寸：26cm　297页

书号：ISBN978 - 7 - 5671 - 2541 - 4　定价：280.00元

提要：本书是上海大学美术学院年度展的画册，汇集了上海大学美术学院十几位著名艺术家的优秀作品，内容包括：油画、国画、雕塑、版画、设计、建筑等，并附有艺术评论和艺术家介绍，展现了本年度学院的艺术教育发展与成果。

上美·足迹：李天祥

邵捷　主编　　上海大学出版社

出版日期：2017.7　一版一次　开本尺寸：29cm　150页

书号：ISBN978 - 7 - 5671 - 2864 - 4　定价：220.00元

提要：本书共分为艺术教育、艺术观念、艺术访谈三章，其主要内容包括：按照"大美术"观念改革美术教育；为了创办一流美术学院——记上海大学美术学院院长李天祥教授；艰难的第一步——记上海大学美术学院的创建等。

上美·足迹：廖炯模

傅慧敏 主编 上海大学出版社

出版日期：2017.7 一版一次 开本尺寸：29cm 238页

书号：ISBN978－7－5671－2536－0 定价：220.00元

提要：本书汇集了上海大学美术学院一流的美术教育大家的艺术人生经历、艺术教育实践、艺术观念形成以及艺术创作成果等，并对汇编了专家学者对其作品和艺术教育的评论和访谈。 图文并茂，资料珍贵、丰富，体现了美术教育大家的艺术历程和风貌，对于上海美术教育事业的发展具有重要意义。 本书为著名艺术教育家、油画家廖炯模先生的专集。

上美·足迹：邱瑞敏

胡建君 主编 上海大学出版社

出版日期：2017.9 一版一次 开本尺寸：29cm 272页

书号：ISBN978－7－5671－2861－3 定价：220.00元

提要：本书汇集了上海大学美术学院一流的美术教育大家的艺术人生经历、艺术教育实践、艺术观念形成以及艺术创作成果等，并对汇编了专家学者对其作品和艺术教育的评论和访谈。 图文并茂，资料珍贵、丰富，体现了美术教育大家的艺术历程和风貌，对于上海美术教育事业的发展具有重要意义。 本书为著名艺术教育家、油画家邱瑞敏先生的专集。

上美·足迹：顾炳鑫

胡建君 主编 上海大学出版社

出版日期：2017.6 一版一次 开本尺寸：29cm 307页

书号：ISBN978－7－5671－2537－7 定价：220.00元

提要：大师艺术教育经典系列丛书，汇集了上海大学美术学院一流的美术教育大家的艺术人生经历、艺术教育实践、艺术观念形成以及艺术创作成果等,并汇编了专家学者对其作品和艺术教育的评论和访谈。 图文并茂,资料珍贵、丰富,体现了美术教育大家的艺术历程和风貌,对于上海美术教育事业的发展具有重要意义。 本书为著名艺术教育家、国画家顾炳鑫先生的专集,阐述了顾炳鑫的生平事迹和他的作品以及绘画评论。

社会变迁中的上海设计研究——以淮海路的设计文化为核心

沈唯 著　上海大学出版社

出版日期: 2017.4　一版一次　开本尺寸: 23cm　189页

书号: ISBN978－7－5671－2532－2　定价: 58.00元

提要: 本书旨在系统深入探讨上海设计的历史成就及其文化意蕴。 研究主要从两方面展开:一方面,是在梳理上海传统设计的过程中对上海设计艺术的很好传统作一些基础性理论研究,进一步发掘上海传统设计艺术的很好成果,扬弃不符合时代发展的部分。 另一方面,是寻求对上海的城市文化、城市发展注入创新的设计活力,使上海的设计艺术既具有丰厚的历史文脉,又具有鲜明的时代发展特征。

浦东新区南汇博物馆馆藏(书画集)

上海市浦东新区文物保护管理所　浦东新区南汇博物馆　编　上海古籍出版社

出版日期: 2017.6　一版一次　开本尺寸: 26cm　172页

书号: ISBN978－7－5325－8329－4　定价: 198.00元

提要: 浦东新区南汇博物馆为了更好地展示馆藏书画,扩大对外宣传交流,特将历年征集,并由上海博物馆书画专家钟银兰女士、单国霖先生鉴定的馆藏书画共计 171 件，其中古代及近现代书画 105 件，当代书画 66 件编辑成册。 这批馆藏书画制式丰富，有立轴、镜片、条屏、扇面等。 作者有仇英、张照、陆润庠、王寿彭等历史名人的作品，也有浦东籍书画名人王一亭、冯金伯、顾飞、王冈等的作品。

上海古籍保护十年

周德明 黄显功 上海市古籍保护中心 主编 上海古籍出版社

出版日期：2017.6 一版一次 开本尺寸：31cm 365 页

书号：ISBN978－7－5325－8464－2 定价：580.00 元

提要：本书为配合"上海市古籍保护工作十年成果展"而作，收本市重要藏书单位珍稀古籍 120 种，分展览图录和工作总结两个部分。图录中收录刻本、稿本、抄本、批校本、拓本、绘本等，又按旧藏和新弄两部分编录，旧藏为《中国古籍善本书目》已著录者六十一种，新弄为 2007 年以来各单位新整理发现而不见载于各家公藏目录者。

百花枝头：来自上海民营剧团的报告

张裕 章成钧 王悦阳 著 上海交通大学出版社

出版日期：2017.4 一版一次 开本尺寸：23cm 220 页

书号：ISBN978－7－313－16404－9 定价：68.00 元

提要：本书首次总结了上海民营剧团 30 年来从小到大的成长历程，归纳了他们发展过程中的成功经验和失败教训。 沪上民营剧团以自主经营、自负盈亏的全新机制，在激烈的演艺市场竞争中求生存，求发展，取得了不俗的成绩和可观的票房价值，成为上海国有剧团的有力补充。 不仅从事民营剧团工作的朋友值得一读，各行各业的经营者、大学生的创业者都可以从这本书中获益。

激流勇进——上海话剧艺术中心改革发展纪实

钱跃　徐娅群　著　上海交通大学出版社

出版日期：2017.9　一版一次　开本尺寸：23cm　184页

书号：ISBN978 - 7 - 313 - 17684 - 4　定价：68.00元

提要：本书为"文化产业经典案例丛书"之一。本书从文化产业发展的角度，诠释了上海话剧中心的改革发展之路。这是一本很有价值的书，也是一本有可读性的书，是一本文化产业方面的重要参考读物。这些探索与实践从中国实际出发，提供了具有现实意义的运行模式，为发展具有中国特色的文化产（事）业提供了有益思路和宝贵经验。

海派艺术家具发展典籍

刘锋　主编　上海科学技术出版社

出版日期：2017.1　一版一次　开本尺寸：26cm　186页

书号：ISBN978 - 7 - 5478 - 3273 - 8　定价：85.00元

提要：本书是国内第一本专题详尽描述海派艺术家具成因及发展历程的著作。该书系统地总结了中国近现代家具的起源、发展、艺术成就和社会历史价值，详细阐述了一个完整的理论体系，以深入解读中国近现代家具的设计特点、成因、工艺特点及在特定的历史时期形成的独特的社会艺术价值。

龙华塔（交响诗）

何占豪　著　上海科学技术文献出版社

出版日期：2017.3　一版一次　开本尺寸：30cm　47页

书号：ISBN978 - 7 - 5439 - 7343 - 5　定价：68.00元

提要：本书是作曲家何占豪创作的《龙华塔》的音乐作品原稿影印。《龙华塔》是何占豪于20世纪80年代创作的一部交响诗，最初是为六幕话剧《霜天晓角》谱写的配乐，后经其发展修改成为交响乐。《霜天晓角》反映的是一位深爱着革命先烈殷夫的纱厂女工，在殷夫牺牲后，通过收集殷夫的文稿、遗物来表达对烈士的缅怀和对国民党反动派的憎恨、反抗。后经鲁迅先生的帮助参加革命并最终成为党员。

山川·大地·新貌：上海市市级机关系统职工摄影展优秀作品集

上海市市级机关工会工作委员会 上海图书馆工会 编 上海科学技术文献出版社

出版日期：2017.3 一版一次 开本尺寸：29cm 162页

书号：ISBN978 - 7 - 5439 - 7298 - 8 定价：128.00元

提要："山川·大地·新貌——市级机关系统职工主题摄影展"，是以反映祖国青山绿水、上海改革开放、自贸区建设的辉煌成就为主线，以抓拍精彩瞬间的形式，展现市级机关系统的劳动模范等先进人物和干部职工岗位建功的风采，热情讴歌赞美社会和谐文明新貌，弘扬社会主义核心价值观。本书是该次展览的摄影作品集。

译影见闻录：兼论译制片配音的艺术

富润生 著 上海人民出版社

出版日期：2017.12 一版一次 开本尺寸：24cm 296页

书号：ISBN978 - 7 - 208 - 14862 - 8 定价：68.00元

提要：本书以翔实的史料、细腻的笔触记叙了电影译制片事业的诞生，着重分析了上海电影译制厂的成长和前进过程，比较了电影译制历史中的有利和不利因素。本书可以说是一部上海电影译制片厂的发展史，是关于配音演员、译制艺术和中国电影译制事业的史料性作品。

海派油画史论稿

龚云表 著　上海人民出版社

出版日期：2017.7　一版一次　开本尺寸：24cm　438 页

书号：ISBN978－7－208－14550－4　定价：88.00 元

提要：本书是一部专门阐述上海油画发展史的论著，分 12 个专题
展开。　全书既显现了编年史的大致轮廓，又撷取海派油画史上著名人
物和重大事件进行详解，既有全景式的描写，又有具体流派、画家的
详略不等的介绍。　作者以辩证历史观角度，对事件和人物作了客观理
性的分析评述，为读者解读海派油画曲折前行的轨迹以及从中投射出
的多元并蓄、追求卓越的上海城市文化性格、海派艺术精神等提供了
令人信服的诠释。

海上影谭（第一辑）

李亦中　厉震林　主编　上海人民出版社

出版日期：2017.1　一版一次　开本尺寸：24cm　235 页

书号：ISBN978－7－208－14191－9　定价：58.00 元

提要：本书是对 2015—2016 年度国产电影的观察和评价，并对电
影发展现状和历史、国产电影艺术创作等进行学术探讨。

壶藏：历代精品紫砂集萃

上海市收藏协会　编　上海人民出版社

出版日期：2017.8　一版一次　开本尺寸：29cm　120 页

书号：ISBN978－7－208－14635－8　定价：88.00 元

提要：上海市收藏家协会从王文明先生的收藏中遴选部分珍品公
诸于世，用以提高和普及收藏爱好者的鉴别力，藉此推进紫砂收藏的
健康发展。

戴敦邦画老上海汇本

戴敦邦 绘　上海人民美术出版社

出版日期：2017.9　一版一次　开本尺寸：26cm　351页

书号：ISBN978－7－5586－0484－3　定价：490.00元

提要：本书共分为三部分，内容包括：小百姓；老风味；百多图。

陆抑非花鸟画讲义

陆抑非 著　谢伟强 编　上海人民美术出版社

出版日期：2017.1　一版一次　开本尺寸：29cm　167页

书号：ISBN978－7－5586－0139－2　定价：69.00元

提要：本书分为花鸟画法、国画要论两部分内容，荟萃了花鸟画大家陆抑非先生的花鸟画法讲义和其他的画学文章，还集中了他大量的写生画稿、课徒画稿和精彩画作。

陆俨少谈艺录

陆亨 编　上海人民美术出版社

出版日期：2017.4　一版一次　开本尺寸：28cm　313页

书号：ISBN978－7－5586－0211－5　定价：128.00元

提要：本书是一代国画大家陆俨少的画学文存，收录了陆俨少画学自叙、谈艺画语，同时收录了他大量的诗文题跋手稿，还有他具有代表性的杜甫诗意图多幅，内容丰富全面，前所未有，是全面了解陆俨少国画艺术发展和艺术精神风貌的必读之作。

南京路上好八连

杜秀林 编　贺友直绘画　上海人民美术出版社

出版日期：2017.10　一版一次　开本尺寸：21cm　230页

书号：ISBN978 - 7 - 5586 - 0522 - 2　定价：58.00 元

提要：上海解放后，解放军某部八连负责警卫南京路，他们坚守岗位，艰苦朴素，时刻把人民利益放在心上，为上海的稳定和发展作出了贡献，被授予"南京路上好八连"的称号。 本书绘者贺友直，1922 年生于上海，浙江镇海人，著名画家。 上海人民美术出版社编审。

上海鲁迅纪念馆藏鲁迅手稿选

郑亚　上海鲁迅纪念馆 编　上海人民美术出版社

出版日期：2017.9　一版一次　开本尺寸：30cm　191 页

书号：ISBN978 - 7 - 5586 - 0511 - 6　定价：280.00 元

提要：本书分诗歌、小说、杂文、书信、零星墨迹五部分，收录了我的失恋、无题（"惯于长夜过春时"）、赠邬其山、答客消、赠画师、教授杂咏、悼丁君、无题（"烟水寻常事"）、秋夜偶成、出关等作品。

上海，那些年的城市记忆

陆元敏　郑宪章　雨鹰　陈骏等 摄影　上海人民美术出版社

出版日期：2017.8　一版一次　开本尺寸：20cm　267 页

书号：ISBN978 - 7 - 5586 - 0461 - 4　定价：98.00 元

提要：本书透过一幅幅老照片，展示上海凭借其襟江带海的地理优势以港兴市，成为内外贸易的重要枢纽；阐明交通及其现代工业的发达，对都市现代化构成了必备条件；看到国际都市的异国风情，从华人和洋人的中西初会，到西侨生于斯死于斯的情景；见闻全国各地的乡民携带家小从陆路、水路奔赴上海讨生活，而世界各国侨民是怎样从"一只破皮箱进上海，满船财宝返故乡"的传奇故事。

上海鸟瞰

吕书平 浮图 燕青等 摄影　上海人民美术出版社

出版日期：2017.1　一版一次　开本尺寸：19cm　117页

书号：ISBN978－7－5586－0122－4　定价：58.00元

提要：本书内容包括：水造就的城市、昔日经典与今朝辉煌、生态都市、速度与力量四部分。《上海鸟瞰》所收入的明信片的照片较有特色，全部采用长时间曝光拍摄上海城市风光——黄浦江游船的船轨和高架道路的车轨，使得上海风光显出一种动感的魅力，表现了国际大都市的繁华和快节奏。

上海现代美术史大系（年画卷）（1949—2009）

上海市美术家协会 编　上海人民美术出版社

出版日期：2017.1　一版一次　开本尺寸：29cm　463页

书号：ISBN978－7－5586－0187－3　定价：350.00元

提要：辉煌的历史，丰厚的积淀，上海的美术自海派中国画独领风骚以来，一直成为中国近现代美术史上的焦点。 新中国成立以来，上海美术界涌现了许多大师巨匠，也创作出了许多的精品力作，这些带有明显海派艺术风格的美术作品成为海派文化研究的重要组成部分。 该卷为上海现代美术史大系系列之一的年画卷，该卷收录了新中国成立以来在上海地区从事年画创作的画家的300多件代表性作品，是研究上海年画发展史不可多得的珍贵史料。

上海字记（修订版）

姜庆共 刘瑞樱 编著　上海人民美术出版社

出版日期：2017.11　一版一次　开本尺寸：20cm　400页

书号：ISBN978－7－5586－0478－2　定价：138.00元

提要：本书以上海一百年间的印刷品实物组成视觉线索，为传统书法之后汉字书写和设计的痕迹、脉络，构建了一份系统的、客观的、清晰的基础档案。这些图例通过手写、设计及石印、铅印、胶印等近现代印刷工艺的再现，为我们保存了 20 世纪上海的教育、经济、政治、文化、艺术和日常生活的种种记忆。

玉的艺术天地——第八届上海"玉龙奖"获奖作品赏析

钱振峰　马立群　主编　上海三联书店

出版日期：2017.4　一版一次　开本尺寸：31cm　268 页

书号：ISBN978 - 7 - 5426 - 5880 - 7　定价：318.00 元

提要：本书介绍中国当代玉器艺术，从第八届上海"玉龙奖"获奖的优秀作品中挑选 332 件作品，分"挂件把玩""炉瓶器皿""山子摆件""人物""花果禽兽""玉牌插屏""象牙镶嵌"等 7 个门类，用精美的彩照充分展示，并逐件分析点评：用以创作经验的交流，指导欣赏与鉴定。

三千世界在指尖

吴玉林　主编　上海书店出版社

出版日期：2017.12　一版一次　开本尺寸：24cm　153 页

书号：ISBN978 - 7 - 5458 - 1583 - 2　定价：58.00 元

提要：本书综合阐述上海闵行区域内国家级、市级、区级手工技艺类非物质文化遗产项目，包括民族乐器制作技艺、莘庄钩针编结、上海漆器制作技艺三项国家级、市级非遗项目，以及颛桥伞灯制作、土布纺织、女红、海派红木家具雕刻、灯彩制作、摄画制作、海派书画修复、香囊制作等技艺。

梦圆静安（第一部）：静安溯源　流光溢彩

罗希贤　罗一　杨继龙　著　上海书店出版社

出版日期：2017.12　一版一次　开本尺寸：19 cm　202 页

书号：ISBN978－7－5458－1560－3　定价：48.00 元

提要：2015 年 11 月，上海市委、市政府宣布"国务院关于同意上海市调整部分行政区划的批复"，撤销闸北区、静安区设立新的静安区。2016 年 3 月，原静安、原闸北区"撤二建一"工作完成，新的静安区成立。　画家罗希贤从小生长在静安区西康路北京西路口一条叫"恩庆坊"的石库门小弄堂里。　从孩童到青年，他在这里长大。　从上世纪八十年代起，罗希贤开始构思创作上海风俗画，希望发挥自己在造型、构图上的特长，凭借几十年生活积累和感受，走出一条既有人文情怀又具风俗趣味的新风俗画路子，用这种独特的形式，来保存上海这座城市。

上海电影产业发展报告（2017）：以内容为创新，电影产业发展新历程

荣跃明　主编　上海书店出版社

出版日期：2017.4　一版一次　开本尺寸：24 cm　366 页

书号：ISBN978－7－5458－1429－3　定价：88.00 元

提要：本书系上海社科院文学研究所组织编写的上海市电影产业发展年度报告。　全书以专题论文的形式，从总览整个上海电影产业发展的角度，对相关政策进行解读和分析，对于年度上海电影生产状况与制片企业的发展做了统计和数据分析，同时对上海的电影院线、发行与票房市场做了调查和研究。

2016 中国·上海静安国际雕塑展：城市创变

2016 中国·上海静安国际雕塑展组委会　编　上海书画出版社

出版日期：2017.7　一版一次　开本尺寸：33 cm　103 页

书号：ISBN978－7－5479－1512－7　定价：120.00 元

提要：本书分五个部分，分别为公共艺术对城市格局、文化、生

活、精神、意识的创变。

上海市首届篆刻艺术展作品集

上海市书法家协会 编　上海书画出版社

出版日期：2017.6　一版一次　开本尺寸：26cm　168页

书号：ISBN978－7－5479－1509－7　定价：118.00元

提要：本书汇集了上海首届篆刻艺术展所有参展艺术家的百余幅篆刻作品，其中很多都是最新创作的作品，展现了上海书画篆刻家的风采，对于篆刻爱好者、学习者和收藏者来说，都是一本不可多得的供欣赏和学习的图录资料。

江南之春：第十九届江南之春——上海美术作品展

上海市群众艺术馆 编　上海书画出版社

出版日期：2017.7　一版一次　开本尺寸：29cm　153页

书号：ISBN978－7－5479－1529－5　定价：190.00元

提要：由上海市群众艺术馆主办 2017 年上海市民文化节暨"第十九届江南之春——上海美术作品展"，是上海画坛一个具有悠久历史的"老字号"美术双年展。 面向各区有关单位及广大美术专业人员征集美术作品，集中展示上海市民的美术成果。

东海岸：上海浦东中青年优秀书法篆刻作品集

王玺昌 主编　上海书画出版社

出版日期：2017.11　一版一次　开本尺寸：30cm　120页

书号：ISBN978－7－5479－1640－7　定价：180.00元

提要：由中国金融信息中心、上海市浦东新区文化艺术指导中心主办，浦东新区书法家协会承办本次展览。 本次展览旨在以书法篆刻形式弘扬中华传统文化，反映时代面貌，践行社会主义核心价值观，推动浦东书法、篆刻文化的进一步发展，对工作和居住在浦东新区的中青年书法家进行征稿。

过河看影戏：北四川路与中国电影发轫

石川　徐明　海派文化中心　编　上海书画出版社

出版日期：2017.6　一版一次　开本尺寸：29cm　141页

书号：ISBN978‐7‐5479‐1495‐3　定价：298.00元

提要：本书系配合虹口区海派文化中心首个特展的纪念图录。全面展示了中国电影早期在虹口的发轫历史。以观影地图、影厂、影人、影事四部分为支撑，力图还原20世纪二三十年代在虹口北四川路一带中外影人共同引进、制作、发行电影的点滴片段，随着电影日益注入上海市民的生活，相关中西文化、市民文化亦蓬勃发展。国产电影也因西方影片的引入而迅速起飞。

上海市文史研究馆馆员书画系列丛书：陈佩秋

陈佩秋　绘　陈佩秋　郝铁川　上海市文史研究馆　编　上海书画出版社

出版日期：2017.4　一版一次　开本尺寸：30cm　245页

书号：ISBN978‐7‐5479‐1465‐6　定价：320.00元

提要：本书为《上海市文史研究馆馆员书画系列》其中一本，作者为陈佩秋，是当代画坛的名家，字健碧，室名秋兰室、高华阁、截玉轩。1923年生于昆明，祖籍河南南阳。国立艺术专科学校毕业。上海大学美术学院兼职教授，上海中国画院画师，上海书画院院长，海上印社社长。数十年精勤绘事，由明朝溯源唐宋，集其大成，借古开新。于花鸟、山水领域创格造境，引领画坛清新古雅之风。多年来培养造就一大批艺术新锐，追随先生继承传统、开拓出新。近年专注传世宋元古画之鉴定鉴赏，以其书画实践入真伪鉴定和史料遴选，更兼有严谨之理性分析、判断，言之凿凿。 陆续发表之学术观点和治学方法给予学界强烈影响，书中收入陈佩秋先生作品一百余幅，包括早年的拟古作品及具有代表性的重彩作品，并附有写生、书法、论文等，可全方面了解陈佩秋先生的艺术。

孙建禄书法作品集

孙建禄 上海书画出版社出版 编 上海书画出版社

出版日期：2017.6 一版一次 开本尺寸：30cm 115 页

书号：ISBN978‐7‐5479‐1481‐6 定价：190.00 元

提要：该书是上海书法家孙建禄的书法作品选集，精选作者近年来创作的书法作品 60 多件，含楷、行、草、篆、隶各体，形制上有中堂、条幅、对联、扇面等。 书法作品内容积极向上，艺术表现形式多种多样，体现了作者对传统书法的全面借鉴与汲取，对广大书法爱好者具有参考价值。

徐云叔书画篆刻集

徐云叔 廉亮 主编 上海书画出版社

出版日期：2017.2 一版一次 开本尺寸：29cm 261 页

书号：ISBN978‐7‐5479‐1448‐9 定价：500.00 元

提要：本书将著名书画篆刻艺术家徐云叔先生个展"清风徐来——徐云叔书画篆刻展"的展览作品结集出版，充分展示了徐云叔先生多年来书画、篆刻艺术创作的精华，从中可一窥先生创作的轨迹和风格流变。

朱新昌画山海经

朱新昌 绘 上海书画出版社

出版日期：2017.7　一版一次　开本尺寸：29cm　217页

书号：ISBN978‐7‐5479‐1556‐1　定价：198.00元

提要：《山海经》是中国先秦古籍。 主要记述的是古代神话、地理、物产、巫术、宗教、古史、医药、民俗、民族等方面的内容。 有些学者则认为《山海经》不单是神话，而且是远古地理，包括了一些海外的山川鸟兽。 这部旷世奇书，引得人们千年的遐想。

上海当代艺术博物馆中国当代艺术收藏系列：余友涵

龚彦　上海当代艺术博物馆　编　上海文化出版社

出版日期：2017　一版一次　开本尺寸：25cm　211页

书号：ISBN978‐7‐5535‐0669‐2　定价：278.00元

提要：本书为上海当代艺术博物馆2016年度"中国当代艺术收藏系列展"之"余友涵回顾展"的衍生画册，精选余友涵自80年代至今的创作百余张，逾十件新作为首次出版。 画册收录最新评论文章六篇，并特编手稿、摄影与文献板块，旨在以多元形式重新梳理余友涵的生平与创作经历，挖掘新视角、呈现新研究，回溯与突出艺术家在中国先锋艺术发展史上的开创性地位。

纪念鲁迅倡导新兴版画85周年暨张望诞辰100周年学术研讨会论文集

郑亚　上海鲁迅纪念馆　编　上海文化出版社

出版日期：2017.6　一版一次　开本尺寸：22cm　362页

书号：ISBN978‐7‐5535‐0681‐4　定价：45.00元

提要：本书是纪念鲁迅倡导新兴版画85周年暨张望诞辰100周年学术研讨会的论文合集，作者有上海鲁迅纪念馆、北京鲁迅博物馆、合肥赖少其艺术馆、美国加州大学、密歇根大学等鲁迅研究界的专家学者，中央美术学院、广州美术学院、天津美术学院等美术专业领域的知名人士，以及张望家属等共 30 多人，探讨了鲁迅与版画，张望生平、作品研究，中国新兴版画研究，当今版画现状和前瞻等几个主题。

纪念鲁迅诞辰一百三十五年、逝世八十周年学术研讨会论文集

郑亚　上海鲁迅纪念馆　编　上海文化出版社

出版日期：2017.6　一版一次　开本尺寸：21cm　485 页

书号：ISBN978 - 7 - 5535 - 0732 - 3　定价：88.00 元

提要：本稿为"纪念鲁迅诞辰 135 周年、逝世 80 周年学术研讨会"论文集，以"鲁迅与文艺"为主题，围绕"鲁迅与文艺""鲁迅·城市·文化""鲁迅与左联"等论题展开，收录北京鲁迅博物馆原副馆长陈漱渝、中国社会科学院文学研究所研究员张梦阳、广东鲁迅研究学会会长郑心伶、上海鲁迅纪念馆原馆长王锡荣等学者的学术论文近四十篇。

海上新梦：管弦乐、声乐入选作品集

上海音乐家协会　编著　上海音乐出版社

出版日期：2017.4　一版一次　开本尺寸：31cm　299 页

书号：ISBN978 - 7 - 5523 - 1271 - 3 ISBN978 - 7 - 88889 - 280 - 4　定价：158.00 元

提要："海上新梦"原创作品音乐会是上海音乐家协会于 2007 年创立的原创音乐品牌项目，是"上海之春"国际音乐节的重要组成部分，旨在集中展示优秀原创音乐作品，为音乐新人提供展示才华的舞台。 本书为海上新梦的系列书，将收入 2015 年上海之春演出的新作品。

袁雪芬越剧唱腔精选

上海越剧艺术研究中心 编 上海音乐出版社

出版日期：2017.9 一版一次 开本尺寸：29cm 148 页

书号：ISBN978－7－5523－1291－1 定价：78.00 元

提要：书从袁雪芬上世纪 30 年代至 70 年代所灌制的大量唱片和录音中，精选了她在各个时期中具有代表性的唱段进行编辑。 为了统一起见，对每张唱片和录音都重新记谱，并作再三校对。 为了便于读者对袁派唱腔的了解，在每段唱段后附有简略的文字分析。

海上回音叙事

洛秦 编著 上海音乐学院出版社

出版日期：2017.11 一版一次 开本尺寸：30cm 209 页

书号：ISBN978－7－5566－0235－3 定价：128.00 元

提要：本书的研究以相关的文章及珍贵的图片，多侧面且生动形象地记载了上海近代的音乐文化历史。 图书通过一段特定的历史（1843—1949）和一个特定的地域（上海）与音乐相关的文化记忆，试图建构起上海这座城市的文化认知和情感表达。

沪剧：现代上海的传统戏曲

（英）施祥生 赵玥 著 上海音乐学院出版社

出版日期：2017.11 一版一次 开本尺寸：24cm 241 页

书号：ISBN978－7－5566－0235－3 定价：68.00 元

提要：本书的研究以相关的文章及珍贵的图片，多侧面且生动形象地记载了上海近代的音乐文化历史。 图书通过一段特定的历史（1843—1949）和一个特定的地域（上海）与音乐相关的文化记忆，试图建构起上海这座城市的文化认知和情感表达。

历史地阐释：上海南汇丝竹乐清音的传承与变迁研究

齐琨 著　上海音乐学院出版社

出版日期：2017.11　一版一次　开本尺寸：24cm　377 页

书号：ISBN978 - 7 - 5566 - 0216 - 2　定价：106.00 元

提要：本书是作者对在 21 世纪经济快速发展的上海南汇地区的民间丝竹乐乐社清音班和乐人的音乐行为作了共时和历时性的探索。　在扎实的实地考察基础上，就音乐班社的生态环境的过去和现在来分析和讨论该地区丝竹乐的演变，是一个学界就此课题前所未有的全方位研究。

评弹流派的历史与变迁：流派机制的上海叙事

张延莉 著　上海音乐学院出版社

出版日期：2017.11　一版一次　开本尺寸：24cm　154 页

书号：ISBN978 - 7 - 5566 - 0165 - 3　定价：55.00 元

提要：本著作以评弹流派为研究对象，通过对晚清以来有关评弹的大量历史资料的梳理和 2010 年 1 月至 2012 年 3 月两年多时间的田野考察，探讨了评弹流派机制问题，并尝试对评弹流派在上海的生存现状及其文化意义进行历史地、田野地叙事。

情深至吻：上海中华口琴会及其推广的音乐

李岩 著　上海音乐学院出版社

出版日期：2017.11　一版一次　开本尺寸：24cm　346 页

书号：ISBN978 - 7 - 5566 - 0213 - 1　定价：95.00 元

提要：本书论及中国口琴音乐在城市中的发展史，及其与政治、经济、文化等诸多方面的联系，并通过个案——上海中华口琴会在发展中形成的音乐文化和操作模式，及其对中国各界影响的分析，在历史的材料及现实中依然健在的历史当事人对历史的回忆这两重资料参照下，加之以笔者对上海这个中国口琴发源地考察后的实际体验，将中国口琴音乐的历史源头、流传经过、演变过程及中国口琴音乐发展史予以钩沉。

上海音乐学院出版社获奖图书及历年书谱集录（2003—2017）

洛秦 编　上海音乐学院出版社

出版日期：2017.11　一版一次　开本尺寸：29cm　187页

书号：ISBN978－7－5566－0082－3　定价：100.00元

提要：本书共分三大板块，第一板块获奖图书集中展示了上海音乐学院出版社获得金钟奖等大奖的品种，辅以相关文字介绍；第二板块重点图书分门别类地展示了乐谱、理论、教材等领域的精品图书；第三板块是全部图书的封面展示，供读者直观地了解我社出版的所有书目。

音·国立音乐院——国立音乐专科学校院校刊集（1928—1937）

洛秦　钱仁平　张雄　编　上海音乐学院出版社

出版日期：2017.8　一版一次　开本尺寸：27cm　2册　1106页

书号：ISBN978－7－5566－0236－0　定价：360.00元

提要：本书系上海音乐学院前身——国立音乐学院和国立音乐专科学校的校刊合辑，记载了当时的政府指令、本校组织大纲和学制、各科教学、会议记录、在册学生一览、考试曲目、教职员聘任、音乐会节目单、学生文艺创作等，是研究中国近现代音乐史和音乐院校教育史的重要文献。

三毛百趣记

张乐平　原作　少年儿童出版社

出版日期：2017.4　一版一次　开本尺寸：19cm　162页

书号：ISBN978 - 7 - 5589 - 0067 - 9　定价：20.00元

提要：本书分作三个篇章来讲述三毛的故事，分别是"顽皮的三毛""新旧三毛"和"三毛的新生活"。

三毛从军记全集

张乐平　原作　少年儿童出版社

出版日期：2017.8　一版一次　开本尺寸：19cm　131页

书号：ISBN978 - 7 - 5324 - 9030 - 1　定价：20.00元

提要：张乐平先生是中国杰出的漫画家，一生创作了大量的漫画作品。《三毛从军记》创作于1946年，这部作品以扎实的绘画功底，丰富的生活素材，合理而不失夸张的艺术情节，诙谐幽默的风格，感染了广大的读者，赢得了他们的喜爱，成为一部传世之作。

三毛从军记全集：彩图注音读物

张乐平　原作　少年儿童出版社

出版日期：2017.6　一版一次　开本尺寸：21cm　126页

书号：ISBN978 - 7 - 5589 - 0061 - 7　定价：26.00元

（基本同上）提要：张乐平先生是中国杰出的漫画家，一生创作了大量的漫画作品。 第一幅三毛漫画问世于1935年，可以说，画家笔下的三毛，已经成为我国家喻户晓的艺术形象。《三毛从军记》创作于1946年，这部作品以扎实的绘画功底，丰富的生活素材，合理而不失夸张的艺术情节，诙谐幽默的风格，感染了广大的读者，赢得了他们的喜爱，成为一部传世之作。

三毛解放记

张乐平 原作　少年儿童出版社

出版日期：2017.4　一版一次　开本尺寸：19cm　169页

书号：ISBN978－7－5324－9034－9　定价：22.00元

提要：本书是一本三毛漫画集，是从张乐平先生创作的《早期三毛》《战乱中的三毛》《战后的三毛》《三毛外传》《三毛迎解放》《三毛的控诉》和《三毛翻身记》中精选出来的，目的是让读者在较短的时间里，看到更多的三毛漫画，也更多地了解三毛，了解张乐平先生的创作。

三毛解放记：三毛故事集锦：彩图注音读物

张乐平 原作　少年儿童出版社

出版日期：2017.6　一版一次　开本尺寸：21cm　169页

书号：ISBN978－7－5589－0062－4　定价：32.00元

提要：这是一本三毛漫画集，是从张乐平先生创作的《早期三毛》《战乱中的三毛》《战后的三毛》《三毛外传》《三毛迎解放》《三毛的控诉》和《三毛翻身记》中精选出来的，目的是让读者在较短的时间里，看到更多的三毛漫画，也更多地了解三毛，了解张乐平先生的创作。 本书配有简洁、生动的文字说明，可以使读者更好地了解漫画的内容。 本书为彩图注音版。

三毛流浪记全集

张乐平 原作　少年儿童出版社

出版日期：2017.8　一版一次　开本尺寸：19cm　261页

书号：ISBN978－7－5324－9032－5　定价：28.00元

提要：本书是张乐平先生1947—1949年创作的，曾多次荣获全国优秀畅销书少儿类第一名，1999年新中国成立50周年时，在"感动共和国的 50 本书"评选中,《三毛流浪记》名列第 19 位。 2015 年,法文版《三毛》获第 42 届昂古莱姆国际漫画节"文化遗产奖"。 张乐平先生把一个孤苦伶仃、无依无靠的流浪儿童的悲惨遭遇,刻画得淋漓尽致,同时也表现了三毛的正直、善良和机智、勇敢。

三毛流浪记全集:彩图注音读物

张乐平 原作 少年儿童出版社

出版日期:2017.6 一版一次 开本尺寸:21cm 261 页

书号:ISBN978‐7‐5589‐0064‐8 定价:38.00 元

提要:本书是张乐平先生 1947—1949 年创作的,曾多次荣获全国优秀畅销书少儿类第一名,1999 年新中国成立 50 周年时,在"感动共和国的 50 本书"评选中,《三毛流浪记》名列第 19 位。 2015 年,法文版《三毛》获第 42 届昂古莱姆国际漫画节"文化遗产奖"。 张乐平先生把一个孤苦伶仃、无依无靠的流浪儿童的悲惨遭遇,刻画得淋漓尽致,同时也表现了三毛的正直、善良和机智、勇敢。

三毛漫画(经典版)

张乐平 原作 少年儿童出版社

出版日期:2017.8 一版一次 开本尺寸:19cm 5 册 869 页

书号:ISBN978‐7‐5589‐0006‐8 定价:110.00 元

提要:三毛漫画(经典版)采用套装的形式,包括为《三毛流浪记》《三毛从军记》《三毛解放记》和《三毛新生记》《三毛百趣记》,所选内容都是三毛漫画中的经典。

三毛漫画(典藏版)

张乐平 原作 少年儿童出版社

出版日期：2017.6　一版一次　开本尺寸：21cm　5册　916页

书号：ISBN978-7-5589-0060-0　定价：156.00元

提要：三毛漫画（典藏版）采用套装的形式，一套共五本书，分别为《三毛流浪记》《三毛从军记》《三毛解放记》《三毛新生记》和《三毛百趣记》，所选内容都是三毛漫画中的经典。本书为彩图注音版，原汁原味，是三毛漫画的"礼品装"，也是三毛漫画的爱好者及收藏者的首选。

三毛新生记：彩图注音读物

张乐平　原作　少年儿童出版社

出版日期：2017.6　一版一次　开本尺寸：21cm　146页

书号：ISBN978-7-5589-0063-1　定价：28.00元

提要：这是一本三毛漫画集，是从张乐平先生创作的《三毛今昔》《三毛日记》《三毛学雷锋》《三毛爱科学》《三毛与体育》《三毛旅游记》和《三毛学法》中精选出来的，目的是让读者在较短的时间里，看到更多的三毛漫画，也更多地了解三毛，了解张乐平先生的创作。本书配有简洁、生动的文字说明，可以使读者更好地了解漫画的内容。本书为彩图注音版。

那些难忘的声音

张稼峰　著　生活·读书·新知三联书店

出版日期：2017.2　一版一次　开本尺寸：23cm　355页

书号：ISBN978-7-108-05707-5　定价：49.00元

提要：本书撷取了"上译厂"老一代配音艺术家各自的代表性作品，分析了他们在电影配音中的艺术造诣，为读者更加深入理解这些外国电影作品，欣赏外国电影译制片的配音艺术，提供了很好的帮助。

上海文献汇编—艺术卷

上海文献汇编编委会 编　天津古籍出版社

出版日期：2017.4　一版一次　开本尺寸：27cm　35册　21466页

书号：ISBN978-7-5528-0497-3　定价：24000.00元

提要：本书主要选编了19世纪中期以来，尤其是民国时期出版的艺术类文献，重点收录了反映各种艺术形态的专题性的"史志""史略""概览""纪念刊"类的著作。　主要内容涉及艺术理论、书法、绘画、篆刻、雕塑、摄影、音乐、舞蹈、工艺美术以及近现代艺术教育等。　本书是一部全面记述近现代上海艺术状况、艺术建设以及艺术成就的大型史料文献，是展现近现代城市艺术风貌与特征的重要资料。

江理平：蔼然君子

陈才 编　同济大学出版社

出版日期：2017.5　一版一次　开本尺寸：32cm　254页

书号：ISBN978-7-5608-6875-2　定价：980.00元

提要：本书是为纪念同济大学建校110周年、同济大学书画协会成立30周年而出版的《同济大学文人书画家作品集》四种画册之一，收入同济大学教授江理平先生在传统诗书画印创作方面的代表性作品。

蒋玄佁：破颜微笑

李平江　蒋慧诘 编　同济大学出版社

出版日期：2017.5　一版一次　开本尺寸：32cm　236页

书号：ISBN978-7-5608-6877-6　定价：960.00元

提要：本书是为纪念同济大学建校110周年、同济大学书画协会成立30周年而出版的《同济大学文人书画家作品集》四种画册之一，收入同济大学教授蒋玄佁先生在传统诗书画印创作方面的代表性作品。

上海市大学生公益广告大赛优秀作品集（2015—2016）

周宏武 鲁普及 夏贞莉 主编 同济大学出版社

出版日期：2017.11 一版一次 开本尺寸：28cm 198页

书号：ISBN978－7－5608－7472－2 定价：158.00元

提要：本书主要汇编了 2015、2016 年上海市大学生公益广告大赛优秀作品，概要地展现大赛的举办主要节点和过程，以获奖作品和感言表达了大学生对公益的思考、对社会的认识，呼吁人们关心自然、热爱公益、践行公益。 一幅幅作品，透过纸面，传递出发人深思的思想之光。 大学生们的作品表达形式和角度都各具特色，代表了当代大学生对社会的独到见解，充满了灵气。 创作者们怀着强烈的社会责任感，用自己丰富的创意来传情达意，传播公益的理念。

文本经典与舞台示范

尹永华 著 文汇出版社

出版日期：2017.6 一版一次 开本尺寸：23cm 289页

书号：ISBN978－7－5496－2094－4 定价：48.00元

提要：本书针对上海及国内近十年来戏剧文化现象，内容多为作者的戏剧评论包括戏剧人物评论，剧目主要对象为近年来上演于上海戏剧舞台的国际国内剧目，人物主要包括上海及国内主要戏剧家评说。 因为戏剧评论为作者专业所在，又加之作者的媒体、文化机构以及艺术类高校等实践经历，其评论文字坦诚、率直，并尽力在评论中展现个体见解，同时试图做出相应理论梳理，以期在戏剧创作、接受、评论及研究中形成良性互动。

上海之像 1990s

朱刚 刘海粟美术馆 编著 西泠印社出版社

出版日期：2017.9 一版一次 开本尺寸：21cm 183页

书号：ISBN978‑7‑5508‑2174‑3 定价：160.00 元

提要：八位摄影家于上世纪最后十年在上海承继了前十年所留下的"街头生活""抓拍摄影""现实主义"以及"反英雄叙事"等主题和手法，记录了一个城市的成长历程，也留下了再难复现的时代表情。

上海：中国动画电影的摇篮

郭虹 著 中西书局

出版日期：2017.6 一版一次 开本尺寸：24cm 383 页

书号：ISBN978‑7‑5475‑1226‑5 定价：68.00 元

提要：本书对上海与动画电影的渊源、中国动画电影的发端、早年我国动画电影人可歌可泣的艰苦历程们进行了尽可能细致的考察、梳理和记述，勾勒出中国动画电影在上海起步及发展的历史轨迹，同时完善了中国动画电影史学的相关研究。

上海舞台美术

上海舞台美术学会 编 中西书局

出版日期：2017.12 一版一次 开本尺寸：30cm 184 页

书号：ISBN978‑7‑5475‑1345‑3 定价：198.00 元

提要：本画册辑入上海舞台美术 2014—2016 年优秀作品，尤其精选了诸多舞台美术的经典场景，包括部分舞美的细节，从这些细节可由小见大，让人感受到舞台美术的魅力。本画册展示了近两年上海舞美创作的概貌，涵盖了方方面面的创作成果，作品样式丰富各异，表现力丰富。

沪上奇葩：海派面塑

陈凯峰 著 中州古籍出版社

出版日期：2017.1　一版一次　开本尺寸：23cm　102页
书号：ISBN978－7－5348－6766－8　定价：18.00元
提要：面塑，是一种用面粉加彩以后捏塑成各种人物、动物等形象的陈设。　面塑艺术源远流长，海派面塑更是经过几代面塑艺人的研究创新，从而发展成为一门独立的民间艺术技艺。　海派面塑将面塑作品与中国传统文化题材相结合，让面塑技艺表演走出国门，在宣传中国传统文化和上海地方文化方面担任起了重要的角色。

历史地理

76 号特工总部：抗战期间汪伪特务的组织与活动

马振犊 陆军 著 重庆出版社

出版日期：2017.10 一版一次 开本尺寸：24cm 427 页

书号：ISBN978－7－229－12145－7 定价：48.00 元

提要：本书是研究抗日战争时期汪伪政府的特工组织"76 号"的专著。 作品对被称为"汉奸中的汉奸"的汪伪特务 76 号组织的缘起、活动及最后灭亡的历史进行了研究，对其组织者李士群、丁默邨及指挥者周佛海乃至其手下主要汉奸的历史进行了深度剖析。 作者从"八一三"淞沪抗战开始，一直写到抗战胜利。

海上红韵

上海通志馆 编 东方出版中心

出版日期：2017.8 一版一次 开本尺寸：24cm 225 页

书号：ISBN978－7－5473－1153－0 定价：58.00 元

提要：本书选取上海具有代表性的革命遗址遗迹、革命人士故居、革命纪念碑纪念地等红色景点四十多处，集中展现了中国共产党人和爱国志士在上海开展革命斗争的英雄事迹和大无畏精神，以精简的文字配上展示景点特色的图片，加上适当的留白，做成一本可以阅读轻松、方便记录的手册，有利于让红色文化有机地融入人们的日常实践，被更多读者所了解和熟悉。

上海游展：民国风情实录

邢定康 高宏久 著 东南大学出版社

出版日期：2017.3 一版一次 开本尺寸：24cm 298 页

书号：ISBN978－7－5641－7046－2 定价：56.00 元

提要：本书是民国旅游人撰写上海的文集。 上海是中国旅行社的诞生地，也可称为现代旅游的发祥地，该文集拟分三个部分：一、"上海旧历",主要为综合介绍上海的风光、史迹、交通等文章。 二、"沪上风情",主要为上海景区景点、住宿、餐饮等方面的游记。 三、"申城往来",主要为从上海出发游览外地、从外地前往上海的文章。

抗战时期中国红十字会上海国际委员会研究

崔龙健 著 合肥工业大学出版社

出版日期:2017.9 一版一次 开本尺寸:24cm 305页

书号:ISBN978‐7‐5650‐3548‐7 定价:56.00元

提要:本书以上海国际红十字会为研究对象,旨在通过对该组织的成立缘起、筹建经过、组织体系、经费问题、善业的开展及其遇到的困难和解决办法等问题的考察,揭示该组织运行中存在的各种有利和不利因素,及其在非常时期所发挥的作用,以此凸显该组织为抗战救护事业所做出的重要贡献。

谢晋——大师的智慧

蒋晔 著 河北人民出版社

出版日期:2017.5 一版一次 开本尺寸:21cm 134页

书号:ISBN978‐7‐202‐09452‐5 定价:17.50元

提要:本书是《大师的智慧》丛书之一。 该书介绍了我国著名的电影导演艺术家谢晋平凡却充满激情的一生,其作品曾先后六次获得金鸡百花奖,创新中国电影史一个奇迹,谢晋导演的成名作是女篮五号,红色娘子军,牧马人,高山下的花环。 谢晋热爱电影,并把自己的一生献给了电影。

倾国倾城:穿越时光,再见张爱玲

陶方宣 著 重庆出版社

出版日期：2017.12　一版一次　开本尺寸：21 cm　215 页

书号：ISBN978－7－229－12429－8　定价：35.00 元

提要：《倾国倾城——穿越时光，再见张爱玲》是一部传记作品。本书从"旗袍"和"红颜"两个主题围绕张爱玲娓娓道来。 第一部分从张爱玲的旗袍着手，以此切入张爱玲的"袖珍戏剧"。

张爱玲的摩登时代

陶方宣　著　重庆出版社

出版日期：2017.12　一版一次　开本尺寸：21 cm　220 页

书号：ISBN978－7－229－12614－8　定价：35.00 元

提要：本书从"海派"和"摩登"两个主题围绕张爱玲娓娓道来。张爱玲的一生可以概括为四个方面：爱情至上、写作为生、物质第一、自由万岁。 这史无前例的人生态度与经历总结起来就是两个字：海派。 为什么民国的东方会出现与巴黎、纽约接轨的世界性大都会上海？ 为什么上海滩会出现风靡后世的传奇女作家张爱玲？ 另外，从时髦的爱司头、高跟鞋、巴黎流行色桑子红到手摇电话、开喇叭花的唱机到挑拨性的爵士乐，从烧料镯子、翡翠胸针、最廉价的王宫电影院到西式风味的起士林、凯司令、牛酪红茶或笋圆子火腿粥——"摩登"—词是进入民国、进入张爱玲的关键词。

风从海上来：张爱玲图传

含瑛　著　中国华侨出版社

出版日期：2017.5　一版一次　开本尺寸：25 cm　226 页

书号：ISBN978－7－5113－6561－3　定价 29.80 元

提要：本书以文学笔法记叙了中国现代作家张爱玲的一生，全书图文并茂，以丰富的文字资料和精美的手绘图片为基础，从专业研究者的视角出发，生动而细致地描述了张爱玲的人生经历和创作生涯，是一部面向文学爱好者及专业研究人生的读本。

倾城难再寻：张爱玲

余芳 著 世界图书广东出版公司

出版日期：2017.1 一版一次 开本尺寸：24cm 160 页

书号：ISBN978－7－5192－2178－2 定价：32.00 元

提要：本书收录的内容包括：没落贵族早慧女童 1920—1931；初入文坛崭露头角 1932—1938；寻梦港大之天才梦 1939—1941；初回沪上初绽传奇 1942—1943；乱世结缘倾城之恋 1944—1946；迷惘重生再创辉煌 1947—1951 等。

"培罗蒙先生"戴祖贻

李瑊 著 上海大学出版社

出版日期：2017.8 一版一次 开本尺寸：25cm 225 页

书号：ISBN978－7－5671－2888－0 定价：56.00 元

提要：戴祖贻先生是上海著名的西服店培罗蒙创办者许达昌的第一嫡传弟子，一直在培罗蒙工作，并于 1951 年去日本经营培罗蒙近 50 年。 他以精湛高超的手艺，热忱周到的服务，在日本服装界赢得了很高的地位和声誉，以至于日本或外国来的客户都称呼他为"培罗蒙"样、Mr.BAROMON，而不叫 Mr.Tai（戴先生）。

蒋介石在淞沪战场：从忍辱到复仇

王丰 著 现代出版社

出版日期：2017.6 一版一次 开本尺寸：24cm 371 页

书号：ISBN978－7－5143－5573－4 定价：55.00 元

提要：本书为《蒋介石心传》系列第二部。 淞沪会战——抗日战争中规模、伤亡最为惨烈的一场大会战，堪称抗日世纪之战。 本书通过蒋介石亲笔日记、国民党高层、一线作战官兵等口述史料等资料揭秘，对淞沪会战进行了详尽叙述与解读，并佐以济南惨案、九一八事变、卢沟桥事变等史实别样视角的叙述，理出一条关于中日之间从试探、妥协、博弈、角逐到血战的历史暗线，并对当时中日国力诸多方面的对比、国民党内权斗不休的内幕、蒋介石军事指挥致命缺陷、九一八"不抵抗命令"的历史真相等内容进行真实披露，让我们能够更全面、更理性地看待八年抗战这影响中国国运的救亡之战。 同时，本书立足于观察蒋介石在中日交锋中从屈辱、受谤、隐忍，到励志图强、矢志雪耻的过程，体察他于和战之间犹疑再三，到义无反顾，与日寇刚毅地周旋八年之久转变的心路历程，堪称一部蒋介石的抗战心史。

上海滩绝代名媛：严幼韵传

李礼安 著　现代出版社

出版日期：2017.2　一版一次　开本尺寸：21cm　199页

书号：ISBN978 - 7 - 5143 - 5578 - 9　定价：29.80 元

提要：她是民国上海滩风华绝代的大小姐，家世显赫，貌美如花，被父亲视为掌上明珠。 她性格乐观，谈吐优雅，见闻广博，特立独行，追求她的人多如过江之鲫。 华年如锦，她是第一个将小轿车开进校园的复旦校花。 彼时战火纷飞，天人永隔，她是带着三个孤女的烈士遗孀。 历尽铅华，她心怀天下，成为一名杰出的联合国礼宾官。与君携老，她为顾维钧的深情等待所感动，从此白首不相离。 岁月流金，如今已是百岁老人的严幼韵，仍穿高跟鞋、喷香水，一袭旗袍，银发莞尔。 优雅高贵，风华绝代，她的传奇依然在尘世上演。

"84 号小姐"的百年雅韵：严幼韵传

刘懿庭 著　华中科技大学出版社

出版日期：2017.4　一版一次　开本尺寸：21cm　237页

书号：ISBN978－7－5680－2498－3　定价：35.00元

提要：本书以民国第一外交夫人、上海名媛严幼韵绽放不败的一生为时间主线，以她绵延一个多世纪的精彩生活来慢慢延展开自清末民初到繁华现代的历史影像。书中以严幼韵为故事支点，将历史上各阶段繁复交织的人物与事件一一梳理，并重新捋顺关联，让读者在品读严幼韵乐观积极一生的同时，更能贯穿历史事件的始末，还原完整的故事真相。

一个女人的史诗：董竹君传

夏墨　著　现代出版社

出版日期：2017.4　一版一次　开本尺寸：21cm　208页

书号：ISBN978－7－5143－5582－6　定价：36.80元

提要：本书讲述了近代企业家、中国女权运动的先驱、上海锦江饭店的创始人董竹君女士的传奇人生。董竹君自幼命运坎坷，因贫寒被卖入青楼沦为卖唱女。期间结识革命党人夏之时，并结为伉俪。在封建大家庭中，她为女性地位的不平等而抗争，先后开办自己的织袜厂与黄包车公司。后来不堪忍受封建家庭和夫权统治，再度冲出樊笼开创新的人生。历尽艰难险阻，她创办了上海锦江饭店，成为一代风云人物。

上海拉贝：饶家驹

苏智良　王海鸥　著　人民出版社

出版日期：2017.6　一版一次　开本尺寸：22cm　276页

书号：ISBN978－7－01－017440－2　定价：48.00元

提要：本书讲述了饶家驹是一位"辛德勒"式的人物，在抗战时期，他以法国神父的身份在上海创立了战时平民救护的难民区——饶家驹区，保护了30万中国难民，被称为"难民之父"。后来，饶家驹区的成功模式推广到南京、汉口、广州，乃至法国、德国，并推动了日内瓦第四公约的订立。 饶家驹在中国27年，常走入田间地头，和普通民众打成一片，他能"拿起筷子吃饭，读中国书，讲中国话"，他曾言："渠旅华甚久，以中国为第二故乡，其爱中国之热诚，不亚于华人之爱中国。"饶家驹的博爱主义、慈善行为、奉献精神、慈悲情怀，超越了国家、种族、宗教、党派，他是20世纪世界人道主义的光辉典范，历史不应该忘记他。

眉轩香影陆小曼

柴草 著 人民文学出版社

出版日期：2017.8 一版一次 开本尺寸：23cm 351页

书号：ISBN978－7－02－012373－5 定价：52.00元

提要：本书以史实为根据，用朴素、简洁的语言来叙述陆小曼悲情、传奇的一生。 突出陆小曼的美、她的婚恋、她作为当时领风气之先的新女性的思想观念、做派以及她在文学、绘画、戏剧、翻译等多方面的才华，用有历史价值、原始而精美的图片来添彩，文字约15万左右，图片100多幅。

青帮教父杜月笙

王永军 著 台海出版社

出版日期：2017.4 一版一次 开本尺寸：24cm 265页

书号：ISBN978－7－5168－1333－1 定价：39.00元

提要：本书讲述二十世纪上半叶上海滩最具传奇色彩的大佬——杜月笙风云突变的一生。 从小瘪三混进十里洋场，成为上海最大的黑帮帮主；出身贫民窟，却成为涉足各界的财富大亨；出入红道、黑道，游刃于商界、政界，组织人民行动委员会，被奉为中国帮会的总龙头。 他附庸风雅，广结名流，大学者章太炎、名士杨度、名律师秦联奎是他的

座上客。 花甲之年迎娶名伶孟小冬，为后人留下诸多遐想……为读者
展现黑帮龙头的多面人生，再叙波谲云诡的旧上海故事。

人心至上杜月笙

雾满拦江 著　台海出版社

出版日期：2017.2　一版一次　开本尺寸：24cm　474 页

书号：ISBN978－7－5168－1202－0　定价：49.00 元

提要：本书从民国商业人物杜月笙的幼年贫困家世写起，讲述了
其如何孤身闯荡上海，运用各种处世智慧摸爬滚打，从一介草根变身
为商界领袖人物的过程。

回忆鲁迅在上海

上海鲁迅纪念馆 编　上海书店出版社

出版日期：2017.3　一版一次　开本尺寸：30cm　1066 页

书号：ISBN978－7－5458－1408－8　定价：220.00 元

提要：本书由众多历史文化名人对鲁迅的纪念文章组成。 诸如丁
玲、王映霞、巴金、叶圣陶、朱自清、林语堂、柳亚子等现代中国文学
目前赫赫有名的大家，还有诸如宋庆龄等政界要人的回忆。 通过这些
文章，可以了解一个真实而深刻的鲁迅，也为中国现代文学史以及近
现代史增添了许多精彩的内容。

醒木一声驻流年：唐耿良传

解军 著　上海人民出版社

出版日期：2017.5　一版一次　开本尺寸：24cm　306 页

书号：ISBN978－7－208－14454－5　定价：58.00 元

提要：本书作者解军从唐耿良学艺到成为上海响档开始，把侧重

点放在 1949 年后，展现了置身于波涛澎湃的时代潮流中说书人的命运。解军将传主唐耿良在"文革"中"业业矜矜，若履冰谷"，却终难逃劫难的波折；改革开放后，唐耿良重新焕发艺术青春的经历，环环相扣，一一道来。

董竹君传：一个世纪的百味人生

李礼安 著 中国华侨出版社

出版日期：2017.1 一版一次 开本尺寸：24cm 263 页

书号：ISBN978 - 7 - 5113 - 6459 - 3 定价：32.00 元

提要：董竹君是 20 世纪的传奇女子，她的一个世纪，是中国近代史风云变幻的缩影，更是一个女人不可思议的传奇，本书怀着对董先生的憧憬之情，在参考大量历史资料的基础上，倾心创作，通过生动的文字和起伏的情节，让读者深入了解这位人物的一生。

上海技能大师风采（第一辑）

上海市人力资源和社会保障局 上海市技师协会 组织编写 中国劳动社会保障出版社

出版日期：2017.5 一版一次 开本尺寸：21cm 233 页

书号：ISBN978 - 7 - 5167 - 3037 - 9 定价：29.00 元

提要：《上海技能大师风采（第一辑）——工匠精神宣传丛书》选取 20 位大师（行业企业基本不重复），通过大师感悟、行业科普、个人简介、成长经历、摘星之旅、大师工作室简介等内容，以讲故事的形式，点带面地介绍技能大师及其背后所代表的上海各行各业的新发展、新变化和新成就，描述工匠们靠着传承和钻研，凭着专注和坚守所取得的成功，倾力打造上海工匠偶像，弘扬新时代工匠精神。

海上虹影——黄宾虹上海三十年艺术活动之雪泥鸿爪

初中海 著　中国书店

出版日期：2017.3　一版一次　开本尺寸：27cm　199页

书号：ISBN978－7－5149－1662－1　定价：120.00元

提要：本书记录黄宾虹大师在上海生活30多年的方方面面，包括黄宾虹在上海生活的诸多趣事、雅事、艺事、琐事、杂事。通过这本书，读者可以了解到除了画家之外，黄宾虹还有许多身份，例如教授、古玩家、鉴定家、金石家、收藏家、书画理论家等。这本书旨在告诉读者，黄宾虹是几千年中国文化在那个特定历史时期熔铸的一代宗师。

徐连达先生八十五寿庆论文集

楼劲 主编　上海古籍出版社

出版日期：2017.1　一版一次　开本尺寸：27cm　342页

书号：ISBN978－7－5325－8569－4　定价：128.00元

提要：复旦大学历史系资深老教授徐连达先生参加过二十四史点校，本书是徐先生八十五岁寿庆纪念论文集，甄选了各位友人及弟子代表作，裒为一集，以为纪念。

叶景葵年谱长编

柳和城 编著　上海交通大学出版社

出版日期：2017.4　一版一次　开本尺寸：24cm　2册　1289页

书号：ISBN978－7－313－15572－6　定价：450.00元

提要：本书按年谱长编体例编写，客观、完整和系统地记录叶景葵在各个时期的经历。正谱包括家庭生活、求学经历、社会政治活动、金融实业活动、图书收藏、学术思想发展、个人情操、友朋交谊等，谱后附录叶景葵收藏文献等资料。

邹韬奋研究（第五辑）

上官消波 邹韬奋纪念馆 编 上海三联书店

出版日期：2017.8 一版一次 开本尺寸：21cm 326页

书号：ISBN978-7-5426-5952-1 定价：40.00元

提要：本书可以作为上海韬奋纪念馆 2016 年的工作的一个简单总结，跬步积千里，细流积长河，希望通过我们的点滴努力，为弘扬韬奋精神做出应有的贡献。 2016 年，韬奋纪念馆围绕弘扬韬奋精神，打造特色品牌项目等中心工作，开展各项活动，取得较好的宣传效果。活动主要包括开展学术研讨会，建设读书角，开展作文大赛，组织书法展，捐赠图书，开展社会调研活动。

书里书外：张元济与现代中国出版

柳和城 著 上海交通大学出版社

出版日期：2017.8 一版一次 开本尺寸：22cm 701页

书号：ISBN978-7-313-17553-3 定价：98.00元

提要：张元济先生是近现代著名出版家，商务印书馆灵魂人物。本书为作者三十余年从事张元济出版史研究，在报刊上发表的部分作品汇辑。 前冠以序（张人凤撰）、自序。 全书共分五卷。 卷一，收录有关张元济生平、思想及重要出版成就专论 7 篇；卷二，收录张元济各时期主持书刊出版以及历史文献收辑考证 33 篇；卷三，收录作者参与编著《张元济年谱长编》期间，所见谱主新史料杂谈 25 篇；卷四，收录张元济友朋交往探讨 21 篇；卷五，收录张研与商务馆史研究商榷 14 篇。 另附照片、手迹与书影若干。

我是演员：忆父亲魏鹤龄

魏芙 著 文汇出版社

出版日期：2017.10 一版一次 开本尺寸：23cm 240页

书号：ISBN978‐7‐5496‐2104‐0 定价：30.00 元

提要：本书是魏芙女士回忆父亲——著名上海演员魏鹤龄先生（1907—1979）的传记性回忆录。 全书 15 万字，150 余幅图片，魏鹤龄作为 20 世纪 30 年代中国电影发展的第一代电影人，从生平、抗战时期、解放战争时期、解放后的艺术生涯，交友、艺术心得、家庭等多方面全面展示魏老一生。 同时也是中国电影发展的展示画卷，众多经历、照片为首次披露，具有较高的文化收藏价值和历史价值。 作者文字质朴动人，同时也能做到对传主客观真实的评价。

医源大家

闵建颖 主编 上海交通大学出版社

出版日期：2017.5 一版一次 开本尺寸：21 cm 312 页

书号：ISBN978‐7‐313‐08846‐8 定价：40.00 元

提要：本书介绍了上海交通大学医学院（原上海第二医科大学）的 12 位两院院士。 书中记录了他们从普通的医学生成长为名医大家的医学故事。

余梦伦院士传记

宋瑶 著 中国航天院士传记丛书总编委会 组织编写 中国宇航出版社

出版日期：2017.1 一版一次 开本尺寸：24 cm 403 页

书号：ISBN978‐7‐5159‐1389‐6 定价：78.00 元

提要：余梦伦院士是中国弹道式战略导弹和运载火箭弹道设计的开创者之一，他在我国弹道导弹和运载火箭的弹道设计及总体设计方面作出了突出贡献，宋瑶著的《余梦伦院士传记》采取传记的形式，生动翔实地记录了余梦伦院士成长经历、献身祖国航天事业的光辉历程、崇高的精神世界，旨在弘扬余梦伦院士孜孜求实的科研精神和无私奉献的高尚品质，为中国航天珍藏一份珍贵的文化财产，为新一代航天人提供宝贵的精神财富，启迪和激励新一代航天人崇尚科学，献身事业，为把我国建设成为航天强国而不断探索，勇攀高峰。

艺人小志

丁翔华 著　中华书局

出版日期：2017.11　一版一次　开本尺寸：19cm　228页

书号：ISBN978‐7‐101‐12732‐4　定价：36.00元

提要：本书为民国期间海上书画金石名家、学人丁翔华遗作，部分篇章曾在当年上海《宁波公报》连载外，迄无正式出版。书中以人为纲，收入古往今来在诗、文、书、画、琴、棋、篆刻、星、相、医、卜以及其他方面有超常技艺者共计255人，以随笔的形式，娓娓道来，其中不乏珍稀的史料。书中尤有价值的是所记晚民初以来的社会名流，作者间或与之有诗友交谊，故叙述他们的生平事迹或交往闻见，趣闻轶事，多有闻所未闻，保存了许多难得一见的历史故实。

凡人小事八十年

资耀华 著　上海文艺出版社

出版日期：2017.9　一版一次　开本尺寸：22cm　352页

书号：ISBN978‐7‐5321‐6466‐0　定价：59.00元

提要：本书是20世纪中国银行界和金融学界的泰斗、上海银行资深耆宿资耀华先生的自述及其家人和朋友的追忆文章，包含了许多珍贵的第一手金融史的材料和独到的见解，是中国现代金融发展史一个极重要的侧面，足资后人借鉴。

题襟海上话珍帚：纪念姚虞琴诞辰 150 周年

杭州市余杭博物馆 编　上海书画出版社

出版日期：2017.10　一版一次　开本尺寸：30cm　132 页

书号：ISBN978－7－5479－1631－5　定价：180.00 元

提要：姚虞琴先生是余杭先贤，一生经历了清末、民国、新中国三个时期。 先生晚年居于上海，以诗画书法闻名沪上，生前曾任上海中国画院画师、上海文史馆馆员、中国美术家协会上海分会会员等，著有《珍帚斋诗画稿》、补辑《临平记再续》等。 本书从姚虞琴先生的生平、书画、诗作、捐献、交往和后人的纪念等方面，全面介绍先生的一生及其艺术成就。

徐光启逝世三百周年纪念册：典藏版

上海书画出版社 编　上海书画出版社

出版日期：2017.4　一版一次　开本尺寸：27cm　2 册

书号：ISBN978－7－5479－1457－1　定价：880.00 元

提要：1933 年徐光启逝世三百周年之际，上海举办了一系列隆重的纪念活动。"徐光启逝世三百周年纪念册"亦是这一系列纪念活动中的重要组成部分，系几十位当时的文化名流、各界学者应邀为徐光启逝世三百周年所作题咏原稿。 本书汇集了上述名人题词手迹，具有重大历史及艺术价值。

徐光启逝世三百周年纪念册

上海书画出版社 编　上海书画出版社

出版日期：2017.4　一版一次　开本尺寸：29cm　83 页

书号：ISBN978－7－5479－1456－4　定价：168.00 元

提要：1933 年徐光启逝世三百周年之际，上海举办了一系列隆重的纪念活动。"徐光启逝世三百周年纪念册"亦是这一系列纪念活动中的重要组成部分，系几十位当时的文化名流、各界学者应邀为徐光启逝世三百周年所作题咏原稿。 本书汇集了上述名人题词手迹，具有重大历史及艺术价值。

闵惠芳：弓走江河万古流

费爱能 著 上海文化出版社

出版日期：2017.10 一版一次 开本尺寸：25cm 303页

书号：ISBN978－7－5535－0812－2 定价：48.00元

提要：本书是著名二胡演奏家、上海民族乐团国家一级演员闵惠芳先生的传记，由上海作家费爱能先生执笔。 本书既是一部生动的人物传记，又是一部专业的艺术评论。 本书特别重视留存和整理闵惠芳先生的艺术经验，作者邀请熟悉闵惠芳先生的民乐专家，对闵惠芳先生的艺术经验做了全面、专业、权威的总结。

美术学校与海上摩登艺术世界——上海美专（1913—1937）

郑洁 著 孔达 译 上海书店出版社

出版日期：2017.5 一版一次 开本尺寸：23cm 308页

书号：ISBN978－7－5458－1433－0 定价：58.00元

提要：上海美术专科学校是民国时期中国最具影响力的私人美术学校之一，民国时期，诸多领域均呈现出现代化发展的趋势，美术领域也不例外，该书稿结合教育功能主义观点探讨了核心关键词："美术的现代性"，探讨了上海美专在中国美术现代化过程中发挥的重要作用；阐释美术的现代化并非"西方化即现代性"。 书稿聚焦于"上海美专"的早期历史（1913—1937），以大量史料为依托，结合社会学等多学科理论，对上海美专自成立起25年内的发展作了一个全面梳理，将上海美专与民国时期美术教育、美术家、美术作品，社会环境间的互动，作了较独特的分析。

海上书画人物年表汇编（二）

丁一鸣 主编 上海文艺出版社

出版日期：2017.9 一版一次 开本尺寸：21cm 383 页

书号：ISBN978－7－5321－6351－9 定价：98.00 元

提要：本书为上海书画院自 2012 年以来陆续整理的民国海上书画家年表，范围涉及绘画、书法、篆刻三大艺术门类。 以年表的形式，对个案书画家的家世、学历、交友、社会影响等方面进行系统综合的反映。

爱屋·及邬：纪念邬达克绘画雕塑邀请展

李向阳 主编 上海远东出版社

出版日期：2017.1 一版一次 开本尺寸：26cm 161 页

书号：ISBN978－7－5476－1212－5 定价：128.00 元

提要：拉斯若·邬达克，匈牙利人，著名建筑设计师。 他未必是上海滩名气最响的外国人，却一定是出现频率最高的外国人——在闹市在角落，你都可能与他相逢，如国际饭店、大光明电影院、市三女中等。 这些建筑构成了今人津津乐道的老上海，海派文化，海派精神也孕育其间。

海上寻根：北京大学元培学院学子上海行

上海市静安区文物史料馆 编 上海社会科学院出版社

出版日期：2017.4 一版一次 开本尺寸：24cm 156 页

书号：ISBN978－7－5520－1913－1 定价：48.00 元

提要：蔡元培故居系上海市静安区的一座重要的名人故居，北京大学元培学院每年均有学生组成的社会实践团来此参观访问，接受元培精神的教育。 由上海市静安区文物史料馆所编的本书汇集了元培学院学子在 2008 年至 2016 年访问后撰写的考察报告、论文、社会微调查及个人感悟，内容均为反映蔡元培的爱国情怀及敢为天下先的奋斗精神，传递慢慢的正能量。

近代名人与上海孙中山故居

中国中福会出版社　刘金驰　上海孙中山故居纪念馆　编著

出版日期：2017.3　一版一次　开本尺寸：21cm　276页

书号：ISBN978-7-5072-2369-9　定价：48.00元

提要：本书选取45位孙中山先生和宋庆龄女士居住期间曾经造访过中山寓所的近代知名人物，并以亲人亲属、中共人士、民国政要、文化名人、国际友人列目区分，力求以通俗易懂、图文并茂的形式清晰地再现这些近代知名人士与孙中山先生、宋庆龄女士以及这座小洋房之间曾经发生过的动人故事。

川沙名人

《川沙名人》编写组　编　上海科学技术文献出版社

出版日期：2017.1　一版一次　开本尺寸：24cm　219页

书号：ISBN978-7-5439-7267-4　定价：68.00元

提要：这是一本介绍上海浦东新区川沙历史上名人的书。书中人物有出生在川沙老街的国家名誉主席、孙中山夫人宋庆龄，有老一辈无产阶级革命家张闻天，有全国知名的教育家、中国近代职业教育创始人黄炎培等。

青春足迹（第一辑）

共青团上海交通大学委员会　编　上海交通大学出版社

出版日期：2017.5　一版一次　开本尺寸：24cm　306页

书号：ISBN978-7-313-17126-9　定价：58.00元

提要：时光匆匆风雨兼程，青春弦歌催人奋进。 站在新的历史起点，置身于实现中华民族伟大复兴中国梦的时代浪潮，一批批交大学子勇担责任、奋发有为、思源致远、砥砺前行，成为社会主义核心价值观的践行者和传播者。 从扎根西部支农支医到大漠戈壁站岗执勤，交大学子用无悔选择和青春奉献彰显了好儿女志在四方的"交大情怀"；从世博园的"小白菜"到世游赛的"小番茄"，交大学子用真情和汗水让五湖四海记住了志愿者们的"交大微笑"；从斩获"挑战杯"三连冠到敢为人先的校园创客，交大学子用创意和实干成就了令父母师长刮目相看的"交大智慧"。

与共和国一起成长

叶骏 著 上海交通大学出版社

出版日期：2017.2 一版一次 开本尺寸：24cm 351页

书号：ISBN978－7－313－15506－1 定价：88.00元

提要：本书生动讲述了上海海洋大学原党委书记叶骏教授作为一名共和国同龄人的跌宕多彩的人生经历，以及他对人生的反思与感悟。 此外，本书还收集了叶书记历年来重要的演讲、文章及论文，较为系统地阐明了他对高校建设以及人才培养等方面的独特理念、战略思考及实践经验。

科技精英

杨建荣 主编 上海科学普及出版社

出版日期：2017.8 一版一次 开本尺寸：29cm 61页

书号：ISBN978－7－5427－7015－8 定价：78.00元

提要：本书的推出以服务上海科创中心建设、服务科技社团和科技工作者、助力公民科学素质提升为宗旨。 聚焦上海科学会堂，聚焦科技精英、科技前沿和科创精神，兼具指导性和普及性，也是上海市科技发展基金会对外展示的一张名片。

"千岁丸"上海行——日本人 1862 年的中国观察

冯天瑜 著　湖北人民出版社

出版日期：2017.7　一版一次　开本尺寸：24cm　397 页

书号：ISBN978 - 7 - 216 - 08699 - 8　定价：108.00 元

提要：1862 年日本江户幕府第一次派遣使团乘"千岁丸"访问上海。本书在占有乘"千岁丸"的幕府成员及随行者的见闻录的基础上，参校其它文献，深入研讨 1862 年上海的经济、政治、军事、文化、社会情形，从一个具有典型意义的时空交叉点，揭示近代中国的真实状貌，并具体考察幕末日本人中国观的演化。

晚清海关

杨智友 著　江苏人民出版社

出版日期：2017.2　一版一次　开本尺寸：24cm　255 页

书号：ISBN978 - 7 - 214 - 19856 - 3　定价：40.00 元

提要：本书通过对以赫德为主的海关洋员参与一系列历史事件的记录与梳理，在全景展现晚清海关风云变幻的同时，也折射出海关视野里波诡云谲的历史镜像。主要内容包括李泰国和他的传奇姓氏、上海滩崛起的"娃娃领事"、伟大的海关事业、"鬼子六"交办的第一件洋务、寻找戈登、唐阿七案件、日意格先生的黄马褂、同文馆的背后推手等。

海上行旅：民国上海游记

冯仰操 编　南京师范大学出版社

出版日期：2017.8　一版一次　开本尺寸：20cm　352 页

书号：ISBN978 - 7 - 5651 - 3430 - 2　定价：45.00 元

提要：本书是民国时期的上海游记选，是民国人写上海的游记专辑，旨在凸显民国人的旅游意识和旅游趣味。对于今人重新认识民国旅游趣味及旅游线路都有一定的参考价值。书中分为三辑，内容包括：上海名迹志略、上海公园志、龙华记游、游沪北爱俪园记略、半淞园记游、六三园之游、也是园之春、申园夜花园巡礼、法国公园、城隍庙巡礼、上海的湖心亭面面观、上海之旅馆生活、城隍庙的书市等。

建党伟业

何虎生 主编　人民出版社

出版日期：2017.5　一版一次　开本尺寸：24cm　277 页

书号：ISBN978－7－5043－7914－6　定价：45.00 元

提要：本书是以中影股份领衔出品的电影《建党伟业》为依据，用翔实的史料，记录了皇城北京的觉醒、革命薪火的传递、南国盛开共产花、共产党组织的诞生、掀起工人运动第一次高潮等重要历史事件，生动地反映了我党成立前的社会状况、各地党组织建立的过程和主要活动。

经典老上海画报：时代画报

黄显功 主编　山东画报出版社

出版日期：2017.6　一版一次　开本尺寸：43cm　16 册

书号：ISBN978－7－5474－2288－5　定价：23800.00 元

提要：本丛刊是经典上海老画报丛刊之一。 中国抗日战争前出版的时事、美术综合性画报。 1929 年 10 月 10 日在上海创刊。 上海时代图书公司出版，先为半月刊，1936 年改为月刊。 先后任主编的有张光宇、叶浅予、叶灵凤、梁得所等，其中以 1936 年的《时代画报》较有声色。 1937 年 5 月停刊。 共出 118 期。

经典老上海画报：中华图画杂志

黄显功 主编　山东画报出版社

出版日期：2017.6　一版一次　开本尺寸：43cm　20 册

书号：ISBN978 - 7 - 5474 - 2290 - 8　定价：29500.00 元

提要：本丛刊是经典老上海画报丛刊之一，简称中华画报，1920年7月创刊。　文字主编周瘦鹃和严独鹤、美术主编胡伯翔与郎静山。是当时上海以至中国的著名画报，被誉为民国画报界四大花旦之一，它以全面的视野，专业的水准，精致的艺术反映了当时民国时期上海以至中国的政治、经济、文化与社会生活等诸方面情况。

商务印书馆史料选编（1897—1950）

汪耀华　编　上海书店出版社

出版日期：2017.3　一版一次　开本尺寸：21 cm　260 页

书号：ISBN978 - 7 - 5458 - 1426 - 2　定价：30.00 元

提要：商务印书馆是中国出版业中历史最悠久的出版机构。　1897年创办于上海，1954年迁至北京。　商务印书馆的创立标志着中国现代出版业的开始。　以张元济、夏瑞芳为首的出版家艰苦创业，为商务的发展打下了坚实的基础。　早在商务创立不久就成立股份公司，并从此先后延请高梦旦、王云五等杰出人才，开展以出版为中心的多种经营，实力迅速壮大，编写各类学校教科书，编纂《辞源》等大型工具书，译介西方学术名著，出版现当代著名作家的文学作品，整理《四部丛刊》等重要古籍，编辑"万有文库""大学丛书"等大型系列图书，出版《东方杂志》《小说月报》《自然界》等各科杂志十数种，创办东方图书馆。　本书是商务印书馆部分重要史料的选集，不少都是建国后首次披露，极具史料价值。

图说上财（1917—2017）

喻世红　主编　上海财经大学出版社

出版日期：2017.9　一版一次　开本尺寸：23 cm　336 页

书号：ISBN978 - 7 - 5642 - 2795 - 1　定价：168.00 元

提要：本书欲以图文并茂的形式，利用大量珍贵的历史图片，力求在有限的篇幅内再现上海财经大学一百年的兴衰荣辱、重大事件和杰出人物，展示出一代代财大人的不屈不挠和经济匡时的精神面貌，以便广大同学、教师、校友了解母校历史、领悟母校精神。

上海通史

熊月之 总主编　　上海辞书出版社

出版日期：2017.12　一版一次　开本尺寸：24cm　178页

书号：ISBN978 - 7 - 5326 - 5025 - 5　定价：88.00元

提要：上个世纪末，上海人民出版社曾经出版过15卷本《上海通史》，至今已有16个年头，当时为全国各省市所编地方通史的第一部，得到学术界和社会各界的广泛好评。但随着时间的推移和学术的发展，也随着社会需要量的增加，且各地相继开展大规模编修通史工作，目前很有必要加以修订。

近代上海医生生活

何小莲 著　　上海辞书出版社

出版日期：2017.9　一版一次　开本尺寸：23cm　358页

书号：ISBN978 - 7 - 5326 - 4955 - 6　定价：78.00元

提要：医生是医学史上的主要角色。这一关于上海医生的历史叙述，旨在关注医生的社会生活，而不在疾病、诊断和治疗的技术层面。近代上海，医生人数最为集中，且最享声望。医生世界，中西并存，以西为主（虽然中医人数仍然占绝对优势地位）。由传统而现代的过渡中，医生资质良莠不齐。更由于医政缺位、医派的利权之争，呈现畸形而繁荣。本书考察对比了中西医生的收入。由西医的资产者形象到中医的处"变"趋新，揭示着社会风尚的改变。同时，医生的信仰世界，医生的情趣、交游和消遣，由仁术与利益追求的矛盾到新型医患关系的出现，以及性别政治下女医生的职业和价值取向，构成了近代上海医生职业内外的生活图景。

历史文献（第二十辑）

上海图书馆历史文献研究所 编　上海古籍出版社

出版日期：2017.11　一版一次　开本尺寸：21cm　536页

书号：ISBN978－7－5325－8515－1　定价：74.00元

提要：本书是上海图书馆辑刊，多数为上海图书馆独家馆藏的手稿，史料价值极高。本辑由十九篇论文组成，主要涉及对诗词、名人日记、手札的整理，名人年谱编制及相关典籍的版本考订等几个方面的内容。

来华犹太难民研究（1933—1945）

潘光 主编　上海交通大学出版社

出版日期：2017.12　一版一次　开本尺寸：24cm　398页

书号：ISBN978－7－313－18039－1　定价：98.00元

提要：在20世纪三四十年代，600多万犹太人在欧洲惨遭纳粹分子的疯狂屠杀，世界上几乎所有地方都对急需帮助的犹太难民关上大门，而中国人民和上海这个大都市在这生死攸关的时刻向犹太难民伸出了援手。约有2.5万名左右来华犹太难民把上海当作他们的"诺亚方舟"，与中国人民同甘苦，共患难，在中国的土地上度过了艰难岁月，有的还直接参加了中国人民的反法西斯斗争和民族解放运动。本书从学术研究的角度梳理和总结了二战期间犹太难民来华避难的这段历史。

来华犹太难民资料档案精编（第1卷：文件报刊）

潘光 主编　上海交通大学出版社

出版日期：2017.8　一版一次　开本尺寸：24 cm　238 页

书号：ISBN978‒7‒313‒16556‒5　定价：88.00 元

提要：本卷主要汇集了三方面的文件报刊资料：一是法律法规，如"纽伦堡法案""最终解决"等纳粹迫害、屠杀犹太人的相关文件及埃维昂会议决墨定、英国白皮书等反映"文明社会"对犹太难民困境麻木不仁的相关文件；二是救助文件，如中国政府安置逃亡犹太人计划，中外慈善团体援助欧洲来沪犹太难民史料等关于中国各界及国际友人救助来华犹太难民的资料；三是报刊资料，如上海公共租界工部局年报和上海中、英、德文报刊关于救助犹太难民以及犹太难民在华、在沪生活的第一手报道和记录，其中甚至出现了以犹太难民为主角的微小说。此外，还选择了美国《纽约时报》20 世纪 80 年代刊登的关于犹太难民重聚活动的报道。

来华犹太难民资料档案精编（第 2 卷：亲历记忆）

潘光　主编　上海交通大学出版社

出版日期：2017.8　一版一次　开本尺寸：24 cm　179 页

书号：ISBN978‒7‒313‒16557‒2　定价：68.00 元

提要：本卷主要汇集了以下一些方面的亲历记忆资料：宋庆龄、何凤山等人谴责纳粹屠杀犹太人，通过发签证救助犹太难民的文章和记录；齐拉赫·瓦尔哈夫蒂格、劳拉·马戈利斯、王替夫等人关于设法救助犹太难民的回忆；日本驻上海副领事柴田关壬于自己暗中给犹太人通风报信而遭逮捕、迫害的回忆；M.W.贝克曼关于天津犹太难民的记述；犹太难民的中国邻居们的回忆；瑞娜·克拉斯沂诺、岗特·诺贝尔、汤亚汀关于美国飞机轰炸虹口，犹太难民中的左翼人士，犹太难民的音乐生活等方面的回忆和记述；N.A.帕尔阔维茨、伊萨多尔·马吉德关于战后犹太难民状况的回忆和记述等。

来华犹太难民资料档案精编（第3卷：杰出人物）

潘光　主编　上海交通大学出版社

出版日期：2017.8　一版一次　开本尺寸：24cm　212页

书号：ISBN978－7－313－16558－9　定价：78.00元

提要：本卷介绍了来华犹太难民中20位杰出人物：中国人民的伟大朋友罗生特、"洋八路"汉斯·米勒、牺牲在抗日战场的汉斯·希伯、音乐大师卫登堡、为中国精神卫生事业做出贡献的韩芬、与中国人民同甘共苦的爱泼斯坦、八宝山墓碑上的奥地利友人严斐德、"波兰白求寒恩"傅拉都、犹太难民画家白绿黑、从难民到巨富的艾森伯格、犹太作曲家弗兰克尔、担任美国财政部长的布鲁门撒尔、上海犹太画坛巨擘希夫、从难民少年成长为柏林爱乐乐团首席小提琴手的斯特恩、参加中国革命的红医战士傅莱、从跟蓉着"阿妈"学逛画到为总统画像的彼得·迈克斯、与中国人民风雨同舟的魏璐丝、视上海如故乡的工程师韩布葛、比较语言学专家罗逸民、职业革命家和优秀摄影师叶华。

来华犹太难民资料档案精编（第4卷：专家视点）

潘光　主编　上海交通大学出版社

出版日期：2017.8　一版一次　开本尺寸：24cm　278页

书号：ISBN978－7－313－16559－6　定价：98.00元

提要：本卷汇集了"来华犹太难民研究"课题组专家和国内外同行多年来的研究成果。包括："纳粹大屠杀对犹太民族和文明的影响""欧洲犹太难民选择上海为避难地的内因外由""中国报刊对德国国纳粹反犹暴行的揭露与谴责""犹太难民来上海的路线、时间、人数和安置情况""计划外的逗留：1941年波兰犹太人如何在上海沦为难民""上海的欧洲犹太难民社区""上海犹太难民社区面面观""上海犹太难民中的锡安主义活动""《上海犹太纪事报》的社会作用和历史意义""犹太难民与中国人民：同甘共苦的深厚友情""来沪犹太难民人数考""来到中国其他城市的犹太难民""犹太难民斯特恩一家在哈尔滨的流亡生活""1945—1947年德籍犹太人在青岛的归化问题和产业处理探究""'梅辛格计划'和'无国籍难民隔离区'""为什么犹太难民能够在上海幸存下来""'来华犹太人'——永远的热点"等17篇。

口述上海——对口援疆

冯小敏　徐建刚　姚海　政协上海市委员会文史资料委员会　中共上海市委党史研究室　上海市人民政府合作交流办公室　编著　上海教育出版社

出版日期：2017.1　一版一次　开本尺寸：24cm　510页

书号：ISBN978－7－5444－7407－8　定价：78.00元

提要：本选题由上海对口援疆干部以口述的形式记录了他们在新疆的援建工作，真实反映了沪疆两地人民的深情厚谊，生动保存了上海支援新疆建设的一手资料。　本选题也是《口述上海》系列丛书之一。

口述上海——农村改革创新（2002—2012）

中共上海市委党史研究室　中共上海市委农村工作办公室　编著　上海教育出版社

出版日期：2017.7　一版一次　开本尺寸：24cm　589页

书号：ISBN978－7－5444－7545－7　定价：70.00元

提要：本书由中共上海市委党史研究室与中共上海市委农村工作办公室联合编著，采用亲历者讲述、记者或相关人员采访整理的形式，反映了2002年至2012年十年间，上海农村改革创新的思路、历程、发展变化和成果，内容涉及郊区全局工作、农村经济、农村社会、农村教科文卫等各项工作以及农工商系统等。

火轮奔流：百年上海铁路

沈益洪 著 上海科学技术文献出版社

出版日期：2017.5 一版一次 开本尺寸：13cm 126 页

书号：ISBN978－7－5439－7337－4 定价：28.00 元

提要：本书是在上海城市逐渐向北推移发展进程中，铁路扮演了重要的角色。 上海的"苏河湾"一直与铁路有缘。 百余年来，吴淞铁路、淞沪铁路、沪宁铁路、沪杭甬铁路都曾留下了有形无形的痕迹，上海铁路在"苏河湾"设站早、车站多、历时久，它是上海铁路的发源地，被称为"上海陆上北大门"。 在吴淞、淞沪、沪宁、沪杭甬几条铁路先后修筑和运行的几十年间，历史事件、人文故事、市民生活见证时代，耐人寻味。

上海抗战研究丛书：当代学者论淞沪抗战（上中下）

魏延秋 选编 上海科学技术文献出版社

出版日期：2017.8 一版一次 开本尺寸：25cm 3 册 1350 页

书号：ISBN978－7－5439－7461－6 定价：290.00 元

提要：本书是由上海市委宣传部主持的《上海抗战与世界反法西斯战争研究丛书》的一部分，获得了上海市文化发展基金的资助，也是上海市哲学社会科学规划课题之一，体现了在中国共产党领导下抗日民族统一战线的伟大力量。 本书分为上中下三册，主要收录了自 20世纪 80 年代以来国内以及台湾学者关于淞沪抗战的主要研究文章。上册主要是围绕一二八淞沪抗战，中册和下册主要是围绕八一三淞沪抗战。 为了更全面客观地反映学界关于两次淞沪抗战的研究成果，在文章的收录上，力求不同内容、不同观点的文章都尽可能囊括进来。

上海抗战研究丛书：记忆中的淞沪抗战（上中下）

邓一帆 主编 上海科学技术文献出版社

出版日期：2017.8　一版一次　开本尺寸：25cm　3册1462页

书号：ISBN978‐7‐5439‐7460‐9　定价：300.00元

提要：《记忆中的淞沪抗战（上、中、下）》是由上海市委宣传部主持的《上海抗战与世界反法西斯战争研究丛书》的一部分，获得了上海市文化发展基金的资助，也是上海市哲学社会科学规划课题之一，体现了在中国共产党领导下抗日民族统一战线的伟大力量。

淞沪抗战史料丛书续编1（第一辑）

蔡廷锴　蒋光鼐　戴戟　合著　上海科学技术文献出版社

出版日期：2017.3　一版一次　开本尺寸：21cm　350页

书号：ISBN978‐7‐5439‐7254‐4　定价：98.00元

提要：《淞沪抗战史料丛书续编》是由上海市委宣传部主持的《上海抗战与世界反法西斯战争研究丛书》的一部分，获得了上海市文化发展基金的资助，也是上海市哲学社会科学规划课题之一，将稀见的关于淞沪抗战史料以影印的形式出版，内容涵盖两次淞沪抗战，体现了在中国共产党领导下抗日民族统一战线的伟大力量。本册收录了《淞沪战斗详报》，从战前敌我之状态、战役的经过、战后的结果等角度描述了"一·二八"淞沪抗战的经过。

淞沪抗战史料丛书续编1（第二辑）

张觉吾　编　上海科学技术文献出版社

出版日期：2017.3　一版一次　开本尺寸：21cm　380页

书号：ISBN978‐7‐5439‐7255‐1　定价：98.00元

提要：本册收录了《淞沪抗日作战所得之经验与教训》，分为"对敌作战一般之所见""我战后旅行团考察占领各区之所得""对敌作战应注意事项""敌我优劣之比较"四部分。

淞沪抗战史料丛书续编1（第三辑）

佚名 编　上海科学技术文献出版社

出版日期：2017.3　一版一次　开本尺寸：21cm　384页

书号：ISBN978－7－5439－7256－8　定价：98.00元

提要：本书收录了《国军淞沪抗日记》，分为"上海事变之起因及战事之开始""我军拒敌之战况""我军抗战之奋勇""上海事变后国人应有之认识与努力"等八部分。 卷首有淞沪战事形势图，我军将领像、日军暴行照片。

淞沪抗战史料丛书续编1（第四辑）

徐怡 刘异 编　金轮海 编　上海科学技术文献出版社

出版日期：2017.3　一版一次　开本尺寸：22cm　326页

书号：ISBN978－7－5439－7257－5　定价：90.00元

提要：本书收录了《淞沪御日战史续编》《一·二八纪念故事》。《淞沪御日战史续编》记载了1932年2月16日至7月17日的战事；《一·二八纪念故事》是南京书店出版的关于"一·二八"中的人物故事集。

淞沪抗战史料丛书续编1（第五辑）

汪剑鸣 编　科学技术文献出版社

出版日期：2017.3　一版一次　开本尺寸：21cm　384页

书号：ISBN978－7－5439－7258－2　定价：98.00元

提要：本书收录了《女义勇军》《一二八之夜》《淞沪抗日阵亡将士追悼大会会刊》。《淞沪抗日阵亡将士追悼大会会刊》收抗日战斗纪略、抗日阵亡将士姓名表、阵亡将士传略、纪念性文艺作品等。

淞沪抗战史料丛书续编 1（第六辑）

憾庐 编　上海科学技术文献出版社

出版日期：2017.3　一版一次　开本尺寸：21cm　360页

书号：ISBN978－7－5439－7259－9　定价：98.00元

提要：本册收录了《上海抗战全史》，记述"八一三"上海抗战始末，并分章收入他人所写的战区特写多篇。

淞沪抗战史料丛书续编 1（第七辑）

溪隐 编　凌青 著　上海科学技术文献出版社

出版日期：2017.3　一版一次　开本尺寸：21cm　328页

书号：ISBN978－7－5439－7260－5　定价：98.00元

提要：本书收录了《东线风云》《战地服务回忆录》，讲述了淞沪战争中的细节以及战地服务团的事迹。

淞沪抗战史料丛书续编 1（第八辑）

许欣五　长江 编　长江　胡兰畦　等著　上海科学技术文献出版社

出版日期：2017.3　一版一次　开本尺寸：21cm　344页

书号：ISBN978－7－5439－7261－2　定价：98.00元

提要：本书收录了《东战场上》《东线的撤退》《川军在前线》3篇报道。

淞沪抗战史料丛书续编 1（第九辑）

祖澄 编　华之国 编　冰莹　等著　赵景深 编　郭沫若　徐迟等著　谢故团长 遗著　上海科学技术文献出版社

出版日期：2017.3　一版一次　开本尺寸：21cm　386页

书号：ISBN978－7－5439－7265－0　定价：98.00元

提要：本书收录了《沪战秘话》《抗战纪实》《抗日战事真实报道》《江南前线》。

淞沪抗战史料丛书续编1（第十辑）

余子道　全勤　主编　上海科学技术文献出版社

出版日期：2017.3　一版一次　开本尺寸：21cm　360页

书号：ISBN978－7－5439－7259－9　定价：98.00元

提要：本册收录了《上海抗战全史（第二编）》。

淞沪抗战史料丛书续编1（第十一辑）

余子道　全勤　主编　郭沫若　著　上海科学技术文献出版社

出版日期：2017.3　一版一次　开本尺寸：21cm　268页

书号：ISBN978－7－5439－7263－6　定价：80.00元

提要：本册收录了《孩子剧团从上海到武汉》《在轰炸中来去》。

淞沪抗战史料丛书续编1（第十二辑）

余子道　全勤　主编　骆宾基　著　张一望　编　上海科学技术文献出版社

出版日期：2017.3　一版一次　开本尺寸：21cm　174页

书号：ISBN978－7－5439－7264－3　定价：56.00元

提要：本册收录了《大上海的一日》《沦陷前后的上海》。

淞沪抗战史料丛书续编2（第一辑）

余子道　主编　梦蝶　编　杨纪　著　文质　编著　上海科学技术文

献出版社

出版日期：2017.9 一版一次 开本尺寸：21cm 236页

书号：ISBN978－7－5439－7514－9 定价：65.00元

提要：《淞沪抗战史料丛书续编·第二编》充分利用国家图书馆馆藏资源，将已见或未见的关于淞沪抗战的史料以影印的形式出版，内容涵盖两次淞沪抗战，力求比较全面、翔实、生动地反映淞沪抗战的全貌，是上海市哲学社会科学重大项目的一部分。

淞沪抗战史料丛书续编 2（第二辑）

余子道 主编 沈毅 编 黄强 等编 上海科学技术文献出版社

出版日期：2017.9 一版一次 开本尺寸：21cm 249页

书号：ISBN978－7－5439－7515－6 定价：70.00元

淞沪抗战史料丛书续编 2（第三辑）

余子道 主编 王功流 著 社会与教育社 编 上海科学技术文献出版社

出版日期：2017.9 一版一次 开本尺寸：21cm 264页

书号：ISBN978－7－5439－7516－3 定价：75.00元

淞沪抗战史料丛书续编 2（第四辑）

余子道 主编 爱华 编 佚名 著 韦息予 编著 上海科学技术文献出版社

出版日期：2017.9 一版一次 开本尺寸：21cm 266页

书号：ISBN978－7－5439－7517－0 定价：75.00元

淞沪抗战史料丛书续编 2（第五辑）

余子道 主编 田汉 等著 上海复兴出版社 编 董铁魂 著 上海科学技术文献出版社

出版日期：2017.9 一版一次 开本尺寸：21 cm 243 页

书号：ISBN978－7－5439－7518－7 定价：70.00 元

淞沪抗战史料丛书续编 2（第六辑）

余子道 主编 救亡出版社 编著 吴相湘 编 鹤琴 海燕 编 上海科学技术文献出版社

出版日期：2017.9 一版一次 开本尺寸：21 cm 228 页

书号：ISBN978－7－5439－7519－4 定价：65.00 元

淞沪抗战史料丛书续编 2（第七辑）

余子道 主编 杨纪 著 赵曾俦 等编 林纪衡 著 朱民威 著 上海科学技术文献出版社

出版日期：2017.9 一版一次 开本尺寸：21 cm 362 页

书号：ISBN978－7－5439－7520－0 定价：98.00 元

淞沪抗战史料丛书续编 2（第八辑）

余子道 主编 刘一叶 编 钱君匋 著 张治中 著 上海科学技术文献出版社

出版日期：2017.9 一版一次 开本尺寸：21 cm 270 页

书号：ISBN978－7－5439－7521－7 定价：78.00 元

淞沪抗战史料丛书续编 2（第九辑）

余子道 主编 佚名 著 上海科学技术文献出版社

出版日期：2017.9　一版一次　开本尺寸：21cm　243页
书号：ISBN978－7－5439－7522－4　定价：65.00元

淞沪抗战史料丛书续编 2（第十辑）

余子道 主编　宋标 编　星人 编著　军事委员会军官训练团 编
上海科学技术文献出版社
出版日期：2017.9　一版一次　开本尺寸：21cm　258页
书号：ISBN978－7－5439－7523－1　定价：75.00元

淞沪抗战史料丛书续编 2（第十一辑）

余子道 主编　朱作同 梅益 主编　上海科学技术文献出版社
出版日期：2017.9　一版一次　开本尺寸：22cm　3册　946页
书号：ISBN978－7－5439－7524－8　定价：270.00元

淞沪支队战旗飘

唐国良　张建明 主编　上海市浦东新区政协学习和文史委员会等
编　上海浦江教育出版社
出版日期：2017.8　一版一次　开本尺寸：24cm　316页
书号：ISBN978－7－81121－515－1　定价：60.00元
提要：本书除记录新四军淞沪支队的发展历程外，还收录了淞沪
支队将士及相关人员名录。通过发掘历史资料与实地采访，我们精选
出百余幅图片，皆在引导读者重温那段不能忘记的岁月，并深情缅怀
为抗战胜利而献出宝贵生命的英勇将士、志士仁人。

上海租界法制史话

王立民 著　上海人民出版社

出版日期：2017.11 二版一次 开本尺寸：19cm 203页

书号：ISBN978-7-2081-4792-8 定价：38.00元

提要：根据上海租界法制的内容，全书分为四篇：立法篇、司法篇、案例篇和法文化篇。 其中，《立法篇》注重反映租界制定的各种法规及实施情况；《司法篇》专门叙述法官、律师、法庭和监狱在内的司法内容；《案例篇》着重介绍租界里发生的一些重大案件，从个案中反映活生生的租界法制；《法文化篇》则主要从法文化的角度综合论述有关租界法制中的一些重要问题。 全书以短文形式分篇介绍租界法制的重要侧面，每篇短文独自成章，内容完整。

上海公共租界与华人

郭泰纳夫 朱华 著 上海书店出版社

出版日期：2017.4 一版一次 开本尺寸：21cm 418页

书号：ISBN978-7-5458-1448-4 定价：75.00元

提要：本书分为三个部分。 第一部分为本书的主体，主要围绕着五卅运动的前因后果展开。 第二部分比较庞杂。 其正文三章，为公共租界鸦片政策专题史，对工部局及会审公堂的鸦片政策进行了比较系统的回顾和辩解。 其附录，则为前两部分有所引用的若干文献资料。 这些文献虽然并不属于孤本秘笈，却历来很少得到关注，仍有一定的史料价值。 本书的第三部分为中国部分法律文献汇编。

海上影像，百年辉煌：上海市放射学发展史

刘士远 王培军 王鸣鹏 主编 人民卫生出版社

出版日期：2017.9 一版一次 开本尺寸：30cm 208页

书号：ISBN978-7-117-25231-7 定价：130.00元

提要：本书内容：1.图书采用文字和图片的形式，全方位回顾上海

放射学发展的历史脉络，重要事件和主要人物。 2.重点回顾中华放射学会在上海成立的历史场景和过程，相关人物和事件。 3.分阶段回顾历届上海放射专业委员会的主要工作和活动。 4.回顾上海放射学会成立和变迁的历史过程。

初心可鉴

中共上海市金山区委宣传部 编　上海人民出版社

出版日期：2017.1　一版一次　开本尺寸：24 cm　78页

书号：ISBN978－7－208－14465－1　定价：78.00元

提要：本书真实回顾上海金山区建区二十年的历史原貌，作者邀请二十位同志回顾金山建区以来的奋斗历程，力求还原连缀过往的历史细节和金山人民的真情实感，展示金山干部群众建区二十年为金山发展不忘初心、坚定前行的献身精神。

上海：中国革命的发祥地

上海市文史资料研究会 编　上海书店出版社　上海人民出版社

出版日期：2017.11　一版一次　开本尺寸：27 cm　159页

书号：ISBN978－7－5458－1537－5　定价：128.00元

提要：上海是中国共产党的诞生地。 从 1921 年 7 月中国共产党正式成立，到 1933 年 1 月中共临时中央政治局迁往江西的十二年间，中共中央的领导机关除了有三次短暂的迁移外，基本上设在上海，在艰难曲折的风雨历程中，留下了包括中共"一大"、"二大"、"四大"会址，中共中央中央局、中共中央政治局机关旧址等众多珍贵的革命遗址遗迹。 本书以图文并茂的形式，引领读者作一次寻觅中共早期在上海革命活动旧址的红色之旅。

当代上海研究论丛（第四辑）

当代上海研究所 编　上海人民出版社

出版日期：2017.11　一版一次　开本尺寸：21cm　459页

书号：ISBN978 - 7 - 208 - 14832 - 1　定价：58.00元

提要：本论丛是当代上海研究所不定期编辑出版的上海地情研究成果汇编文集，收录了38篇论文。

近代上海社团发展及其社会管理意义研究

郭彦军 著　上海交通大学出版社

出版日期：2017.2　一版一次　开本尺寸：24cm　232页

书号：ISBN978 - 7 - 313 - 16445 - 2　定价：49.00元

提要：本书稿对近代上海社会发展的历史特点及民间组织发育成长的动因与作用进行了深入探讨，重点对近代上海社团组织的社会管理作用进行了深入研究，以期对近代上海的发展历史作一个新视角的观察，从而更加立体地理解近代上海都市化的历史进程，给今天上海社会的现代化发展提供一些历史镜鉴，也为当前推进都市社会治理体系和治理能力现代化提供一些历史经验的鉴思。

环龙群英会：国民党上海执行部研究

中共上海市委党史研究室 编　上海人民出版社

出版日期：2017.7　一版一次　开本尺寸：24cm　433页

书号：ISBN978 - 7 - 208 - 14600 - 6　定价：70.00元

提要：本书根据台湾国民党党史馆馆藏有关档案，以及相关历史资料，深入梳理、研究国民党上海执行部历史。

中国共产党与上海抗战

韩洪泉 著　上海人民出版社

出版日期：2017.12　一版一次　开本尺寸：23cm　246页

书号：ISBN978－7－208－14839－0　定价：88.00元

提要：本书以14年抗战史的视角，详细考察了1931年至1945年间中国共产党领导上海抗战的斗争过程和历史贡献，举凡抗战时期上海党组织的建设和领导抗战的政策策略、领导各界群众开展抗日救亡斗争、领导上海郊县抗日武装斗争、领导上海人民支援新四军和华中抗日根据地、领导上海对敌隐蔽战线的斗争等，均设有专门章节进行研究，从而全面反映了中国共产党与上海抗战的历史进程。

上海档案史料研究（第二十二辑）

曹胜梅　上海市档案馆　编　　上海三联书店

出版日期：2017.9　一版一次　开本尺寸：24cm　353页

书号：ISBN978－7－5426－6076－3　定价：58.00元

提要：本书是由上海市档案馆主编的"上海档案史料研究丛书"的新一辑，收录有关上海城市发展历史的学术论文和历史资料18篇，分为专题研究、回忆录、读档札记、档案指南、档案架、译林、学术动态等板块，本辑收有《上海研究的现状与未来》《清末民初上海商船会馆公产纠纷初探》《陈独秀与〈新青年〉关系新探》《上海钱业公会修能学社初探》《孙中山、黄兴与日本人士若干合影考》等文章，内容翔实丰富，兼具学术性、资料性和可读性，是上海城市发展研究的颇有价值的参考图书。

意气风发时（1954—1958）

陈颂清　解放日报社　编著　　上海三联书店

出版日期：2017.6　一版一次　开本尺寸：25cm　254页

书号：ISBN978－7－5426－5811－1　定价：200.00元

提要：本书是解放日报社《解放·城市底片》系列丛书中的第二

辑，以 100 多幅解放日报珍藏的新闻资料图片为基础，细加整理、回访，配图成文，反映了 1953 年—1958 年共和国第一个五年计划期间上海城市的发展、经济的成就和社会的改造。

1950 年上海大轰炸

张犇 著　上海社会科学院出版社

出版日期：2017.8　一版一次　开本尺寸：24cm　211 页

书号：ISBN978－7－5520－1970－4　定价：48.00 元

提要：解放战争后期，国民党集团在节节败退的同时，展开了对被解放区域，尤其是城市的猛烈轰炸。 1949 年 5 月底，上海解放，这座远东大都会便又开始了遭空袭的噩运。 此案造成的历史影响至少有以下五点：一是加速了解放军空军的产生和成长；二是上海民防系统得以完善升级；三是加速了城市基层组织的建立，强化了新政权与市民之间的关系，为"镇反"和"三大改造"等运动准备了条件；四是拉开了工业内迁大幕，直接启发了数年之后的上海小三线建设；五是促使苏联军队提前进入中国，成为中苏关系的催化剂，从而深刻影响了当时中国的对外关系。

解放战争时期第二条战线中的上海学生运动史料选编

中共上海市委党史研究室 中共上海地下组织斗争史陈列馆 编
上海社会科学院出版社

出版日期：2017.5　一版一次　开本尺寸：24cm　2 册 762 页

书号：ISBN978－7－5520－1035－0　定价：150.00 元

提要：本书所收入相关文章的作者，都是当年地下学委的领导以及参加解放战争时期上海学生运动的地下党老同志。 他们饱含深情的笔墨，为读者展现了解放战争时期上海学生运动的全景，也为那个时期的中共党史研究提供了鲜活的历史素材。 更为重要的是，本书所展现的解放战争时期上海青年学生的爱国热情和牺牲精神，特别值得当代大、中学生学习和敬仰，这是当前进行爱国主义教育，实现中华民族伟大复兴的好教材。 此外，本书中所收集的许多文章，大都是集体讨论，大家互相补充印证，学风严谨，史实材料准确。

抗战时期上海铁路损失及其影响研究

岳钦韬 王争宵 著 上海社会科学院出版社
出版日期：2017.10 一版一次 开本尺寸：24cm 315页
书号：ISBN978 - 7 - 5520 - 2090 - 8 定价：58.00元
提要：抗战时期中国铁路遭受了迄今为止规模最大、程度最深的人口伤亡和财产损失。 作为两次淞沪战役时期最重要、最快捷的交通通道，京沪、沪杭甬两条铁路承担起大量军民的运输任务，但由于日军空袭、地面战事、运营停止以及双方破拆而遭受了严重的直接与间接损失以及大量人员伤亡，其财产损失合计达9 700余万元（1937年币值），员工死伤约100人，同时造成大量军民乘客伤亡。 本书即是对抗战时期上海铁路的损失及其影响的研究。

民间武装与地方秩序：上海保卫团研究（1924—1946）

白华山 著 上海社会科学院出版社
出版日期：2017.9 一版一次 开本尺寸：24cm 211页
书号：ISBN978 - 7 - 5520 - 2074 - 8 定价：48.00元
提要：近代中国战乱不断，上海商人为图自保组织了自卫团体，这就是商人的民间武装。 辛亥革命时期，上海商人的武装——商团参与了上海光复起义，推动了长江流域各省的革命进程。 1913年二次革命爆发后，上海县商会等团体组织了上海市保卫团，以维持地方秩序为职责，但维持时间不长，就被袁世凯政府下令强制解散。

上海底牌

西坡 著　上海社会科学院出版社

出版日期：2017.8　一版一次　开本尺寸：24cm　286页

书号：ISBN978－7－5520－1998－8　定价：58.00元

提要：本书收录了作者由上海题材而发起的评议文章90多篇，每篇千字左右。 涵盖上海百年沧桑变迁各个领域，诸如政治、经济、文化、艺术、教育、科技、生活、地标以及中外文化交通等等。 每篇评议，均以历史事实依傍。 言必有物，言必高瞻。 为提升阅读体验感受，每篇评议之后，附设"标签""关键词"和"链接"栏口，提供背景资料，简明扼要地介绍评议之事件由来，用来帮助读者迅速了解作者评议之要点。

申报馆剪报资料·上海卷：历史掌故专辑（全4册）

上海报业集团 编　上海书店出版社

出版日期：2017.7　一版一次　开本尺寸：27cm　2112页

书号：ISBN978－7－5458－1441－5　定价：2000.00元

提要：《申报馆剪报资料》是申报馆剪报资料室收集、整理近代百余份各类报纸的剪报资料，按照政治、经济、军事、文化等分类保存，现将其中有关上海地方史的资料按照专题汇编分辑出版，本辑为《历史掌故专辑》，专门收录了介绍晚清、民国时期上海及周边地区的历史掌故、社会生活等方面的剪报，汇编为4册，该书对上海近代史、民国史的研究有重要的资料价值。

海上洋人：百年时光里的碎影

徐茂昌 著　上海书店出版社

出版日期：2017.3　一版一次　开本尺寸：24cm　507页

书号：ISBN978－7－5458－1399－9　定价：75.00元

提要：本书从百年时光的粼粼波光里打捞起了一片片"碎影"，或者说是"倒影"，让我们获得了一个阅读理解上海的新的路径。作者从和上海有着几乎刻骨铭心记忆和重要人生联系的"洋人"这条线索，解读了上海的前世今生。

银幕内外的记忆

孙渝烽 著　生活·读书·新知三联书店

出版日期：2017.12　一版一次　开本尺寸：24cm　349页

书号：ISBN978－7－108－06082－2　定价：68.00元

提要：本书通过对上海电影制片厂、上海电影译制厂众多老艺术家的回忆，从点点滴滴的工作、生活琐事中，生动地展现他们的人品艺德，为后辈留下一份珍贵的做人从艺的史料，给人们树立一个做人的标杆。

上海戏剧学院资料汇编（1945—2010）

胡敏　《上海戏剧学院资料汇编1945—2010》编纂委员会　编　上海社会科学院出版社

出版日期：2017.1　一版一次　开本尺寸：26cm　458页

书号：ISBN978－7－5520－1463－1　定价：168.00元

提要：本书是上海戏剧学院的历史资料汇集，它尽可能全面、系统、翔实地记载学院在艺术教育管理、文艺交流活动等各项事业发展中所取得的成果、经验和进展，旨在为学院的长远发展提供依据和参考。本书按篇目、类目、分目、条目结构层次编排，共设14个篇目、65类目，内容涵盖体制与机制、院系概况、教育与教学、学科建设与平台、创作与演出、科研学术与出版物、国际交流与合作、教职工、学生、校园文化、支撑体系、群众团体、人物、附属中专的建设与发展，收录时限为1945年建校初期至2010年12月31日。

上海故事

（美）朗格 高俊 著　生活·读书·新知三联书店

出版日期：2017.2　一版一次　开本尺寸：24cm　257页

书号：ISBN978－7－108－05813－3　定价：48.00元

提要：本书为稀见的上海开埠早期英文文献的汇编，包括《福钧上海游记》《上海社会概况》《上海故事》《远东生活回忆录》《上海租界历史杂录》《小孩日记》六种，记录了晚清上海的政治经济及社会状况，具有较高的历史价值。

上海史国际论丛（第二辑）

熊月之 主编　生活·读书·新知三联书店

出版日期：2017.11　一版一次　开本尺寸：26cm　364页

书号：ISBN978－7－108－05561－3　定价：78.00元

提要：《上海史国际论丛》由复旦大学上海史国际研究中心主办，是以上海史为研究对象的综合性学术期刊，注意介绍海内外学术动态，刊登珍稀外文历史资料，特别是一些具有国际视野的研究成果。

大家闺秀

孙孟英 编著　生活·读书·新知三联书店

出版日期：2017.8　一版一次　开本尺寸：22cm　200页

书号：ISBN978－7－108－05982－6　定价：28.00元

提要：本书讲述了旧上海时期十位名媛的故事。 她们曲折而坎坷的生活经历，令人唏嘘不已。 200余幅来自当时王开照相馆的配照也是本书的主要看点。

海派生活小史

竺剑 李坚 崔海霞 主编 世界图书出版上海有限公司

出版日期：2017.4 一版一次 开本尺寸：21cm 243页

书号：ISBN978－7－5192－2592－6 定价：50.00元

提要：本书是上海大学海派文化研究中心海派文化系列丛书之一，通过对20多位老上海人的采访，以他们在老上海的生活细节和切身经历为线索，展示上海的今昔面貌，从中展现上海的历史沿革、城市变迁、市政发展、文化传承等方面，是一本可读性较强的地方口述史。

上海历史文化景观孤岛的保护与利用

魏真 著 同济大学出版社

出版日期：2017.9 一版一次 开本尺寸：23cm 205页

书号：ISBN978－7－5608－6796－0 定价：54.00元

提要：本书将上海历史文化保护遗址作为孤岛群这样一个独立的体系，进行整体化、系统化和专题化的研究。并以上海历史文化保护遗址所形成的历史文化景观孤岛为研究视角，从孤岛的形成，上海历史景观孤岛的形状，孤岛群的评价体系，以及孤岛保护与利用规划四大层面，逐步展开深入的、科学的分析和研究。

缝纫机与近代上海社会变迁（1858—1949）

袁蓉 著 上海辞书出版社

出版日期：2017.8 一版一次 开本尺寸：23cm 264页

书号：ISBN978－7－5326－4982－2 定价：68.00元

提要：本书以缝纫机为主要研究对象，以近代上海（1858—1949年）为时空界限，梳理缝纫机在近代上海传入传播的历史进程，论述分析了缝纫机产业、缝纫机传入后的受众，以及由缝纫机带动起来的一系列辐射产业的发展变迁，力图展示出缝纫机对于近代上海社会生活方式的变革所产生的特殊意义。

西风落叶：海上教会机构寻踪

薛理勇 著 同济大学出版社

出版日期：2017.3 一版一次 开本尺寸：22cm 304页

书号：ISBN978 - 7 - 5608 - 6709 - 0 定价：58.00元

提要：全书比较系统地介绍了上海与天主教和基督教有关的教堂、教会医院和教会学校等机构的分布和变迁的历史，对于全面了解教会机构对于上海城市发展、变迁的影响，有着积极的意义。 书中使用了不少极为珍贵的历史影像，大大提升史料价值。

金山钱氏家族史：一个书香世家的千年回眸

唐昱霄 钱基敏 著 文汇出版社

出版日期：2017.11 一版一次 开本尺寸：23cm 177页

书号：ISBN978 - 7 - 5496 - 2316 - 7 定价：58.00元

提要：上海金山钱氏一支出自吴越望族，在几近千年的中华历史长河中绵延传承，名人辈出，最终在金山的这片土地上扎稳脚跟。 金山钱氏崇文重教，其传承数代的刻书事业在中国印刷史上写下了浓墨重彩的一笔。

近代以来上海城市规模的变迁

邓杰 著 上海社会科学院出版社

出版日期：2017.11 一版一次 开本尺寸：24cm 201页

书号：ISBN978 - 7 - 5520 - 2167 - 7 定价：42.00元

提要：本书从历史学的视角和方法出发，梳理近代以来上海城市规模的变迁。 共两大部分：第一部分旧上海城市规模的变迁，共4

章，包括公共租界、法租界、条约时期上海租界以及 1937 年到 1949 年的上海城市规模问题。 第二部分中华人民共和国成立之后上海城市规模的变迁：理论与实践，共 5 章，论述了计划经济时代和改革开放以来的上海城市规模问题，很有学术价值。

老上海溯影

龚建星 主编　文汇出版社

出版日期：2017.8　一版一次　开本尺寸：21cm　256 页

书号：ISBN978 - 7 - 5496 - 2222 - 1　定价 35.00 元

提要：本书选取上海开埠以来各个历史阶段出现的具有代表性的重要的历史事件和社会现象，诸如社会、政治、经济、文化、科技、市民生活、中外交流等等，追溯具体事件的起因、发展、结果的完整过程，深入挖掘事件本身对于当时以及后世的影响。

美丽上海（阿）

张妙弟 著　艾雅·阿卜杜拉 译　五洲传播出版社

出版日期：2017.7　一版一次　开本尺寸：26cm　174 页

书号：ISBN978 - 7 - 5085 - 3713 - 9　定价：109.00 元

提要：本书是近三十年来关于上海最权威、最详实、最通俗的上海地理科普读物。 在这本书里，上海这个黄浦江畔的国际化城市，以全新的视野、人文的眼光被剖析，被解读。 上海最值得人们关注的地方——外滩、崇明岛、石库门、更有那典雅的欧式建筑，那幽静别致的豫园，那璀璨的东方之珠……这一切，被生动的语言娓娓道来。 美丽上海，既为读者提供了上海最基本的地理概况，又把上海美丽的城市风光和人文古迹以及上海独有的特色等一一体现。 精美的图片，流畅的文字，构成别样的阅读空间。

文化名人笔下的上海风情

上海通志馆 《上海滩》杂志编辑部 编 学林出版社

出版日期：2017.10 一版一次 开本尺寸：22cm 199 页

书号：ISBN978 - 7 - 5486 - 1298 - 8 定价：30.00 元

提要：本书是在《上海滩》2016 年的一个精选本，内容主要是对老上海风云人物、掌故逸事、重大事件、历史风情的记叙。 如：中共一大会议中的突发事件、老红军雷经天的长征路、戴笠逮捕蓝妮真相揭秘等。

九三学社上海先贤（第一辑）

九三学社上海市委 主编 学苑出版社

出版日期：2017.7 一版一次 开本尺寸：24cm 449 页

书号：ISBN978 - 7 - 5077 - 5188 - 8 定价：88.00 元

提要：本书以先贤的出生年月为序，以其主要事迹和沪活动为主线分篇撰写。 收录了《颜福庆传略》《周志宏传略》《王淑贞传略》《陈植传略》等文章。

上海解放

朱纪华 上海市档案馆 编 中国文史出版社

出版日期：2017.4 一版一次 开本尺寸：26cm 601 页

书号：ISBN978 - 7 - 5034 - 8690 - 6 定价：98.00 元

提要：本书分为：解放前夕的上海、解放上海、接管上海、建设上海。 主要内容包括：黎明前的上海；冲破黑暗的斗争；战役部署与准备；战役过程；里应外合，迎接解放等。

20 世纪上海乡土图像

张乃清 主编 中西书局

出版日期：2017.7　一版一次　开本尺寸：24cm　192页

书号：ISBN978 - 7 - 5475 - 1272 - 2　定价：58.00元

提要："乡土"文化即"本乡本土"文化，指的是一个特定地域内发端流行、长期积淀并不断发展，带有浓厚地方色彩的物质文明、精神文明及生态文明的总和。　即便是上海这样的国际大都市，同样有着本地区独特的乡土文化。　本书所选用的图像绝大部分发生在今闵行区境内，因此可作为区域历史研究的重要资料，又可视为海派文化的个案研究。　本书所选用的290多幅图像同样仅是提供了观察历史的一个个细节，切莫"瞎子摸象"。　然而，系统的历史碎片可以还原历史概貌，典型的图像记忆可以再现历史情景，关键在于读者的目光和眼界。

上海市闵行区碑刻资料集

张乃清 编著　中西书局

出版日期：2017.7　一版一次　开本尺寸：24cm　247页

书号：ISBN978 - 7 - 5475 - 1273 - 9　定价：68.00元

提要：自古以来，我国即有勒石纪事的传统，或修房架桥，或惩恶扬善，或纪念亡故的挚爱亲朋，等等，都是了解先人生活的第一手资料。　可是，由于种种原因，近百年来，上海闵行地区历代碑刻消失的速度惊人，为保存这些珍贵的历史资料，本书作者不辞劳苦，多方收集，汇成本书，共收集唐至近代碑刻资料200余篇，按年代先后分为唐宋碑刻资料、明代碑刻资料、清代碑刻资料、民国碑刻资料四个部分，附有已佚碑刻资料著录情况，供读者参考。

在上海的美国人（第三卷）

吴心伯 主编　中西书局

出版日期：2017.5　一版一次　开本尺寸：24cm　233页

书号：ISBN978 - 7 - 5475 - 1261 - 6　定价：48.00元

提要：本书为《在上海的美国人》系列丛书第三卷，继续从个体故事的角度记录、反映和剖析上海与美国地方交流的情况；并以中英双语版的形式，更好地向外国读者介绍上海，同时也借以扩大上海的国际知名度与影响力。 本书中访问的 10 位美国人，是奋斗在上海各界的精英人才和行业翘楚。 他们之中不少人在改革开放初期就来到中国，亲历了中国和上海沧海桑田般的巨变，他们懂得抓住机遇，通过辛勤耕耘，取得了骄人成绩，也得以与走向国际舞台的上海共同进步和飞跃。

近代上海金融危机的经济学分析（1870—1937）

潘庆中 著　清华大学出版社

出版日期：2017.7　一版一次　开本尺寸：23cm　255 页

书号：ISBN978‑7‑302‑46933‑9　定价：58.00 元

提要：本书对 1870—1937 年间近代上海 6 次主要金融危机的发生根源、传导机制、结果及影响进行了历史回顾与实证分析，并对危机过程中行业工会行为与政府作为给予特别的关注，通过研究这段时期的制度变迁，以及在危机前后和危机过程中市场主体和监管者的成败得失，用现代经济学和金融学的视角来回顾、理解并加以分析，认为近代上海的金融危机的根源是当时金融体系的脆弱性和信贷肆意扩张带来的投机炒作，同时货币政策失误、市场监管滞后和苍白无力的救市措施也是近代上海金融危机频发的重要原因。

20 世纪五六十年代上海外资企业的改造历程

张旭东 著　东方出版社

出版日期：2017.8　一版一次　开本尺寸：21cm　263 页

书号：ISBN978‑7‑5060‑9423‑8　定价：35.00 元

提要：本书对于 20 世纪五六十年代上海外资的改造历程，首先从整体上来考察新中国成立前后，党和政府对上海外资企业在不同阶段分别采用的不同政策，包括军管、征用、代管、征购、转让和改造政策，从而完成了对外国在华企业的接收与改造。 其次从个案的角度分别考察中国党和政府对英国、美国、法国在沪资本的不同政策及其不同结局。 全书资料丰备翔实，结论深刻，富于借鉴意义，且该书的研究填补了该项选题在历史学界和经济史学界专项研究的空白。

虹口电影史料汇编

虹口区图书馆 编　上海科学技术文献出版社

出版日期：2017.6　一版一次　开本尺寸：24cm　198 页

书号：ISBN978 - 7 - 5439 - 7321 - 3　定价：48.00 元

提要：虹口是上海近现代工业文明的摇篮，也是西学东渐的桥头堡，在这块丰腴的土地上，不仅诞生了中国历史上第一条铁路、第一盏电灯、第一个电影院，也产生了中国近代史上最早一批教堂、西式学校和医院。 在第二次世界大战最为艰难的岁月，虹口为几万犹太难民提供了避难所，成为犹太人的诺亚方舟。 本书汇编整理虹口近现代电影史料，为近代电影史研究提供了一手的研究资料。

虹口历史文化研究资料汇编

虹口区图书馆 编　上海科学技术文献出版社

出版日期：2017.6　一版一次　开本尺寸：24cm　323 页

书号：ISBN978 - 7 - 5439 - 7322 - 0　定价：68.00 元

提要：虹口区位于上海市区北部偏东。 东临大连路、大连西路、密云路、邯郸路、逸仙路，与杨浦区接壤；西靠河南北路、罗浮路、淞沪铁路、西宝兴路、北宝兴路、俞泾浦、江杨南路，与闸北区毗连；南濒黄浦江、吴淞江，与浦东新区和黄浦区隔江相望；北至三门路稍北的农机路，与宝山区相接。 在近代上海历史上，虹口区有着重要的地位，是上海近代文化的缩影。

中共上海历史实录（2012—2017）

中共上海市委党史研究室 编　上海人民出版社

出版日期：2017.7　一版一次　开本尺寸：25cm　329页

书号：ISBN978-7-208-14427-9　定价：38.00元

提要：本书记载了过去 5 年来上海在党中央正确领导下所走过的不平凡历程，充分展示了上海广大党员干部群众海纳百川、追求卓越、开明睿智、大气谦和的精神面貌。

中共上海市宝山区历史实录（2011—2016）

中共上海市宝山区委党史研究室 编　上海人民出版社

出版日期：2017.9　一版一次　开本尺寸：25cm　249页

书号：ISBN978-7-208-14505-4　定价：48.00元

提要：本书全面记录了上海市第十次党代会召开以来的 5 年中，在党中央的正确领导下，宝山区在政治、经济、文化、社会、党建等各领域所取得的显著成就，充分展示了广大党员干部群众海纳百川、追求卓越、开明睿智、大气谦和的精神面貌。

中共上海市长宁区历史实录（2011—2016）

中共上海市长宁区委党史研究室 编　上海人民出版社

出版日期：2017.11　一版一次　开本尺寸：25cm　243页

书号：ISBN978-7-208-14811-6　定价：48.00元

提要：本书旨在全面详实地展示长宁区第九次党代会以来，长宁区委以科学发展观为指导，学习贯彻习近平总书记系列重要讲话精神，团结带领全区人民在推动经济建设、文化建设、社会建设、生态文明建设和党的建设各项工作中取得的巨大成就。

中共上海市崇明区历史实录（2011—2016）

中共上海市崇明区委党史研究室 编　上海人民出版社

出版日期：2017.1　一版一次　开本尺寸：25 cm　250 页

书号：ISBN978 - 7 - 208 - 14700 - 3　定价：48.00 元

提要：本书旨在全面详实地展示崇明区第九次党代会以来，崇明区委以科学发展观为指导，学习贯彻习近平总书记系列重要讲话精神，团结带领全区人民在推动经济建设、文化建设、社会建设、生态文明建设和党的建设各项工作中取得的巨大成就。

中共上海市奉贤区历史实录（2011—2016）

中共上海市奉贤区委党史研究室 编　上海人民出版社

出版日期：2017.7　一版一次　开本尺寸：25 cm　248 页

书号：ISBN978 - 7 - 208 - 14436 - 1　定价：48.00 元

提要：本书全面记录了上海市第十次党代会召开以来的 5 年中，在党中央的正确领导下，奉贤区在政治、经济、文化、社会、党建等各领域所取得的显著成就。

中共上海市虹口区历史实录（2011—2016）

中共上海市虹口区委党史办公室 编　上海人民出版社

出版日期：2017.11　一版一次　开本尺寸：25 cm　268 页

书号：ISBN978 - 7 - 208 - 14848 - 2　定价：52.00 元

提要：本书全面记录了上海市第十次党代会召开以来的 5 年中，在党中央的正确领导下，虹口区在政治、经济、文化、社会、党建等各领域所取得的显著成就。

中共上海市黄浦区历史实录（2011—2016）

中共上海市黄浦区委党史研究室 编　上海人民出版社

出版日期：2017.9　一版一次　开本尺寸：25 cm　252页

书号：ISBN978－7－208－14537－5　定价：48.00元

提要：本书全面记录了上海市第十次党代会召开以来的5年中，在党中央的正确领导下，黄浦区在政治、经济、文化、社会、党建等各领域所取得的显著成就。

中共上海市嘉定区历史实录（2011—2016）

中共上海市嘉定区委党史研究室　编　　上海人民出版社

出版日期：2017.1　一版一次　开本尺寸：25 cm　249页

书号：ISBN978－7－208－14467－5　定价：48.00元

提要：本书全面记录了上海市第十次党代会召开以来的5年中，在党中央的正确领导下，嘉定区在政治、经济、文化、社会、党建等各领域所取得的显著成就。

中共上海市金山区历史实录（2011—2016）

中共上海市金山区委党史研究室　编　　上海人民出版社

出版日期：2017.7　一版一次　开本尺寸：25 cm　251页

书号：ISBN978－7－208－14455－2　定价：48.00元

提要：本书全面记录了上海市第十次党代会召开以来的5年中，在党中央的正确领导下，金山区在政治、经济、文化、社会、党建等各领域所取得的显著成就。

中共上海市静安区历史实录（2011—2016）

中共上海市静安区委党史研究室　编　　上海人民出版社

出版日期：2017.9　一版一次　开本尺寸：25 cm　235页

书号：ISBN978－7－208－14459－0　定价：58.00元

提要：本书全面记录了上海市第十次党代会召开以来的5年中，

在党中央的正确领导下，闸北、静安区在政治、经济、文化、社会、党建等各领域所取得的显著成就。

中共上海市闵行区历史实录（2011—2016）

中共上海市闵行区委党史研究室 编　上海人民出版社

出版日期：2017.7　一版一次　开本尺寸：25 cm　235 页

书号：ISBN978‑7‑208‑14456‑9　定价：48.00 元

提要：本书旨在全面详实地展示闵行区第九次党代会以来，闵行区委以科学发展观为指导，学习贯彻习近平总书记系列重要讲话精神，团结带领全区人民在推动经济建设、文化建设、社会建设、生态文明建设和党的建设各项工作中取得的巨大成就。

中共上海市浦东新区历史实录（2011—2016）

中共上海市浦东新区委员会党史办公室 编　上海人民出版社

出版日期：2017.9　一版一次　开本尺寸：25 cm　259 页

书号：ISBN978‑7‑208‑14426‑2　定价：48.00 元

提要：本书为中共浦东新区党委编纂的 2011 年至 2016 年以来 5 年的大事记，全面简要地展示了浦东新区在过去 5 年里，政治、经济、文化等领域取得的各项成就，尤其是在自贸区建设以及科创中心建设等国家战略部署下进行的各项创新举措和努力。本书稿为研究这 5 年内浦东的社会发展提供了资料。

中共上海市普陀区历史实录（2011—2016）

中共上海市普陀区委党史研究室 编　上海人民出版社

出版日期：2017.9　一版一次　开本尺寸：25 cm　242 页

书号：ISBN978‑7‑208‑14495‑8　定价：48.00 元

提要：本书全面记录了上海市第十次党代会召开以来的 5 年中，在党中央的正确领导下，普陀区在政治、经济、文化、社会、党建等各领域所取得的显著成就，充分展示了广大党员干部群众海纳百川、追求卓越、开明睿智、大气谦和的精神面貌。

中共上海市青浦区历史实录（2011—2016）

中共上海市青浦区委党史研究室 编　上海人民出版社

出版日期：2017.1　一版一次　开本尺寸：25cm　254 页

书号：ISBN978‐7‐208‐14803‐1　定价：52.00 元

提要：本书全面记录了上海市第十次党代会召开以来的 5 年中，在党中央的正确领导下，青浦区在政治、经济、文化、社会、党建等各领域所取得的显著成就。

中共上海市松江区历史实录（2011—2016）

中共上海市松江区委党史研究室 编　上海人民出版社

出版日期：2017.9　一版一次　开本尺寸：25cm　227 页

书号：ISBN978‐7‐208‐14497‐2　定价：48.00 元

提要：本书全面记录了上海市第十次党代会召开以来的 5 年中，在党中央的正确领导下，松江区在政治、经济、文化、社会、党建等各领域所取得的显著成就，充分展示了广大党员干部群众海纳百川、追求卓越、开明睿智、大气谦和的精神面貌。

中共上海市徐汇区历史实录（2011—2016）

中共上海市徐汇区委党史研究室 编　上海人民出版社

出版日期：2017.9　一版一次　开本尺寸：25cm　217 页

书号：ISBN978‐7‐208‐14496‐5　定价：48.00 元

提要：本书全面记录了上海市第十次党代会召开以来的 5 年中，在党中央的正确领导下，徐汇区在政治、经济、文化、社会、党建等各领域所取得的显著成就，充分展示了广大党员干部群众海纳百川、追求卓越、开明睿智、大气谦和的精神面貌。

中共上海市杨浦区历史实录（2011—2016）

中共上海市杨浦区委党史研究室 编　上海人民出版社

出版日期：2017.7　一版一次　开本尺寸：25cm　269 页

书号：ISBN978－7－208－14422－4　定价：48.00 元

提要：本书旨在全面详实地展示杨浦区第九次党代会以来，杨浦区委以科学发展观为指导，学习贯彻习近平总书记系列重要讲话精神，团结带领全区人民在推动经济建设、文化建设、社会建设、生态文明建设和党的建设各项工作中取得的巨大成就。

上海法租界的警察（1910—1937 年）

朱晓明 著　社会科学文献出版社

出版日期：2017.5　一版一次　开本尺寸：24cm　243 页

书号：ISBN978－7－5201－0633－7　定价：98.00 元

提要：本书主要利用法国外交部档案馆、法国海外殖民档案馆、上海档案馆的档案资料，并结合法语、英语和中文的相关研究，对上海法租界警察的源起、组织机构、人事构成、社会管理和政治镇压的职能进行了全面的分析和论述。

觉悟渔阳里：上海社会主义青年团创建史料选辑（1919.5—1922.5）

中共上海市委党史研究室　中国社会主义青年团中央机关旧址纪

念馆 编 上海人民出版社

出版日期：2017.6 一版一次 开本尺寸：24cm 3册 1579页

书号：ISBN978－7－208－14424－8 定价：398.00元

提要：本书汇集了青年团成立前后8位创建者的部分书信与报刊撰文、关于建团的历史档案文献，并附有上海社会主义青年团创建大事记，简要梳理了建团的基本脉络。本书的出版对于深入研究早期青年团的历史具有较高的史料参考价值。

上海法租界史研究（第二辑）

马军 蒋杰 主编 上海社会科学院出版社

出版日期：2017.12 一版一次 开本尺寸：24cm 283页

书号：ISBN978－7－5520－2153－0 定价：39.80元

提要：上海法租界史研究自辑创刊以来，得到学界肯定，并受到不少学者关注和支持。本书为第二辑，主要收录了和上海法租界有关的专题论文、史料和口述等。研究主题包括法文报刊、道路开发、交通管制、电影院分布、学校教育等。有些史料为首次披露，有很高的学术价值。本书还收录了追忆倪静兰老师的文章。倪老师翻译的《上海法租界史》是上海史研究的经典之作，她的翻译水平历来得到学者们的肯定和赞扬。本书收录了马军和罗苏文两位学者的回忆文章，追思了倪老师的学术生涯和日常生活。

上海图书馆藏张元济文献及研究

周德明 上海图书馆 编 上海古籍出版社

出版日期：2017.10 一版一次 开本尺寸：31cm 446页

书号：ISBN978－7－5325－8632－5 定价：680.00元

提要：本书内容包含张元济生平、兴办教育、藏书、新学教材的编纂、古籍整理出版、其他文化事业等，涵盖张元济一生的主要事迹，每部分均选取珍贵文献图片，辅以精炼的文字说明，图文并茂地展示张元济的一生经历，及其在各领域的主要贡献。

走近上海高校老建筑

陶祎珺 娄承浩 编著 同济大学出版社

出版日期：2017.4 一版一次 开本尺寸：23cm 110页

书号：ISBN978‐7‐5608‐6800‐4 定价：58.00元

提要：本书以上海开埠后高等教育的产生与发展为线索，主要记述官督商办、教会办学、民办官助社会背景下高等学府的建设情况，并通过介绍校园内现存的历史建筑，从建筑上留下的岁月痕迹探索上海高等教育的发展历程。 综观上海高校历史建筑，因时代需要而产生，是上海高校发展的历史缩影。

走近上海医院深处的老建筑

陆韵 陶祎珺 编著 同济大学出版社

出版日期：2017.4 一版一次 开本尺寸：23cm 102页

书号：ISBN978‐7‐5608‐6821‐9 定价：55.00元

提要：本书主要讲述上海近代医院建筑的历史与文化。 从上海开埠以后西方传教士的进入，上海出现了综合性的西医医院，成为中国近代西方医学发源地的历史渊源说起，对老上海的医院建筑的历史、创办类型等做了分类介绍，向读者图文并茂地展示上海老医院的历史人文。

上海城市之心：南京东路街区百年变迁

马学强 主编 上海社会科学院出版社

出版日期：2017.10 一版一次 开本尺寸：25cm 256页

书号：ISBN978－7－5520－2110－3　定价：108.00 元

提要：本书以图文并茂的形式叙述南京东路街区从近代至今日的百年变迁过程，同时分析这个历史街区的形成理路，勾勒出上海中心的文化地图，并讲述其间居民的精彩生活故事，既有学术深度，又具备可读性。

虹口（1843—1949）

上海市虹口区档案馆 编　上海人民出版社

出版日期：2017.2　一版一次　开本尺寸：29 cm　279 页

书号：ISBN978－7－208－14239－8 定价：500.00 元

提要：本书从黄浦江、苏州河、虹口港的过往写起，通过区域内十多条马路的形成、发展乃至繁华的历史，全景式地展现了 1840 年至 1949 年虹口地方的历史画卷。 珍贵的历史照片、老旧明信片以及档案馆档案资料的编辑梳理，使得本书极具史料价值。 同时，上海地方史专家精准易懂的文字说明，将使本书成为上海地方史研究走向大众的一个范本。

海上遗珍（第一辑）：武康路

方世忠 主编　中华书局

出版日期：2017.8　一版一次　开本尺寸：22 cm　262 页

书号：ISBN978－7－101－12688－4　定价：48.00 元

提要：武康路堪称上海近代建筑博物馆。 作为徐汇区乃至上海市的地标性老马路，留存其带给大家的弥足珍贵的城市记忆是非常必要的。 本书所辑文章即是以武康路上的老建筑为线索，记述曾经居住和生活在这里的那些实业家、艺术家、学者、政治家等，透过细枝末节，感受时代变迁。

上海地理

曾刚 主编　北京师范大学出版社

出版日期：2017.4　一版一次　开本尺寸：23cm　344页

书号：ISBN978－7－303－22005－2　定价：68.00元

提要：本书在编写过程中，为了系统地介绍上海发展历程与特点，笔者从市内与市外、综合性与区域性、历史演替与现实发展、自然地理与人文地理相结合的原则出发，以"总论—分论—专论"为主线，力图全面阐述上海的地理特征及其形成演变过程。总论部分重点阐述了上海城市发展的基础与沿革，并从自然环境与城市建设的关系入手，描绘其地质、地貌、气候、水文、植被等自然环境特征；分论部分则重点关注上海内部的区域差异，分别从发展现状、空间结构、功能结构等方面着手，对上海市区、郊区、虹桥商务区、临港新城、崇明生态岛进行了论述；专论部分则围绕上海国际经济中心、金融中心、贸易中心、航运中心、科技创新中心建设目标，分别对五个中心的建设背景、建设意义、重点内容、核心功能区等进行了论述。

上海灵光城隍庙

吉宏忠 主编　华夏出版社

出版日期：2017.8　一版一次　开本尺寸：23cm　240页

书号：ISBN978－7－5080－8874－7　定价：39.80元

提要：本书为道教文化之旅丛书的一本。本书主要讲述了上海城隍庙的由来、发展历史、社会影响及现今的发展方向。上海城隍庙追溯历史已有六百多年，从明代开始始建到当代发展历经沧桑，作为道教宫观可谓历史悠久，呈现出上海城隍庙的文化底蕴。

百年老西门摄影集

庄卫勤 徐树杰 著者　《百年老西门》编委会 编　文汇出版社

出版日期：2017.4　一版一次　开本尺寸：25cm　208页

书号：ISBN978‐7‐5496‐1919‐1　定价：248.00元

提要：本书为历史文化摄影集，属艺术类作品读物。 老西门街道是上海老城厢的发祥地，地域特色明显，人文资源丰富。 本书以上海百余位摄影师拍的新照片为主、并对照历史老照片，配以史实文字介绍，反映景观和遗迹的历史沿革，展现了老西门的人文底蕴和风貌特色。 同时，书中还配有现代诗人对景观和遗迹的感悟和歌颂的诗歌，以增强摄影集的艺术性。

漫步上海老房子

吴飞鹏 著　生活·读书·新知三联书店

出版日期：2017.1　一版一次　开本尺寸：21cm　179页

书号：ISBN978‐7‐108‐05717‐4　定价：38.00元

提要：本书通过文字和图片真实记录了上海老房子的场景、历史和人文，是最完整的老房子的回忆史，也是领略上海老房子风采的最佳导游手册。 历经多年的今天，虽然有些建筑被毁，但仍有许多建筑作为上海的历史建筑被保护起来，成为上海的一道道风景，一张张名片，也成为吸引各地人前来上海参观旅游的重要景点。

上海弄堂

张建麟 绘　同济大学出版社

出版日期：2017.7　一版一次　开本尺寸：19cm　24页

书号：ISBN978‐7‐5608‐6938‐4　定价：80.00元

提要：弄堂是代表上海独特的建筑形式，作为20世纪上海城市很重要的建筑类型，弄堂及其联系的生活方式，成为一代代上海人的独特记忆。《上海弄堂（明信片）》以精湛的钢笔画技法，记录了市中心区几个不同区域里典型的弄堂，如盆汤弄、同安里、清和坊、继和里、敬业里、丰裕里、桃源坊、淮海坊、涌泉坊等。

上海老弄堂寻踪

寿幼森 编著　同济大学出版社

出版日期：2017.4　一版一次　开本尺寸：23cm　185页

书号：ISBN978－7－5608－6802－8　定价：68.00元

提要：本书从城市中如毛细血管般的弄堂发掘城市建筑发展的轨迹和人文，围绕着市政府公布的历史优秀建筑为范本以及城市发展中不可或缺的进程来展开，通过图片和文字的形式，全方位的记录和展示海派文化的底蕴。　我们无法阻止城市改造的进记录上海这座城市的影像。　随着城市改造的进程加快，太多的上海老式里弄正在迅速的消失，而从一座城市的发展过程来看，上海的历史变迁和发展都离不开里弄的变迁和发展，为展示和探寻上海城市底蕴。

城市印记——上海老地图（珍藏版）

孙逊 钟翀 主编　上海书画出版社

出版日期：2017.9　一版一次　开本尺寸：44cm　1函10张

书号：ISBN978－7－5479－1534－9　定价：398.00元

提要：城市古旧地图是图像文献中一个重要门类，不仅是解读城市变迁、探索地域文化的第一手基础资料，而且其所包容的史地元素、人文信息，乃至印刷等科技文化，大量辐射到其他学科领域。　本书以《上海城市地图集成》为底本，精选出10幅最珍贵、有代表性的上海城市地图。　同时，对所有入编的地图均做相关著录解题，考察研究其时代、谱系、流传、绘制者等信息，具有极大的文献及历史意义。

千年古港：上海青龙镇遗址考古精粹

上海博物馆 编　上海书画出版社

出版日期：2017.3　一版一次　开本尺寸：30cm　235页

书号：ISBN978－7－5479－1452－6　定价：180.00元

提要：青龙镇位于今上海市青浦区白鹤镇，相传建于唐天宝五年（746），由于地处江海要冲，它逐渐成为上海地区最早的对外贸易港口，曾记载有三十六坊，烟火万家的繁荣景象。 它也是人文荟萃的文化名镇，北宋米芾曾任青龙镇监镇，无数文人墨客留下诗词歌咏。2010—2016 年，上海博物馆考古部对遗址进行了长期的考古调查与发掘，使这座湮没地下数百年的港口重镇逐步揭开面纱。 考古发掘了大量唐宋时期的遗迹和遗物，有隆平寺塔、房址、水井、手工业作坊等，出土中瓷器占较大比重。 上海博物馆将于 2017 年 3 月将考古成果的精粹展示给观众，杨志刚主编的《千年古港（上海青龙镇遗址考古精粹）》即为此次展览的配套图录。

愚园路

徐锦江 编著　上海书画出版社

出版日期：2017.8　一版一次　开本尺寸：22 cm　357 页

书号：ISBN978 - 7 - 5479 - 1582 - 0　定价：78.00 元

提要：本书是一部聚焦上海愚园路展开探赜研究的图书，内容主要包括愚园路的历史沿革、里弄成因、风俗民情、人物述往等，配有实景照片、古旧地图等图文资料，充分展现愚园路的历史人文风貌。

张园记忆

上海市静安区文史馆　上海石库门文化研究中心 编著　上海文化出版社

出版日期：2017.6　一版一次　开本尺寸：22 cm　425 页

书号：ISBN978 - 7 - 5535 - 0730 - 9　定价：48.00 元

提要：本书以访谈的形式，以"石库门里的'原住民'""弄堂中的学校与工厂""里弄居委会的'公务员'""街坊社区的生活业态"等版块，记录张园一个多世纪以来的变迁。

上海租界及老城厢素描

（英）麦克法兰　等著　王健　译　生活·读书·新知三联书店

出版日期：2017.7　一版一次　开本尺寸：24cm　248页

书号：ISBN978－7－108－05806－5　定价：48.00元

提要：本书收录了英文《文汇报》自 19 世纪 70 年代末至 90 年代初发表的部分文章，以西人的视角记录了上海社会的日常生活状况。内容包括对当时的政府、工厂企业、文化设施等相关机构及其运作的介绍，对黄包车夫、苦力、跟班等社会群体的描述，对上海县城及租界的描写，还有对公共活动、公共事件的报道及些许反映北京城市和中西部地区风貌的游记。　这些文章，是我们今天了解当时已开埠近五十年的上海社会日常生活的变化以及西方人中国观的珍贵资料。

上海老城厢、龙华与徐家汇寻旧

项慧芳　著　人民文学出版社

出版日期：2017.3　一版一次　开本尺寸：21cm　277页

书号：ISBN978－7－02－012293－6　定价：78.00元

提要：本书为历史通俗读物，收入四百五十余幅图片，配以坚实而生动的文字，将上海老城厢、龙华和徐家汇的来龙去脉交代得一清二楚。　对于老城厢，作者选择了大境阁、白云庵、露香园、青莲庵、小娘坟、九亩地、春申君庙、旧校场、三牌楼、四牌楼、海潮寺等五十余处景点；对于徐家汇选择了天主堂、徐汇公学、藏书楼、土山湾孤儿院等十来处，将这些区域的特色呈现得恰如其分，将老上海的内在气质阐释得淋漓尽致。

上海老城厢路地名掌故

吕颂宪　编　上海人民美术出版社

出版日期：2017.7　一版一次　开本尺寸：25cm　186页

书号：ISBN978 - 7 - 5586 - 0361 - 7　定价：128.00 元

提要：老城厢是上海的发祥地，是上海的文化之根。老城厢里的路地名掌故，记载着一座城市的发展与变迁，是一段丰富的历史。它不仅与居民生活息息相关，而且是大众联系历史记忆的重要纽带。本书结合李文骏的篆刻、吕颂宪的绘画作品，参考地方志等史料，向读者讲述上海老城厢地名的由来以及在发展过程中经历了哪些变迁。作者期盼更多的读者了解那些熟悉的人文景观、商业街市背后的历史文化，上海本土传统文化得以更好的传承。

金山史话

徐建昌　主编　社会科学文献出版社

出版日期：2017.12　一版一次　开本尺寸：21cm　153 页

书号：ISBN978 - 7 - 5097 - 9391 - 6　定价：25.00 元

提要：本书讲述了金山是上海最早有行政建置的地区，秦置海盐县，南北朝时置前京、胥浦两县，县治均设于今金山境内。金山的水土孕育出以中国历史文化名镇枫泾、张堰为代表的江南名镇，以及明朝时期的抗倭重镇金山卫镇，培育出金山农民画、打莲湘等丰富多彩的民间艺术，涌现出顾野王、船子和尚等贤士名人不下千人。金山还是近代著名社团南社的主要发起地和后期主要活动场所，今天更成为杭州湾北岸生机盎然、"创业、宜居、和谐"的热土。

考古·古港——上海青龙镇的发掘与发现

上海博物馆　编　上海古籍出版社

出版日期：2017.4　一版一次　开本尺寸：26cm　135 页

书号：ISBN978 - 7 - 5325 - 8417 - 8　定价：59.00 元

提要：2010 年至 2016 年，上海博物馆考古研究部对青龙镇遗址进行了长期的考古勘探和发掘工作，取得了许多新发现，使这座淹没于地下数百年的港口重镇逐步揭开其神秘的面纱。 青龙镇是上海城镇发展史上重要的一环，青龙镇遗址考古确证了青龙镇是上海最早的贸易港口，也是唐宋时期海上丝绸之路重要的始发港之一。 本书将从青龙镇的历史地位、青龙镇历年考古发掘记、隆平寺塔地宫重要发现、青龙镇出土陶瓷与海上丝绸之路等方面，讲述这个上海现代化城市的重要发源地。

都市遗韵：上海市优秀历史建筑保护修缮实录

顾金山 著　上海大学出版社

出版日期：2017.5　一版一次　开本尺寸：30cm　303 页

书号：ISBN978 - 7 - 5671 - 2749 - 4　定价：680.00 元

提要：1989 年迄今，上海市已公布了共 1058 处优秀历史建筑。 这些建筑不仅积淀着上海的近代人文历史，而且凝聚了中国近现代史的重要篇章，不仅汇聚了世界各国的建筑风格和艺术，而且饱含着极大的历史文化价值、艺术价值及技术价值，这是上海的城市记忆、宝贵的历史文化遗产和不可再生的城市文化资源。 本书介绍了这些优秀历史建筑保护事业的发展历程，对于人们了解历史建筑保护成果，激发热爱上海城市文化和增强历史建筑保护意识有着十分积极的意义。

上海外滩建筑群

上海市城市建设档案馆 编　上海锦绣文章出版社

出版日期：2017.5　一版一次　开本尺寸：30cm　313 页

书号：ISBN978 - 7 - 5452 - 1868 - 8　定价：480.00 元

提要：本书由上海市城市建设档案馆以馆藏珍贵的原始外滩建筑历史城建档案为基础，结合城建档案馆近十年来在拍摄、征集、编研等工作中的成果，通过图片内容与文字表述的有机结合，全方位地展现了素有"万国建筑博览会"美誉的上海外滩建筑群。

百川汇名街：陕西北路的前世今生

徐亦君　沈益洪　著　　上海科学技术文献出版社

出版日期：2017.7　一版一次　开本尺寸：13cm　80页

书号：ISBN978-7-5439-7382-4　定价：28.00元

提要：在中国，没有另外一条街道汇聚了如此多的中国近代名人和著名家族。上海的陕西北路，这条历史人文之路，是上海文化的原点，也是精致的上海文化、生活方式的典范。本连环画以陕西北路为线索，串起原汁原味的老上海人文历史、名人故事、海派建筑特色、民俗文化。

上海道路交通指南

上海市测绘院　编制　　上海科学技术文献出版社

出版日期：2017.3　一版一次　开本尺寸：29cm　312页

书号：ISBN978-7-5439-7340-4　定价：150.00元

提要：本图集以上海市所辖行政区域为制图区域，遍及16个区，由序图、分幅地图、道路名称索引三大部分组成。序图通过长三角区域图、上海市简图、上海市高架道路、高速公路出入口信息、交通信息概览、轨道交通、四大交通枢纽等专题，反映了上海交通概况。分幅地图采用连续分幅的方式，地图除表示道路、河流、行政区划、居民地等基本要素外，还表示了医院、学校、宾馆、商场、旅游景点、长途汽车站、领事馆、图书馆、邮政局、旅游咨询服务中心等专题要素。

上海城市地图集成（1504—1949）

孙逊　钟翀　主编　　上海书画出版社

出版日期：2017.7　一版一次　开本尺寸：52cm　3册413页

书号：ISBN978-7-5479-1464-9　定价：3800.00元

提要：本书汇集了 217 种与上海相关的古舆图与近现代地图，时间上起于明弘治十七年（1504 年），下迄于 1949 年，跨越了明、清及民国等三个时代。 内容上则将这些地图分为十个图组共三册加以编排，大体展现了传世上海城市古旧地图的全貌。

上海市地图集

星球地图出版社 编制　星球地图出版社

出版日期：2017.1　二版一次　开本尺寸：24cm　131 页

书号：ISBN978－7－5471－2284－6　定价：28.00 元

提要：本地图集突出展示了上海市行政区划、标准地名、交通运输、旅游资源、地形地貌等与百姓生活和工作息息相关的最新信息，图集由序图、地级图、分县图和城区图组成，同时还配有文字介绍、著名景区的地图和照片、省内主要城镇间里程表等内容。 全面反映本省政区、地势、交通、旅游、地形等综合信息。 此次再版在原图集的基础上，对行政区划、交通要素及各类统计数据进行了全方位的更新。

上海分区地图——宝山区地图（2017）

姚文强 主编　中华地图学社

出版日期：2017.1　五版一次　开本尺寸：58×44cm　1 幅

书号：ISBN978－7－8003－1581－7　定价：4.00 元

提要：本书以宝山区为制图区域，表示了上海市宝山区道路交通、轨道交通及部分公交、商场、旅游景点、敬老院等相关服务设施，方便读者参考。

上海分区地图——崇明县（区）地图（2017）

姚文强 主编　中华地图学社

出版日期：2017.1　五版一次　开本尺寸：58×44cm　1幅

书号：ISBN978－7－8003－1811－5　定价：4.00元

提要：本书以崇明区为制图区域，表示了上海市崇明区道路交通、轨道交通及部分公交、商场、旅游景点等相关服务设施，方便读者参考。

上海分区地图——奉贤区地图（2017）

姚文强　主编　中华地图学社

出版日期：2017.1　五版一次　开本尺寸：58×44cm　1幅

书号：ISBN978－7－8003－1822－1　定价：4.00元

提要：本书以奉贤区为制图区域，表示了上海市奉贤区道路交通、轨道交通及部分公交、商场、旅游景点等相关服务设施，方便读者参考。

上海分区地图——虹口区地图（2017）

姚文强　主编　中华地图学社

出版日期：2017.1　五版一次　开本尺寸：58×44cm　1幅

书号：ISBN978－7－8003－1823－8　定价：4.00元

提要：本书以虹口区为制图区域，表示了上海市虹口区道路交通、轨道交通及部分公交、商场、旅游景点等相关服务设施，方便读者参考。

上海分区地图——黄浦区地图（2017）

姚文强　主编　中华地图学社

出版日期：2017.1　五版一次　开本尺寸：58×44cm　1幅

书号：ISBN978－7－8003－1829－0　定价：4.00元

提要：本书以黄浦区为制图区域，表示了上海市黄浦区道路交通、轨道交通及部分公交、商场、旅游景点等相关服务设施，方便读者参考。

上海分区地图——嘉定区地图（2017）

姚文强 主编 中华地图学社

出版日期：2017.1 五版一次 开本尺寸：58×44cm 1幅

书号：ISBN978－7－8003－1832－0 定价：4.00元

提要：本书以嘉定区为制图区域，表示了上海市嘉定区道路交通、轨道交通及部分公交、商场、旅游景点等相关服务设施，方便读者参考。

上海分区地图——金山区地图（2017）

姚文强 主编 中华地图学社

出版日期：2017.1 五版一次 开本尺寸：58×44cm 1幅

书号：ISBN978－7－8003－1834－4 定价：4.00元

提要：本书以金山区为制图区域，表示了上海市金山区道路交通、轨道交通及部分公交、商场、旅游景点等相关服务设施，方便读者参考。

上海分区地图——静安区地图（2017）

姚文强 主编 中华地图学社

出版日期：2017.1 五版一次 开本尺寸：58×44cm 1幅

书号：ISBN978－7－8003－1835－1 定价：4.00元

提要：本书以静安区为制图区域，表示了上海市静安区道路交通、轨道交通及部分公交、商场、旅游景点等相关服务设施，方便读者参考。

上海分区地图——闵行区地图（2017）

姚文强 主编 中华地图学社

出版日期：2017.1 五版一次 开本尺寸：58×44cm 1幅

书号：ISBN978－7－8003－1838－2 定价：4.00元

提要：本书以闵行区为制图区域，表示了上海市闵行区道路交通、轨道交通及部分公交、商场、旅游景点等相关服务设施，方便读者参考。

上海分区地图——浦东新区地图（2017）

姚文强 主编 中华地图学社

出版日期：2017.1 五版一次 开本尺寸：26cm 1册

书号：ISBN978－7－8003－1840－5 定价：4.00元

提要：本书以浦东新区为制图区域，表示了上海市浦东新区道路交通、轨道交通及部分公交、商场、旅游景点等相关服务设施，方便读者参考。

上海分区地图——普陀区地图（2017）

姚文强 主编 中华地图学社

出版日期：2017.1 五版一次 开本尺寸：58×44cm 1幅

书号：ISBN978－7－8003－1841－2 定价：4.00元

提要：本书以普陀区为制图区域，表示了上海市普陀区道路交通、轨道交通及部分公交、商场、旅游景点等相关服务设施，方便读者参考。

上海分区地图——青浦区地图（2017）

姚文强 主编 中华地图学社

出版日期：2017.1　五版一次　开本尺寸：58×44cm　1幅

书号：ISBN978－7－8003－1842－9　定价：4.00元

提要：本书以青浦区为制图区域，表示了上海市青浦区道路交通、轨道交通及部分公交、商场、旅游景点等相关服务设施，方便读者参考。

上海分区地图——松江区地图（2017）

姚文强　主编　中华地图学社

出版日期：2017.1　五版一次　开本尺寸：58×44cm　1幅

书号：ISBN978－7－8003－1850－4　定价：4.00元

提要：本书以松江区为制图区域，表示了上海市松江区道路交通、轨道交通及部分公交、商场、旅游景点等相关服务设施，方便读者参考。

上海分区地图——徐汇区地图（2017）

姚文强　主编　中华地图学社

出版日期：2017.1　五版一次　开本尺寸：58×44cm　1幅

书号：ISBN978－7－8003－1893－1　定价：4.00元

提要：本书以徐汇区为制图区域，表示了上海市徐汇区道路交通、轨道交通及部分公交、商场、旅游景点等相关服务设施，方便读者参考。

上海分区地图——杨浦区地图（2017）

姚文强　主编　中华地图学社

出版日期：2017.1　五版一次　开本尺寸：58×44cm　1幅

书号：ISBN978－7－8003－1894－8　定价：4.00元

提要：本书以杨浦区为制图区域，表示了上海市杨浦区道路交通、轨道交通及部分公交、商场、旅游景点等相关服务设施，方便读者参考。

上海分区地图——长宁区地图（2017）

姚文强 主编　中华地图学社

出版日期：2017.1　五版一次　开本尺寸：58×44cm　1幅

书号：ISBN978-7-8003-1905-1　定价：4.00元

提要：本书以长宁区为制图区域，标示了上海市长宁区道路交通、轨道交通及部分公交、商场、旅游景点等相关服务设施，方便读者参考。

晚清民初沪语英汉词典

上海基督教方言学会　上海译文出版社

出版日期：2017.12　一版一次　开本尺寸：23cm　1218页

书号：ISBN978-7-5327-7389-3　定价：188.00元

提要：《晚清民初沪语英汉词典》以马礼逊的《宁波方言词典》为指导，采用罗马拼音系统编写，正文中英文单词用与上海方言读音相同的汉字解释，并用罗马拼音系统标注上海方言读音，如 amusement，behsiang 勃相；very，man 蛮。每个单词后无词性之类语法说明。书后附录中有由美国传教士潘慎文（A.P.Parker）修订的1200多个新词，并加以分类，以及上海街道、码头、桥梁、学校、银行、医院、邮局等名称的英汉对照表。

文教生活

i 奉贤·贤文化（初中版）

余雪梅 魏英秀 主编 上海教育出版社

出版日期：2017.10 一版一次 开本尺寸：24cm 177 页

书号：ISBN978－7－5444－7833－5 定价：40.00 元

提要：本书是在 2011 年第一版"贤文化"区本课程教材基础上修编而成的。 先前的教材侧重教师使用，而新版本在内容、形式方面更适应各学段的主题教育要求，也更符合青少年、儿童的阅读趣味。 春季的油菜花、夏季的黄桃、鲜美的鼎丰腐乳、精彩绝伦的滚灯……这些独特的自然文化"特产"让很多人认识了上海远郊奉贤，眼下以它们为主角编写的一套区本课程教材即将进入贤城中小幼学生的课堂。

体育公共服务改革之路：上海启示

齐超 著 北京体育大学出版社

出版日期：2017.3 一版一次 开本尺寸：23cm 262 页

书号：ISBN978－7－5644－2544－9 定价：58.00 元

提要：本书通过对上海市体育公共服务政策变迁的梳理，把握关键事件，建立上海市体育公共服务政策网络模型，分析其中的各个行动者立场、相互作用与影响。 结合体育公共服务特征和上海市体育公共服务现状，分析导致体育公共服务政策网络间冲突以及网络失衡的原因，归纳政策结果对政策制定的反馈作用。 指出路径依赖也会严重影响体育公共服务改革的政策网络运行，并导致网络资源配置不均及参与行动者间的关系失衡。 结合政策网络治理中不同政策工具的适用特征，提出进一步完善和改进上海市体育公共服务政策网络，提高治理效率的行为规制和机制创新途径。

海派时尚：2019 春夏海派时尚流行趋势

海派时尚流行趋势研究中心 著 东华大学出版社

出版日期：2017.10　一版一次　开本尺寸：34cm　165页

书号：ISBN978－7－5669－1288－6　定价：380.00元

提要：本系列书就海派时尚的文化与时代的交汇进行了追根寻源和深入探讨，海派电影、海派音乐、海派戏剧……发现海派时尚的文化之源。 本书创作团队以东华大学设计学科专家为主体，汇集了艺术家、设计师、企业家、国际友人的团队成员近百名，共同迸发出创意火花，循序渐进，坚持原创驱动，打造海派时尚，建设美丽中国。

海派时尚：2018/2019 秋冬海派时尚流行趋势

海派时尚流行趋势研究中心 著　东华大学出版社

出版日期：2017.4　一版一次　开本尺寸：33cm　165页

书号：ISBN978－7－5669－1201－5　定价：380.00元

提要：本书主要内容有：2018/2019 秋冬海派时尚流行趋势主题感念/临界点；复兴：海派经典风格；灵感：海派自然风格；真性：海派都市风格；超体：海派未来风格。

陈昕出版思想评传

郭泳 著　海豚出版社

出版日期：2017.3　一版一次　开本尺寸：21cm　466页

书号：ISBN978－7－5110－3327－7　定价：65.00元

提要：本书以出版人陈昕作为传主，书写了他在改革开放三十年的积累和坚守。 陈昕顺应时代发展需求，与时俱进，对出版行业进行内容创新和产业融合，走出一条产业化、信息化、集团化的道路，从而将中国的出版行业与国际接轨。 这样的出版人是中国的文化脊梁。

上海文化与方言知识读本

乔丽华 主编　立信会计出版社

出版日期：2017.3　2016.5　一版一次　开本尺寸：23cm　255页

书号：ISBN978－7－5429－5054－3　定价：41.00元

提要：本书分为上下两编。 上编：上海文化知识集萃，讲述上海话的形成历史，介绍上海的重要地标、革命故址、海派文艺、饮食文化等；下编：走近上海方言，让读者了解上海话音系，并通过实际交际中方言的运用来掌握一定的上海话会话能力。 以历史知识与民间传说相结合的表现方式，了解上海的历史文化、城市文明；熟悉上海风俗习惯；弘扬"海纳百川，追求卓越，开明睿智，大气谦和"的上海城市精神。

上海话塞音声母的声学和感知研究

王轶之 著　南京大学出版社

出版日期：2017.5　一版一次　开本尺寸：23cm　135页

书号：ISBN978－7－305－18693－6　定价：32.00元

提要：本书以上海话音系中的三套塞音声母——全清、次清、全浊声母为研究对象，详细深入地测量分析与声母相关的声学参量，使用统计学方法比较这些声学参量之间的异同，并在声学研究的基础上设计感知实验以考察它们在感知上的作用，最后总结出吴语塞音声母在声学和感知上的区别性特征，为吴语塞音声母的研究填补了声学尤其是感知上的空白，为方言研究提供了新方法和新的研究思路。

城市文化建设专家谈

李亚娟　张云 编　人民出版社

出版日期：2017.11　一版一次　开本尺寸：24cm　182页

书号：ISBN978－7－01－017922－3　定价：32.00元

提要：本书收录《中华文化软实力与文化走出去——许嘉璐和冯俊对话录》《优秀传统文化的保护与传承——以故宫为例》《上海的文化改革与发展》《文化治理创新的深圳表达》《城市文化建设与文化遗产的保护开发——以西安大明宫为例》《城市与文化》等文章，这些论述不仅拓展了理论研究的思路，体现了较高的学术研究水平，而且着眼于当前面临的现实热点问题，对当前的工作具有积极的指导意义。

吴声越韵

陈忠敏　陶寰　编选　商务印书馆

出版日期：2017.11　一版一次　开本尺寸：24cm　462页

书号：ISBN978－7－100－15480－2　定价：80.00元

提要：本书共收录复旦大学中文系建系以来包括许宝华、汤珍珠、汤志祥、邵慧君、平悦铃等先生关于吴方言方面的代表性研究论文、报告等23篇，并根据内容分为上海方言篇、吴语概论及吴语语法篇、其他吴语方言点语音研究篇、吴语文献篇四辑。书后附有"编后记"总述本书主要内容及编选原则等。

上海话小词典

钱乃荣　著　上海大学出版社

出版日期：2017.9　一版一次　开本尺寸：19cm　230页

书号：ISBN978－7－5671－2894－1　定价：28.00元

提要：全书收录了语言学家钱乃荣教授在学术期刊、报刊发表的主要文学论文50篇，是其十多年来对文学的深度思考与探微，内容涵盖文学、艺术、文化、民俗等，内容主要是探究评议海派文化，旨在继承弘扬上海这座城市的海纳百川、追求卓越、开明睿智、大气雍和的城市精神。

上海名人名物灯谜

孙继立 著　上海大学出版社

出版日期：2017.7　一版一次　开本尺寸：19cm　105页

书号：ISBN978－7－5671－2839－2　定价：18.00元

提要：以老上海、新上海的地方元素为灯谜，涵盖聊上海的地名、上海的名人、上海的店招、上海餐饮食品等和上海有关的各式事物，以及部分上海话中的常用俗语共计500条灯谜，让新老上海人更有兴趣关注上海的历史和现今发展，以熟悉上海，了解上海，从而更加热爱上海，进而弘扬上海的海派文化。

上海人的优点

张鹏 著　上海大学出版社

出版日期：2017.5　一版一次　开本尺寸：21cm　192页

书号：ISBN978－7－5671－2718－0　定价：20.00元

提要：本书以《上海人的优点》原创作品为主，并收录全国各地乃至海外华人的留言近900条，以及作者原创的有关"上海人"文章，便于全面展示上海人的精神风貌，为真正了解、熟悉上海人，融入大都市提供帮助，也为上海人的精神风采呐喊，重树上海形象。

2016年上海市民文化节市民写作大赛优秀作品选

2016年上海市民文化节市民写作大赛组委会 编　上海交通大学出版社

出版日期：2017.3　一版一次　开本尺寸：23cm　280页

书号：ISBN978－7－313－16747－7　定价：49.00元

提要：本书为 2016 年上海市市民文化节"家文化"主题征稿合集，共收入 100 篇来自各阶层各行业市民的关于各自家庭故事的征文，涉及家风家教、尊敬老人、善待他人等各种中华传统家文化美德，弘扬社会正气。 本书所收文章有的幽默生动，有的感人至深。通俗好读，适合广大人民群众阅读。

点金有术：上海首创社会化、市场化举办运动会

吴纪春 林华岚 童荣兵 著 上海交通大学出版社

出版日期：2017.1 一版一次 开本尺寸：23cm 209 页

书号：ISBN978－7－313－15980－9 定价：45.00 元

提要：本书回顾了上海筹办东亚运动会和第八届全国运动会的艰难历程和伟大的历史意义。 上海举办的东亚运动会和第八届全国运动会（简称八运会），都面临着运动会资金筹集问题。 东亚运动会筹委会通过发动老百姓和企业捐助，募集到东亚运动会资金。 八运会组委会采取市场化方式，通过广告招商、体育产品拍卖、体育包厢出售等方式，募集到八运会资金。 上海八运会资金募集方式，开启了上海体育产业发展之门，推动了上海乃至全国体育产业的发展。

海派文化地图：都市传奇

黄媛 编著 上海交通大学出版社

出版日期：2017.9 一版一次 开本尺寸：24cm 200 页

书号：ISBN978－7－313－18013－1 定价：65.00 元

提要：本书主要是写浦东地区的海派文化，1910 年，在上海行医兼写小说的陆士谔出版了名为《新中国》的小说，他在书中穿越到了100 年后的上海，神游黄浦江边一场浩大的万国博览会。 1919 年，中国近代民族民主主义革命的开拓者孙中山先生，亲笔撰书《建国方略》系统地抒发自己的建国宏图和构想，提出了在上海建设东方大港

的伟大愿景。 1990年，党中央、国务院正式宣布开发开放浦东。 沿着中国社会主义改革开放和现代化建设的总设计师邓小平所指明确的方向，浦东出发，向前向前向前。

沪东风云

李晓栋等 编著 上海交通大学出版社

出版日期：2017.9 一版一次 开本尺寸：24cm 167页

书号：ISBN 定价：65.00元

提要：本书主要是写杨浦地区的海派文化。 有着风云百年历史的杨浦区，曾有山，曾有千年古刹，曾是南宋北伐军队的屯兵驻所，历史文化遗迹俯拾皆是。 除了这些，当然也少不了奇人轶事，现代中国一些著名的文人墨客曾在此隐居和创作，蒋介石从这里坐船离开大陆，《红灯记》是从这里走向全国的，这里还隐藏着中国武术拳种。沪东地区百年来形成的一种浓烈的、刚性的、激荡的、独立自强的中华民族性格，是海派文化的重要支脉和内容。

金山田山歌

曹建辉 陆亚芳 张懿 著 上海教育出版社

出版日期：2017.4 一版一次 开本尺寸：30cm 36页

书号：ISBN978-7-5444-7139-8 定价15.00元

提要：本书对上海金山田山歌的音乐特点、原生态的传统金山田山歌和新创作的田山歌作了比较详细的介绍，书稿以"多彩视窗""田山歌韵""学学方言""一展歌喉""民俗采风"五个版块进行分类阐述。

走近"东艺" 品味经典

曹建辉 陆亚芳 史炯华 著 上海教育出版社

出版日期：2017.4　一版一次　开本尺寸：30cm　21页

书号：ISBN978－7－5444－7147－3　定价：15.00元

提要：本书是以介绍上海东方艺术中心及其音乐文化的一本普及性教材。书稿以东方艺术中心为视角，就东艺的建筑设计理念、东艺音乐厅、东艺歌剧厅、东艺演奏厅和东艺市民公益特色五个角度撰写。全书论述条理清晰、框架合理，图文并茂。

文化上海

陈静溪　贝兆健　陈丽　主编　上海科学技术出版社

出版日期：2017.1　一版一次　开本尺寸：21cm　108页

书号：ISBN978－7－5323－9831－7　定价：38.00元

提要：本书通过具体文化案例，讲述上海文化事业发展的成就和前景，展示上海都市的文化和文艺气质，集中展示上海城市建设和社会事业发展的最新成就。本书介绍了关于上海博物馆、美术馆、艺术馆等各个展馆和文化剧场、文化剧团等文化单位的发展情况和影视广播方面的成就。

上海文化创意与科技创新融合发展研究报告

陈广玉　黄婧　沙青青　著　上海科学技术文献出版社

出版日期：2017.11　一版一次　开本尺寸：25cm　104页

书号：ISBN978－7－5439－7555－2　定价：48.00元

提要：本书采用定量与定性结合的研究方法，信息检索与问卷调研相结合的研究路径，对上海文化创意代表性企业进行了科技创新成果和科技创新管理的研究，选取了相对应的美国代表性文化创意企业进行比较研究。

浦东人的精神家园：浦东新区公共图书馆服务案例

上海浦东图书馆 编　上海科学技术文献出版社

出版日期：2017.3　一版一次　开本尺寸：24cm　253页

书号：ISBN978－7－5439－7318－3　定价：48.00元

提要：上海浦东图书馆编的这本书不是一般的论文集，也不是一篇篇平常的总结书，而是记载了凝聚广大图书馆工作者心智的一件件可行的实事、一项项可复制可推广的工作经验，它所蕴含的内涵与意义，似开航前的集结号、起航时的汽笛声、航行中的"风向标"，鼓舞并引领广大图书馆工作者沿着正确的航向破浪奋进。

治理路径下的公共图书馆理事会模式探索与实践

马春　叶汝强　著　上海科学技术文献出版社

出版日期：2017.7　一版一次　开本尺寸：24cm　155页

书号：ISBN978－7－5439－7418－0　定价：48.00元

提要：上海图书馆通过研究，发达国家注重在理事会的政策支持、制度建设、决策支撑等方面形成总体把握；国内层面分析公共图书馆法人治理研究热点，并对工作现状进行摸底调研，掌握国内发展态势；机构层面则系统总结上海图书馆理事会运行实践、成效与问题，提炼法人治理结构的实践模式，并提出工作建议，其针对业内和机构发展提出的工作建议具有较强的操作性和指导意义。

近代日本文化人与上海（1923—1946）

徐静波　著　上海人民出版社

出版日期：2017.2　一版一次　开本尺寸：24cm　463页

书号：ISBN978－7－208－14317－3　定价：58.00元

提要：在日本生活与旅行，无论是欣赏和服、品味茶道，还是追逐艺伎、漫步古街，甚至看到离开旅馆后依然远远挥手相送的人们和用双手把零钱放到我们手心的店家老太，无不感受到一种似曾相识的美丽与温暖。 我们也曾经有过，只是我们丢失的太多。 从《日本人的活法》中捡回我们曾经丢失的东西，抱着一种探求真实的心态去冷静地观察这个曾经侵略过我们，却又保留了我们诸多文化传统的国家，寻找值得我们借鉴的东西。

美丽传说：海派旗袍文化名人堂首批入选名人纪实

上海海派旗袍文化促进会 编　上海人民出版社

出版日期：2017.8　一版一次　开本尺寸：24cm　125页

书号：ISBN978 - 7 - 208 - 14613 - 6　定价：85.00元

提要：2016年成立了《海派旗袍文化名人》及《海派旗袍文化名人堂》评审委员会，由促进会邀请关注海派旗袍文化发展的社会贤达、文化名人艺术家及研究者等名人担任评委的推荐人。 作为首批海派旗袍文化名人入选名人堂的三位都是德高望重的长者：严幼韵女士；金泰钧先生；储宏生先生。 本书采写了严幼韵、金泰钧、储宏生三位长者在大历史背景下对海派旗袍文化传播、海派旗袍制作技艺传承和发扬的精彩人生。

美丽绽放：央视春晚上海分会场海派旗袍表演团纪实

上海海派旗袍文化促进会 编　上海人民出版社

出版日期：2017.8　一版一次　开本尺寸：24cm　213页

书号：ISBN978 - 7 - 208 - 14603 - 7　定价：98.00元

提要：2017年央视春晚上海分会场，上海海上旗袍促进会带领海派旗袍表演团在春晚的舞台上进行表演，成功展现海派旗袍魅力，是促进会组织的大型海派旗袍文化推广的又一力作。 书中体现了促进会以及全体演出人员、支援者和旗袍定制企业为了展示海派旗袍文化魅力、展现上海女性时代风采所做的方方面面工作，对"弘扬中国传统文化，为讲好中国故事"提供一种尝试。

千年古镇　滋味南翔："南翔小笼文化展"十年回顾

严健明　上海市嘉定区南翔镇人民政府　编　上海人民出版社

出版日期：2017.3　一版一次　开本尺寸：26cm　160页

书号：ISBN978 - 7 - 208 - 14342 - 5　定价：128.00元

提要：历经十年，"南翔小笼文化展"以"小笼，让生活更滋味"为主题，始终强化"人文南翔"的文化效应，从而使得每年一度的小笼文化展成了南翔的一张文化名片。　本书就是从回顾和总结"南翔小笼文化展"十年历程的角度，以真实而精美的画面再现小笼文化展期间各项活动的生动场景，以及南翔古镇在现代化、城市化进程中呈现的物质文明和精神文明的新风貌。

上海市民语言应用能力研究：基于多语社会的现实需求

张日培　上海市语言文字工作委员会　编　上海文化出版社

出版日期：2017.8　一版一次　开本尺寸：26cm　273页

书号：ISBN978 - 7 - 5535 - 0689 - 0　定价：38.00元

提要："提高国民语言应用能力研究"是国家语委十二五规划的重点项目。　本书为上海市语言文字工作委员会"提高国民语言应用能力研究课题组"的课题研究成果报告，主要针对上海市民的语言应用能力进行调查分析。

书之重，评之轻：陈昕书评选（增订版）

陈昕　著　上海人民出版社

出版日期：2017.3　一版一次　开本尺寸：25cm　292页

书号：ISBN978 - 7 - 208 - 14273 - 2　定价：58.00元

提要：作者从事编辑工作读每一部书稿必认真撰写审读意见：首先对全书内容做简要精到的归纳，条理清晰的辨析；随后针对主体架构和核心观点做客观谨慎的评价，以凸显这本书的学术价值和思想意义；立足于所评论的图书，联系与之相关的领域和问题进行深入的探讨，提出自己的观点和见解。作者在从业近 40 年的时间中，写下的书评、接受的访谈文字有近百篇。作者从中精选了 20 余篇集为本部书评选（增订版）。对出版业有着重要的参考价值。

介入公共领域的审美交流：上海城市公共艺术

郭公民 著　上海社会科学院出版社

出版日期：2017.5　一版一次　开本尺寸：21 cm　233 页

书号：ISBN978‐7‐5520‐1967‐4　定价：48.00 元

提要：本书以上海城市公共艺术为研究对象，将其分为"开埠"、"建国十七年""文革""新时期"四个各有鲜明特征的历史阶段，在对各期主要作品进行案例分析的基础上，探讨上海城市公共艺术在特定历史语境中的公共性功能和公共意义指向，以及各方力量和公众在围绕作品展开的审美交流中传达出来的公共讯息与价值诉求，进一步揭示艺术公共性观念生成、嬗变并不断建构的历史脉络，将公共艺术的研究推进到文艺学、美学等研究的理论核心地带。本书借鉴艺术社会学、接受美学、公共空间研究、交往行为理论等学科成果，在填补上海城市公共艺术理论研究空白的同时，对当代文艺学、美学研究也具有十分重要的意义和价值。

城市叙事：记忆、想象和认同

荣跃明 黄昌勇 主编　上海书店出版社

出版日期：2017.11　一版一次　开本尺寸：24 cm　355 页

书号：ISBN978‐7‐5458‐1565‐8　定价：88.00元

提要：本书共收录了2016年度有关上海城市文化建设的论文30余篇，包括《城市，应当有一些乡愁》《对峙与互补中的城与乡》《寻觅与雕塑城市隐逸的灵魂》《文化在东南亚世界城市的作用》《上海文学书写中的城市记忆》等。

上海话的前世今生

钱乃荣　著　　上海书店出版社

出版日期：2017.7　一版一次　开本尺寸：21cm　176页

书号：ISBN978‐7‐5458‐1466‐8　定价：25.00元

提要：本书是对上海话从形成到繁荣再到当今上海话如何传承的历史梳理。主要内容有：上海浦、上海港与上海话的渊源关系、上海话的地区划分、上海话的近代史阶梯、开埠前后上海话的对照、上海话的现代性洗礼、上海话的外来词融入、洋泾浜语之重新考辨、上海话里的古音与古字遗存、上海话的曲韵、上海话的老派和新派，以及如何保护和传承上海话的探讨等。

上海话的海派风情

钱乃荣　著　　上海书店出版社

出版日期：2017.6　一版一次　开本尺寸：21cm　224页

书号：ISBN978‐7‐5458‐1470‐5　定价：28.00元

提要：本书用"实打实""派头""拼死吃河豚""说'戆'""九腔十八调""上海永远精致优雅"等篇，从上海方言惯用语词中揭示出中西融合、大气谦和的都市民众的心性风情和襟怀睿智，展现丰富的多元的海派文化风姿。

上海话的岁月寻踪

钱乃荣 著 上海书店出版社

出版日期：2017.8 一版一次 开本尺寸：21cm 202页

书号：ISBN978-7-5458-1483-5 定价：28.00元

提要：本书是完全用上海话书写的一本散文杂谈集，有"心里向永远年轻个复兴公园""平民乐园城隍庙""上海旧书店""煞根""夹忙头里骱牵筋""十三点""老克拉"等篇，读来亲切自然，系作者视为珍宝的上海经验、岁月印痕和独特的生活情趣的探幽掇英，展现了上海文化与上海方言的魅力。

上海话的文化积淀

钱乃荣 著 上海书店出版社

出版日期：2017.6 一版一次 开本尺寸：21cm 205页

书号：ISBN978-7-5458-1465-1 定价：28.00元

提要：本书以"从地名看上海多层次历史文化叠加""小生意老行当""迎新纳福过大年""童谣拾趣""上海风味的谜谜子""养生保健谚""吉利语"等篇，从地名路名、弄堂生活情趣、民间游艺习俗、世俗民风、民谣间谚等各个角度，探索上海都市的深层历史文化面貌。

上海话的五花八门

钱乃荣 著 上海书店出版社

出版日期：2017.8 一版一次 开本尺寸：21cm 260页

书号：ISBN978-7-5458-1484-2 定价：30.00元

提要：本书写"'蟹'的巡礼""饭碗头""搭架子""'脱'的妙用""上海话中的文读白读音""小菜烧法""'辣海'的历史""同志、师傅、先生和朋友""花露水"等篇，如数家珍地对表达细腻、趣味横生的上海话语词、俗语进行语言和文化的解读和分析。

本地闲话

吴玉林 编　上海书店出版社

出版日期：2017.12　一版一次　开本尺寸：24cm　184 页

书号：ISBN978－7－5458－1564－1　定价：38.00 元

提要：方言不仅具有浓厚的地域文化色彩，还是当地文化认同的重要载体。俗话说"老乡见老乡，两眼泪汪汪"，方言就是文化心理认同的重要符号，对于地域文化发展和情感融合具有积极意义。由于方言中包含浓厚的地域文化底蕴，且方言研究与音韵学、训诂学等学术研究具有不可分割的联系，因此方言对于传承传统民族文化的重要性不言而喻。本书是闵行区本土语言类学术著作汇编，系统阐述各地方言的特点、变化以及历史发展沿革，包括上海西南方言、陈行谣谚，及莘庄、七宝、颛桥、梅陇、马桥、浦江等区域方言的论述和研究。

吃剩有语

沈嘉禄 著　上海书店出版社

出版日期：2017.5　一版一次　开本尺寸：19cm　419 页

书号：ISBN978－7－5458－1445－3　定价：40.00 元

提要：上海老味道一直是沈嘉禄关注、研究的对象，同时，他一直在关注并积极体验其他城市、其他国家的美食，对发生在当下的时新风味也抱着欣赏的态度，有机会品尝是不会放弃的。这本书里有不少内容就涉及时尚风味。沈嘉禄对年轻人的创业、创新以及表达亦给予积极关注和评价，在本书里有相当的篇幅是体现这块内容的。本书收录了《蚕豆七兄弟》《一定好的芝麻糊》《内脏并不脏，味道交关好》《火宫殿的臭豆腐》《吃在太湖边上》等文章。

囍从这里来：上海婚庆业发展纪实

叶永平 编著　上海文化出版社

出版日期：2017.7　一版一次　开本尺寸：24cm　159页

书号：ISBN978‐7‐5535‐0762‐0　定价：38.00元

提要：本书是上海婚庆行业的纪实录，以上海婚庆人为主角，介绍了一部分优秀的企业和人物，描述了海派婚礼的发展历程。这是反映上海婚庆人的第一本报告文学集，真实地记录了上海婚庆人的丰采，有着丰富的历史价值。

上海老味道

沈嘉禄　戴敦邦　著　　上海文化出版社

出版日期：2017.8　一版一次　开本尺寸：23cm　336页

书号：ISBN978‐7‐5535‐0806‐1　定价：48.00元

提要：上海老味道，是已经消逝或正在消逝的风味美食，它们体现了一个时代的经济状况，也反映了上海市民所处的文化环境与世俗生态。从草根食物入手，洞悉时代特征，进而表达人们对美好生活的怀念和向往，是本书的出发点。分为"水汽氤氲的寒素生活""八仙桌上的青花大碗""春花秋实的平民美食""邑城内外的浓油赤酱"四个专辑。与十年前的初版相比，这次第三版删去了部分略显老旧的文章，新增了贴近时代的新篇，并对原版中一些风味小吃的名称和由来做了修正。

上海：梦之地

柴明颖　编　　上海译文出版社

出版日期：2017.8　一版一次　开本尺寸：22cm　282页

书号：ISBN978‐7‐5327‐7423‐4　定价：68.00元

提要：本书以介绍上海的历史文化、风土人情为主旨，意在向世界介绍一个全方位立体的有血有肉的上海。不同于一般旅游书籍，该书更具文学性、人文性，深入浅出介绍了上海的地理位置、人文历史、美食美景、"上海制造"等，体现老上海的别致典雅与活力热情。

书末还采访了多位生活在上海的外国人，呈现他者眼中的上海。

老上海时尚画报

黄显功 主编 天津古籍出版社

出版日期：2017.8 一版一次 开本尺寸：30cm 9739 页

书号：ISBN978－7－5528－0537－6 定价：39800.00 元

提要：《老上海时尚画报》主要选编 20 世纪上半叶最有影响力且至今较少刊印的时尚类画报，内容涵盖服饰、生活、女性、时尚等类别。 这些史料性画报类文献生动鲜活地记录了从晚清到新中国成立这一段时期内上海乃至全中国的时尚人文生态，从一个侧面反映了城市文化演进的脉络以及社会风情。

复旦大学上海医学院纪事

《复旦大学上海医学院纪事（2000.4—2012.9）》编写组 主编 复旦大学出版社

出版日期：2017.11 一版一次 开本尺寸：24cm 311 页

书号：ISBN978－7－309－13354－7 定价：78.00 元

提要：本书采用了编年史的体例，比较详尽地记录了从 2000 年 4 月（原复旦大学和原上海医科大学合并）至 2012 年 9 月（复旦大学宣布组建新的上海医学院，实行对医学教育全面统筹管理）期间"上海医学院"在教学、科研、党政管理、党群活动以及国际交流等方面的重大事项和发展过程。

人人课堂：海洋文化影响下的教学探索

敖忠明 主编 海洋出版社

出版日期：2017.1 一版一次 开本尺寸：24cm 348 页

书号：ISBN978‑7‑5027‑9642‑6　定价：68.00元

提要：本书介绍了上海市航华二中多年来结合知名学校"富有成效"的教学改革经验成果，持续推进教学改进工作，以"海纳百川，自我超越"的思想与情怀，积极学习吸纳他校教学改革的经验智慧，通过学校自身立项教学重点课题研究、"三课两评一研"的机制建设，依托教研组组本培训，以及教学论坛与"远航杯"教学比武，开展"草根式"教学探究，形成学校自己的教学改进话语，深入推进"人人课堂"建设。在实践探索期间，学校积淀了很多过程性资料及经验。因此在区域推进新一轮课堂教学改进的背景下，作者将航华二中教师们在实践中的思考与经验编辑成册，借此提炼智慧，促进"人人课堂"建设成果呈现。

培养未来的世界公民：上海市长宁区天山第一小学未来学习中心的实践探索

吕华琼　杨光富　主编　华东师范大学出版社

出版日期：2017.3　一版一次　开本尺寸：24cm　322页

书号：ISBN978‑7‑5675‑6241‑7　定价：68.00元

提要：《培养未来的世界公民：上海市长宁区天山第一小学"未来学习中心"的实践探索》是2013年度上海市教育科学研究市级项目"基于'未来学习中心'平台的课程建设行动研究"终结性研究成果。作为2013年上海市基础教育十大创新项目之一的"未来学习中心"，是上海教育通过环境和课程创设实现教育转型发展的成功范例。书中，课题组全面总结了"未来学习中心"自创建以来所取得的成绩，内容涉及"中心"环境的创新设计、功能的多维拓展、多种课程的研发实施、教与学方式的改变、教师的专业成长等诸方面。对基层学校探寻科研兴校、学校跨越式发展、一线教师迅速成长的成功路径等，具有很好的学习和参考价值。

上海市中等职业学校"双证融通"改革试点：电气运行与控制专业教学文件

上海市教育委员会教学研究室 上海市职业技能鉴定中心 编 华东师范大学出版社

出版日期：2017.6 一版一次 开本尺寸：26cm 188页

书号：ISBN978－7－5675－6261－5 定价：60.00元

提要：本书内容包括：电气运行与控制专业"双证融通"教学实施方案、电气运行与控制专业"双证融通"课程标准、电气运行与控制专业"双证融通"课程考核方案。

求索中崛起——上海民办高等教育发展与改革历程

黄清云 主编 华东理工大学出版社

出版日期：2017.4 一版一次 开本尺寸：24cm 353页

书号：ISBN978－7－5628－4957－5 定价：88.00元

提要：本书共分为两篇：第一篇从历史、教学、科研、招生、就业、人事等方面，对改革开放以来上海民办高等教育进行了分析与论述；第二篇对上海各民办高校的发展进行回顾与展望，由上海各民办高校共同撰写，是上海民办高校集智聚力而形成的集体成果。 该书所述的上海民办高等教育，仅限于全日制民办高等学历教育，未涵盖非学历民办高等教育机构和民办高等教育自学助考机构。

师道永恒：上海师范大学基础教育领域优秀校友访谈录

葛卫华 主编 华东师范大学出版社

出版日期：2017.4 一版一次 开本尺寸：24cm 340页

书号：ISBN978－7－5675－5308－8 定价：45.00元

提要：为进一步探索师范生德育实践创新，增强师范生德育的针对性和实效性，上海师范大学成功申报了2012年上海地方本科院校

"十二五"内涵建设上海市教师教育培训服务基地建设子项目（简称"085"内涵建设）之师范生"德育实践创新基地"项目。 其中《上海市特级教师访谈录》这本书是我们深入挖掘师范生师德教育的宝贵资源的一项成果，希望师范生从实践中感受优名师的人生追求、教师的职业精神和优秀班主任工作的宝贵经验。

提升学校课程领导力：上海市徐汇区小学课程建设案例精选

庄小凤 主编　华东师范大学出版社

出版日期：2017.6　一版一次　开本尺寸：24cm　231页

书号：ISBN978‐7‐5675‐6026‐0　定价：36.00元

提要：上海市徐汇区教育局为整体提高区小学的学校课程建设水平，借助"种子校"课程质量提升工程项目方案的实施，将区内一批小学课程建设种子校结合学校实际撰写的学校课程规划方案以及学科学期课程纲要集结成册。 本书所选方案与纲要兼具具有年级、学科典型性，并能够较好地体现学校教育特色与学校文化风貌，并邀本项目专家组就其内容逻辑与叙写规范加以点评。

第五届上海市大学生机械工程创新设计大赛获奖案例精选

胡庆松 田卡 钱炜 主编　华中科技大学出版社

出版日期：2017.4　一版一次　开本尺寸：26cm　302页

书号：ISBN978‐7‐5680‐2231‐6　定价：49.80元

提要：本书将上海市机械工程创新大赛暨第六届全国大学生机械创新设计大赛上海赛区预赛作品精选汇编成册，介绍了获奖作品的设计目的、工作原理、设计方案、功能及特点、主要创新点、作品的外形等，本书可作为机械原理与机械设计课外实践教学活动的选题参考，为同学们参加全国机械创新大赛提供参考和借鉴。

上海聋人综合高中班办学的实践研究

杨七平 江翔 陈敏等 著 立信会计出版社

出版日期：2017.1 2016.11 一版一次 开本尺寸：26cm 173页

书号：ISBN978-7-5429-5277-6 定价：38.00元

提要：上海市教育科学研究项目《上海聋人综合高中班办学的实践研究》。 本书就是该研究项目的研究成果，主要内容有：聋人综合高中班办学研究综述和上海聋人综合高中班的办学模式、专业设置、课程建设、教育教学实践、师资队伍建设、办学成效与思考等。 共七章。

城市的未来：流动儿童教育的上海模式

冯帅章 陈媛媛 金嘉捷 著 上海财经大学出版社

出版日期：2017.5 一版一次 开本尺寸：24cm 228页

书号：ISBN978-7-5642-2671-8 定价：58.00元

提要：本书从学生、家长、教师、学校以及政府的层面分别对流动儿童与本地儿童进行了深入的对比研究与分析，客观且全面地呈现了当前一个时期以上海为代表的我国流动儿童教育发展的现状，并提出了切实可行的教育政策建议。 这一研究成果的问世，有利于全面认识和科学合理有效解决流动儿童教育问题，是我国随迁子女教育问题研究的一项重要成果。

现代大学制度建设：理论与实践探索

苏明 主编 上海大学出版社

出版日期：2017.6 一版一次 开本尺寸：26cm 533页

书号：ISBN978-7-5671-2719-7 定价：150.00元

提要：本书为上海市教委课题项目，由教委苏明主任牵头，联合上海市属七所高校共同编写，内容包括上海市现代大学制度建设试点工作总结、关于现代大学制度建设的理论思考、制度建设的实践探索以及制度建设大事记等四部分，较为全面系统地总结了近年来上海高校在试点制度建设方面的理论探索成果及实践经验。 对于完善大学制度建设、推进高校管理改革，具有一定参考价值。

返璞归真教语文

楼坚 余琦 吴咏梅 卢燕 著 上海交通大学出版社
出版日期：2017.5 一版一次 开本尺寸：24cm 180页
书号：ISBN978－7－313－16857－3 定价：42.00 元
提要：云林秀色——上海市第三期"双名工程"小学语文二组名师基地成果丛书（10 册）。 本丛书系上海市第三期"双名工程"小学语文二组名师基地成果丛书，共 10 册，包含基地学员 9 本个人专著和1 本基地成果合著，由基地主持人周云燕和副主持张秀丽主编，14 位学员参与编写，是一套专门研究本书从小学语文教学中急需解决的疑难问题入手，确定研究课题，展开深入的实践探索。 包括趣味识字、插图运用、主线教学、复述指导、习惯培养、作业设计六部分，每部分设有研究报告、课堂实录、专家点评三个模块。

面向上海终身教育的 MOOCs 研究

肖君 著 上海交通大学出版社
出版日期：2017.9 一版一次 开本尺寸：23cm 140页
书号：ISBN978－7－313－16298－4 定价：39.00 元
提要：本书讲终身学习思想以"生活、终身、教育"三个基本术语为基础，除了正式学习之外，也要重视非正式的学习，社会上的每一个人，不管男女老幼、贫富差别，都要学会在生存中学习，在生活中学习，作为学习型社会的个体，每个人都处于终身教育的范畴中。现如今虽然终身教育受到高度认同和关注，但在实践层面，终身教育还面临着很多现实的挑战，如缺乏健全的终身学习保障体系、教育资源分配不均等，而 MOOCs（大规模网络开放课程，Massive Open Online Courses）的出现为终身教育的发展提供了新的思路。

上海海事大学附属职业技术学校教育教学论文集

薛士龙 戴忠民 蔡志峰 编　上海交通大学出版社

出版日期：2017.1　一版一次　开本尺寸：26cm　250页

书号：ISBN978－7－313－16256－4　定价：58.00元

提要：本书为上海海事大学附属职业技术学院教师近年来教学成果论文汇编，总结了多年教育的成果，内容为近年来的优秀教育成果。书中反映了不同教师独特的教学风格，有助于中职教师深入理解、参考等，本书的主要读者为中职教师等。

上海交通大学 500 强研究型大学概览

上海软科咨询有限公司 主编　上海交通大学出版社

出版日期：2017.3　一版一次　开本尺寸：26cm

书号：ISBN978－7－313－16705－7　定价：100.00元

提要：该书依托上海交大高教院世界大学学术排名，通过对排名前 500 强研究型大学校长的采访，对全球化时代世界一流大学在人才培养、科学研究以及社会服务方面的特色和发展思路进行描绘，之前世界范围内都没有同类型的著作。

上海市高职高专院校中高职贯通专业建设教学设计方案汇编

上海市教育委员会 上海市职业教育协会高职高专教学工作委员会 上海市高职高专教学研究会 编　上海交通大学出版社

出版日期：2017.1　一版一次　开本尺寸：26cm　2册　750页

书号：ISBN978－7－313－16003－4　定价：120.00元

提要：上海市教育委员会高教处主办的 2016 上海市高职高专院校中高职贯通专业建设教学设计比武通过校领导（教务处长）说中高职贯通专业顶层设计、专业主任说专业建设五年规划、专业核心课程老师说课，把专业建设的计划方案、实施举措落实到每一个教师，引导上海高职高专院校形成务实求真的教学工作作风，带动学校专业结构的整体优化和专业建设的全面提高，形成一批特色明显、质量过硬、具有示范作用的高水平精品专业，推进上海市高等职业教育健康、持续发展。

上海市民办高校教师专业发展研究

徐雄伟 著　上海交通大学出版社

出版日期：2017.2　一版一次　开本尺寸：26cm　204页

书号：ISBN978－7－313－16758－3　定价：49.00元

提要：本书基于已有研究成果和理论基础的梳理，同时结合上海市民办高校教师专业发展的现状与特点，构建了民办高校教师专业发展模型，运用实证研究的方法分析了教师专业发展、教师工作满意度、教师工作保留意向三者之间的内在逻辑，提出了促进民办高校教师专业发展环境的改进策略和优化措施。

申江往事

张华 主编　潘真 编著　上海交通大学出版社

出版日期：2017.9　一版一次　开本尺寸：24cm　180页

书号：ISBN978－7－313－18012－4　定价：65.00元

提要：本书带你感受这个黄埔地区深厚的历史文化底蕴。老黄浦的开埠文化、老卢湾的殖民文化、老南市的老城厢文化，融合而成今天具备上海韵味的黄浦文化。

圕・梦想之帆

陈进 主编 上海交通大学出版社

出版日期：2017.1 一版一次 开本尺寸：23cm 337页

书号：ISBN978-7-313-15335-7 定价：62.00元

提要：2016年是上海交通大学建校120周年，也是图书馆建馆120周年。 在120年的岁月变迁中，上海交通大学图书馆从最初一个小型藏书室，发展成为今天拥有丰富资源和先进设施、提供一流服务的现代化大学图书馆，这其中无不凝聚着一代代馆员和师生的共同努力。该纪念文集以"我与图书馆为主题，挖掘交大人与图书馆一路走来值得铭记的故事，师生们从不同角度讲述与交大图书馆的点滴故事，包括对交大图书馆的印象与期望、与交大图书馆的交集、在交大图书馆的收获、感悟等。 本书具有较强的感染力，适用于各类读者阅读，同时对图书、情报、教育等领域的教师、学生、研究者也具有一定的参考价值。

教育：直面时代的叩问

兰保民 主编 上海教育出版社

出版日期：2017.4 一版一次 开本尺寸：24cm 223页

书号：ISBN978-7-5444-7490-0 定价：38.00元

提要：《生命与使命同行——于漪教育思想历程》是于漪教师教育系列课程之一，教材将从上海一线教师的需求出发，系统梳理于漪老师的学生观、教师观、学校观、课程观、德育观等，选于漪老师教育思想之粹，取专家学者"于漪研究"之果，探于漪老师"中国本土教育学"之路。 本书共九章，分别从基础教育、学生观、学校教育、教育境界、教书育人、教育自信、教学改革、素质教育和教育文化的角度阐释了教育发展的核心要素及于漪老师的教育观点。

"薇"爱有你：紫薇实验幼儿园生命教育案例集

张爱莲 主编　上海教育出版社

出版日期：2017.6　一版一次　开本尺寸：24cm　201页

书号：ISBN978－7－5444－7560－0　定价：35.00元

提要：本书以多篇鲜活、温情的案例，展示了紫薇实验幼儿园全体教职员工在开展生命教育过程中的敏锐思考和生动实践，包括：豆宝宝复活记、让孩子们爱上午餐、豆宝宝发芽记、我很棒等案例。

2014年全国学生体质健康调研上海地区成果汇编

上海市学生体质健康检测中心 编　上海教育出版社

出版日期：2017.6　一版一次　开本尺寸：24cm　259页

书号：ISBN978－7－5444－7604－1　定价：40.00元

提要：本书收录19篇学生体质健康监测与促进专业论文，内含大量报告和图表，真实而全面地记录了2014年全国学生体质健康调研上海地区的调研成果，促使人们对青少年体质健康问题的关注。

服务科创中心建设的上海教育：上海市各民主党派 2015—2016年度教育决策咨询研究报告集

上海市教育委员会 编　上海教育出版社

出版日期：2017.6　一版一次　开本尺寸：24cm　170页

书号：ISBN978－7－5444－7593－8　定价：60.00元

提要：本书是上海市各民主党派2015年度教育决策咨询研究课题的成果汇编，收录《关于高校师资队伍建设与大学文化重塑的几点建议》《互联网教育的机遇与挑战》《市民终身学习需求监测研究》等文章。

名师之路：上海市"双名工程"的探索与实践

上海市教师专业发展工程领导小组 著　上海教育出版社

出版日期：2017.4　一版一次　开本尺寸：24cm　274页

书号：ISBN978－7－5444－7480－1　定价：68.00元

提要：本书为"上海教育丛书"中的一本包销书，由上海市师资培训中心第三期"双名工程"项目管理与研究项目组编著而成。本书一共分八章，35万字左右，以上海市普教系统的"双名工程"为例，回顾"上海高端教师培养"的历史路径，以个案访谈的形式分析名师和名校长等高端教师的养成之路。本书对于普通教育系统的教师和领导都有参考意义，对如何培养懂职业、懂学科、懂学生、懂课堂、懂发展的高端教师提供了可借鉴的路径。

让孩子表现自己　让教师发现孩子：以幼儿自主学习为核心的低结构活动探索

郑惠萍　编著　上海教育出版社

出版日期：2017.1　一版一次　开本尺寸：24cm　291页

书号：ISBN978－7－5444－7291－3　定价：52.00元

提要：本书是上海芷江中路幼儿园历经三次变革后的关于幼儿自主学习为核心的低结构活动探索的理论专著。书中有大量生动活泼的案例，内容翔实。本书共分为七章，第一章是低结构活动的内涵；第二章是低结构活动的实践范式；第三章是低结构活动的设计样式与内容；第四章是低结构活动的环境与材料；第五章是低结构活动中的孩子与教师；第六章是低结构活动的评价；第七章是低结构活动实施中的质量监察与管理。

上海现代职业教育体系建设研究（2015—2030年）

"上海现代职业教育体系规划和建设研究"课题组　编著　上海教育出版社

出版日期：2017.5　一版一次　开本尺寸：24cm　224页

书号：ISBN978‐7‐5444‐7449‐8　定价：42.00元

提要：围绕"服务发展、促进就业"的办学方向，2013年上海市启动编制《上海现代职业教育体系建设规划（2015—2030年）》。　规划编制针对问题、面向需求、注重借鉴，确保了职业教育发展的整体性、协同性和科学性。　总体上看，该规划是体系建设背景下上海市乃至全国第一个较长跨度的职业教育专项规划，也是第一次以大职业教育观为统领的规划，对今后15年上海职业教育发展的规模层次、布局结构和体系建设等进行了一系列的设计，对我国职业教育今后一个时期的发展具有引领和示范作用。

上海教研素描：转型中的基础教育教研工作探讨

陆伯鸿　著　　上海教育出版社

出版日期：2017.3　一版一次　　开本尺寸：24cm　177页
书号：ISBN978‐7‐5444‐7317‐0　定价：34.00元

提要：教研员是为教师实施课程与教学任务提供指导的服务者，通过教研活动在教育教学的理论与实践之间架起了沟通的桥梁。　本书就是有关教研员教研工作的专著。　笔者先后做过中学物理教师、市物理教研员，现任市教研室副主任，分管学科教研工作。　他是以自己10多年来从事教研工作的亲力亲为和所感所悟为基本素材，从教研工作概述、学科教学、教研活动组织、教研工作管理等四个方面，对教研工作的核心内容进行了深刻反思和精彩总结。　本书对于教研员如何认识、开展教研工作，以及学校教师如何实施教学研究，都具有非常重要的参考价值和借鉴意义。

上海市中小学（幼儿园）基于课堂教学观察工具的实践研究报告

上海市教育委员会教学研究室　著　　上海教育出版社

出版日期：2017.1 一版一次 开本尺寸：26cm 219 页

书号：ISBN978‐7‐5444‐6890‐9 定价：20.00 元

提要：本书的主要内容为运用课堂教学观察工具来促进教师专业的发展，列举了不少教学实践事例和经验，总结得出规律，指导和促进教师专业的发展。

上海中小学幼儿园章程建设成果选编：幼儿园

李瑞阳 主编 上海教育出版社

出版日期：2017.8 一版一次 开本尺寸：26cm 145 页

书号：ISBN978‐7‐5444‐7602‐7 定价：45.00 元

提要：本书收录了幼儿园章程建设工作的经验成果，具体包括：上海市浦东新区冰厂田幼儿园章程，上海市黄浦区蓬莱路幼儿园章程，上海市静安区实验幼儿园章程，上海市徐汇区上海幼儿园章程等。

上海中小学幼儿园章程建设成果选编：高中

李瑞阳 主编 上海教育出版社

出版日期：2017.8 一版一次 开本尺寸：26cm 285 页

书号：ISBN978‐7‐5444‐7711‐6 定价：60.00 元

提要：本书收录了高中章程建设工作的经验成果，具体包括：上海市实验学校章程，上海市进才学校章程，上海市航空服务学校章程，上海市大同中学章程，上海市格致中学章程，上海市向明中学章程等。

上海中小学幼儿园章程建设成果选编：义务教育

李瑞阳 主编 上海教育出版社

出版日期：2017.8 一版一次 开本尺寸：26cm 600 页

书号：ISBN978‐7‐5444‐7706‐2 定价：80.00 元

提要：本书收录了义务教育章程建设工作的经验成果，具体包括：上海市浦东新区杨园中心小学章程，上海市张江高科实验小学章程，上海市建平实验中学章程，上海市进才实验中学章程，上海市实验学校东校章程等。

体验，让课堂不一样：中学物理体验式情境引入研究与实践

上海市第三期"双名工程"理科基地物理一组 编著 上海教育出版社

出版日期：2017.10 一版一次 开本尺寸：24cm 126页

书号：ISBN978－7－5444－7522－8 定价：30.00元

提要：本书是基于上海市重点课题"体验让课堂不一样——中学物理体验式情境引入的应用研究"的研究成果，进一步总结、提升、完善而成的。 全书分为理论篇和实践篇两部分。 理论篇阐述了体验式情境引入的特征、内涵，以及在中学物理课堂中有效实施的引入方法；实践篇中以实录和资源的形式提供了大量生动具体的案例。

文化根 民族魂 中国梦——第三届上海市中学生"进馆有益"微课题竞赛论文荟萃

何康 上海市中小学德育研究协会 主编 上海教育出版社

出版日期：2017.6 一版一次 开本尺寸：20cm 244页

书号：ISBN978－7－5444－7471－9 定价：32.00元

提要：第三届上海市中学生"进馆有益"微课题竞赛论文荟萃，主要由中学生撰写的微课题研究论文。 编入本书的 20 篇一等奖论文，主题鲜明，论述有序，分析恰当，有观点，有个性，反映出当代中学生在社会发展和教育改革过程中表现出来的一种勇于创新，锐意进取，提升自身综合素养和能力的精神风貌。 论文分为上海印象、人物

研究、社会调查、科技之光等部分，展现了上海中学生暑期调研活动的丰硕成果。 另有4篇指导老师参与指导的总结文章，为开展馆校联合提供了实用的方法。

一生秉烛为教育

中共上海市教育卫生工作委员会 上海市教育委员会 上海市中小学幼儿教师奖励基金会 编 上海教育出版社

出版日期：2017.3 一版一次 开本尺寸：24cm 271页

书号：ISBN978－7－5444－6241－9 定价：188.00元

提要：本书用纪实文学的形式，详述了语文特级教师于漪，小学语文特级教师袁瑢，上海市教育功臣仇忠海、顾泠沅、何金娣，上海市实验学校四位校长用爱与执着支撑其一生的教育事业。

站住讲台的力量：文化·教师·讲台

吴国平 主编 上海教育出版社

出版日期：2017.8 一版一次 开本尺寸：24cm 327页

书号：ISBN978－7－5444－7774－1 定价：56.00元

提要：《站住讲台的力量》是上海市教师教育丛书之一，由上海市师资培训中心组织专家编著。 本书精选经典文章六十余篇，编为爱的力量、生命的意义、心通天宇、思维的乐趣、阅读的艺术、知识的觉悟、启蒙的灯塔、教育的信条、我是老师等九辑，以阅读经典引导教师增强站住讲台的根本力量。

特色之路：上海民办中小学发展历程

胡卫 主编 上海教育出版社

出版日期：2017.12 一版一次 开本尺寸：24cm 229页

书号：ISBN978－7－5444－3147－7 定价：36.00元

提要：本书是对上海民办中小学在过去二十年中的探索历程、改革经验和发展成就的系统回溯与全面总结，汇聚了上海民办基础教育领域办学体制机制创新、教育教学改革以及教育现代化、信息化、国际化方面的诸多好做法、好经验、好典型和好模式。

沪语表演初级教程

徐浩 主编 上海科学技术文献出版社

出版日期：2017.8 一版一次 开本尺寸：24cm 91页

书号：ISBN978‒7‒5439‒7513‒2 定价：48.00元

提要：本书是小荧星文化艺术培训学校的老师们三十年辛勤耕耘的教学积累，每个专业根据不同的年龄特点和学习阶段来进行编写。沪语系列教程宗旨就是从孩子抓起，让小朋友们从小就学会说上海话，让上海小朋友和新上海人的小朋友都学会融入这个大社会，并且在学会用上海话交流的基础上，把上海话再应用于舞台，以各种不同的形式来呈现。

对民办教育机构实行营利非营利分类管理的制度架构研究

方建锋 著 上海人民出版社

出版日期：2017.2 一版一次 开本尺寸：21cm 194页

书号：ISBN978‒7‒208‒14264‒0 定价：38.00元

提要：本书首先区别了营利性民办学校和非营利性民办学校的内涵，论述了推进民办学校分类管理的必要性和可行性，重点分析了上海地区经济、社会、教育特别是民办教育的基本情况。

上海市小学语文教学优秀论文选（2016）

鲁慧茹 薛峰 上海市教育学会小学语文教学专业委员会 编 上海社会科学院出版社

出版日期：2017.3 一版一次 开本尺寸：21cm 452页

书号：ISBN978－7－5520－1904－9 定价：50.00元

提要：上海市教育学会小学语文教学专业委员会编的这本《上海市小学语文教学优秀论文选（2016）》所收论文被分门别类为阅读教学、古诗文教学、教学案例、作业指导、作文教学、教学评价、实践活动。 论文不仅有理论的探索，亦有世纪教学经验的总结，能给予广大一线语文教师理论的启迪与实践的指导。 所收论文近80篇，代表了2016年度上海小语界最高教学研究成果。

上海老年教育（2016）

庄俭 上海老年教育研究院 编 上海文化出版社

出版日期：2017 一版一次 开本尺寸：21cm 251页

书号：ISBN978－7－5535－0755－2 定价：38.00元

提要：本书综合地反映了上海市老年教育发展情况，书中辑录了上海市第一次到第四次老年教育工作会议的基本情况及相关会议精神，另附各区及各高校附属老年大学与社区学院开展老年教育的特色案例25篇，以及国内外老年教育经验介绍46篇。 资料翔实，是一本综合地反映本土老年教育主旨精神与已取得成果的汇编文集。

第三期上海市普教系统名校长名师培养工程职教二组名师典型案例集（上）：济忆篇

冯晓 主编 同济大学出版社

出版日期：2017.9 一版一次 开本尺寸：26cm 175页

书号：ISBN978－7－5608－7125－7 定价：58.00元

提要：为了《上海市中长期教育改革和发展规划纲要》的落实，加强校长、教师队伍建设，市教委开展了第三期"上海市普教系统名校长名师培养工程"，旨在培养具有优良师德修养、优选教育理念、勇于改革创新的校长和教师。 本书收录了 20 篇名师学员的有关教育改革的论文，对职业教育的理解有重要的现实意义。

上海高校学生食堂创新食谱集锦

杨奇伟 著　东华大学出版社

出版日期：2017.6　一版一次　开本尺寸：26cm　116 页

书号：ISBN978－7－5669－1213－8　定价：58.00 元

提要：2017 年上海市学校后勤协会餐饮管理专业委员会在上海全市高校进行动员，举办创新菜肴比赛，共有 38 所高校，多位厨师，制作了一百多个创新菜肴。 经过上海电视台及报刊媒体的宣传，取得了良好的社会影响，获奖菜肴也迅速在上海各高校传播，得到师生的广泛好评。 本书把 68 个创新菜肴和点心汇编成册，把配方公之于众，这既体现了上海市学校后勤协会作为市级协会的平台作用和凝聚力，更反映了上海高校后勤同仁在改革发展中的精神面貌、创造力和无私奉献的精神。

沪粤象棋龙虎斗：九届争霸赛经典对局

杨典 赵忠华 编著　金盾出版社

出版日期：2017.6　一版一次　开本尺寸：21cm　234 页

书号：ISBN978－7－5186－1333－5　定价：25.00 元

提要：本书精选了 1960 年至 1976 年间沪粤两地九届象棋对抗赛的经典对局 100 盘，通过对杨官璘、胡荣华、何顺安、朱剑秋、蔡福如等老一代国手冠军们对弈棋局的评析、解读他们创新布局、中局运筹、残局攻杀的神算妙计，寻踪象棋各类布局战法的演变过程，从而提高读者的棋艺水平。

"生活探究课程"的浦东设计和实例

黄捷 曹忠 主编 上海教育出版社

出版日期：2017.12 一版一次 开本尺寸：24cm 309页

书号：ISBN978－7－5444－8096－3 定价：50.00元

提要：本书内容涉及"生活探究课程"的本质解读、"生活探究课程"实施的整体设计与管理、"生活探究课程"实施的个案设计、"生活探究课程"实例选编。

城市与城市生活

孙逊 陈恒 主编 上海三联书店

出版日期：2017.1 一版一次 开本尺寸：24cm 403页

书号：ISBN978－7－5426－5792－3 定价：68.00元

提要：本书围绕"城市生活"这一主题，主要立足城市和城市史理论，从宏观和微观，理论和现实等不同角度，探讨了与城市相关的种种论题。 全书分为城市史与城市研究、城市与社会、评论、光启学术等几个块面，收入论文、译文 20 余篇，论题涉及文学与城市关系、城市史、城市文化、都市艺术，以及一系列具体的城市生活内容，其中尤重上海本土城市文化的研究。

上海棋牌（第一辑）

上海棋院 编 上海书店出版社

出版日期：2017.11 一版一次 开本尺寸：26cm 94页

书号：ISBN978－7－5458－1472－9 定价：30.00元

提要：上海是一座智慧的城市。 新中国成立以来，沪上棋牌运动在党和政府的关心、支持下，得到稳定的发展，培养出胡荣华、陈祖德、徐天利、王俊人等一大批优秀的棋牌健将，他们在国内外大赛中屡获佳绩。 除了运动成绩突出外，沪上棋牌界在棋牌理论上也颇多创新，历年来出版过许多优秀的棋牌书刊，对棋牌运动的普及、提高作出了积极的贡献。 新时期，棋牌项目从原来的三棋一牌扩展为五棋一牌，爱好者人数进一步扩大。

大户人家

孙孟英 编著　生活·读书·新知三联书店

出版日期：2017.8　一版一次　开本尺寸：21cm　232 页

书号：ISBN978 - 7 - 108 - 05974 - 1　定价：28.00 元

提要：本书用摄影写真的方法，讲述了自上海开埠到 1949 年间，上海上流社会的家庭百态，藉以说明旧中国的上海滩贫富之间的悬殊反差。 仅以儿童生活为例，如水泥大王的千金、米行老板的少爷等等，就反映出贫民不可能企及的贵族式的家庭教育。 当然，那些极具反差的教育也因近现代生活方式和某些文明因素的影响，会在有关礼貌、学习、遵规等方面有所体现。 其中具有正面意义之处倒也令人深思，对当今的儿童教育当有相对启迪意义。 全书配有高清照片 200 余张。

上海天气预报手册

曹晓岗 主编　气象出版社

出版日期：2017.9　一版一次　开本尺寸：26cm　352 页

书号：ISBN978 - 7 - 5029 - 6627 - 0　定价：180.00 元

提要：全书共分 8 章，系统介绍了上海地理与气候特征，上海四季的环流背景和主要影响系统，影响上海的暴雨、热带气旋、强对流天气和雷电、寒潮天气、降雪、大风、高温、低温、雾等灾害天气。介绍了上海开展数值天气预报释用最新进展。 还介绍了上海一体化天气预报制作系统、强对流天气短时预警业务系统、专业预报制作发布系统、多灾种早期预警决策指挥支持系统等上海的预报业务系统。

上海市社区民众防护手册

徐敏 编著　上海教育出版社

出版日期：2017.9　一版一次　开本尺寸：24cm　163页

书号：ISBN978 - 7 - 5444 - 7810 - 6　定价：60.00元

提要：本书着眼社区民众防护能力的提升，可用于自学使用，也可作为社区安全教育教材使用。 本书编写在指导思想上贯彻《中华人民共和国防空法》等法律法规的要求，把爱国主义精神、社会主义核心价值体系融入编写过程。

科卫生态

复合材料·上海科学技术与应用：第二届上海复合材料学术会议论文集

孙宝忠　主编　东华大学出版社

出版日期：2017.8　一版一次　开本尺寸：26cm　174页

书号：ISBN978 - 7 - 5669 - 1225 - 1　定价：79.00元

提要：本书收录了第二届上海复合材料学术会议上公开的20余篇论文，反映了近一年内上海各高校、复合材料生产企业及有关机构的科技工作者在复合材料领域孜孜不倦地探索研究所取得的成果，能为进一步加大复合材料的研究深度提供参考，并有利于促进我国复合材料产业的发展及其产品的应用推广。

科普星雨

陈积芳　著　上海科学技术文献出版社

出版日期：2017.8　一版一次　开本尺寸：24cm　318页

书号：ISBN978 - 7 - 5439 - 7491 - 3　定价：88.00元

提要：本书的作者对上海科技发展情况有广泛全面了解：参与上海首届科技节的创办和筹划；还从事多年的技术交流及技术市场的工作，组织多次大型科技博览会和技术成果交易会；广泛开展上海的科普文化传播活动。他一直持续记录自己对科普的见解，本书就是作者多年所写作品的精选集。

上海城市空间结构演化的研究

王竞梅　著　吉林大学出版社

出版日期：2017.3　一版一次　开本尺寸：24cm　174页

书号：ISBN978 - 7 - 5677 - 9245 - 6　定价：30.00元

提要：本书共七章，内容包括了绪论、相关理论、上海城市空间结构演化的阶段及特征、上海城市空间结构的演化机制、上海城市空间结构存在的问题、上海城市空间结构的优化建议、研究结论。

上海空间设计中的 ART DECO

刘圣辉 编　　辽宁科学技术出版社

出版日期：2017.6　一版一次　开本尺寸：29 cm　254 页

书号：ISBN978－7－5591－0177－8　定价：218.00 元

提要：ART DECO 是欧洲新艺术运动的衍生物，更准确地说是工业革命的产物。在中国，受 ART DECO 影响最大的城市是上海。上海的 ART DECO 不仅仅局限于宏伟的建筑中，ART DECO 早已成为一种生活方式，融入上海人的血液。本书介绍了 ART DECO 在上海的起源和在上海的表现形式，展现多元化的上海 ART DECO。

揭秘中国第一批万吨轮

胡可一 著　　上海交通大学出版社

出版日期：2017.2　一版一次　开本尺寸：24 cm　249 页

书号：ISBN978－7－313－16499－5　定价：68.00 元

提要：本书围绕"中国第一艘万吨轮"之争，对 20 世纪 20 年代江南造船所交付的四艘万吨级运输舰的合同签订背景、设计图纸来源、船舶设计特点以及交付后运营情况进行了分析梳理。

金属艺术顶兴起——上海中心大厦和上海国金中心商场案例

邓祥官 著　　上海交通大学出版社

出版日期：2017.4　一版一次　开本尺寸：24 cm　251 页

书号：ISBN978－7－313－16810－8　定价：88.00 元

提要：本书选取了作者参与的金属艺术顶的施工案例，从工程质量和整体效果出发，探讨金属吊顶的设计、制造、安装的各环节以及相互间衔接的问题。 选取了上海中心大厦、上海国金中心商场等经典案例来分析如何将设计图纸表现为建筑物。

上海社区民防 300 问

上海市民防教育培训中心 编　上海教育出版社

出版日期：2017.1　一版一次　开本尺寸：21 cm　24 页

书号：ISBN978 - 7 - 5444 - 7811 - 3　定价：12.00 元

提要：《上海社区民防 300 问》以帮助社区民防干部和志愿者做好社区民防工作、普及民防知识为目的。 全书分"社区民防工作""防空防灾知识"上下两个篇章，包括民防概述、社区民防建设、人防基本知识、防灾应急措施、现场急救技能、心理防护手段六个方面内容，体现了上海特色、民防特性、社区特点。

话说长江河口——长江河口科技馆内容策划与设计

夏海斌 蒋雪中 刘斐 编著　上海科技教育出版社

出版日期：2017.1　一版一次　开本尺寸：26 cm　120 页

书号：ISBN978 - 7 - 5428 - 6339 - 3　定价：65.00 元

提要：本书是以"河口"为主题的科普读物。 阅读本书可以更深入地了解世界上各大河口与大城市间的伴生关系，知悉河口地区对国家和地区政治、经济、文化、社会发展的特殊重要意义。 本书以长江口与上海为阐述的重点，剖析长江河口自然、科技和人文的发展历程及其与上海这座国际化大都市之间的密切关系。

百年老桥再现辉煌——浙江路桥大修工程纪实

上海市政工程设计研究总院（集团）有限公司 主编　上海科学技

术出版社

出版日期：2017.6　一版一次　开本尺寸：27cm　71页

书号：ISBN978－7－5478－3440－4　定价：138.00元

提要：作为上海市的重点项目，通过此次彻底大修，历时八个多月，焕发出新的生机，已经使用了107年的浙江路桥至少还可以继续使用50年。　用图片记录总结浙江路桥修缮项目。　在复杂的周边环境下，实现百年文物桥梁安全可靠地抬升、移位并运输至维修厂房的过程非常复杂。　本次采用水中浮箱与陆上大型履带吊结合的方式将桥梁移运上岸，采用大吨位模块车运输，使宛如"瓷娃娃"的百年桁架文物桥梁，完好无损地实现了移出及复位。　这是技术攻关的难点，更是一门"艺术"。

上海城市更新五种策略

李翔宁　杨丁亮　黄向明　著　上海科学技术文献出版社

出版日期：2017.7　一版一次　开本尺寸：28cm　241页

书号：ISBN978－7－5439－7462－3　定价：168.00元

提要：本书从建筑角度介绍了上海更新的五种策略，这五种策略包括：异质空间，建设新镇以激活近郊与远郊；文化多元，发展半城镇化为国际社区；创新驱动，转化后工业地块为创新创意园区；文脉再生，重塑城市飞地以创造混合功能新城市中心；历史再造，批判性保护修复与理性扩建。　本书以图文形式对上述理论做了生动、可观而详实的介绍。

学思林——上海师范大学研究生优秀成果选集（2016）

俞钢　主编　上海三联书店

出版日期：2017.7　一版一次　开本尺寸：22cm　625页

书号：ISBN978－7－5426－5914－9　定价：58.00元

提要：上海师范大学研究生《学思林》已经连续出版了五本，这是第六集，这不仅见证了上海师范大学研究生学术创新的能力，还可透过五篇序文和若干照片一窥上海师范大学研究生教育进步的轨迹。 其中遴选的大约 70 多篇本校研究生的论文均在国内主要的期刊杂志上正式发表过，质量颇高，相信本书的出版将对相关专业的研究有借鉴作用。

城市道路人行道设施设置及铺装通用图集

上海市路政局 上海市市政规划设计研究院 编 同济大学出版社
出版日期：2017.4 一版一次 开本尺寸：19cm 51 页
书号：ISBN978 - 7 - 5608 - 6756 - 4 定价：32.00 元
提要：为体现"以人为本"的设计理念，进一步规范上海市城市道路人行道铺装以及人行道各类设施的合理设置，在总结以往建设和维护经验、科研成果、现实状况的基础上编制本图集。

城市更新之商业综合体不停业升级改造

郁凤兵 龙莉波 马跃强 主编 同济大学出版社
出版日期：2017.8 一版一次 开本尺寸：27cm 284 页
书号：ISBN978 - 7 - 5608 - 7272 - 8 定价：218.00 元
提要：本书通过总结上海第一八佰伴功能更新改造项目的成功案例，形成了一套完整的城市更新中商业综合体不停业升级改造经验总结和科研成果，共 8 章内容，包括项目咨询、设计、部署、施工、EPC总承包管理模式等，也形成了一系列非常宝贵的经验。 本书适合特别关注工程升级改造项目的工程技术人员以及相关的管理人员，也适合对此主题感兴趣的人员。

东岸漫步：黄浦江东岸公共空间贯通开放建设规划

张玉鑫 上海市黄浦江两岸综合开发浦东新区领导小组办公室 上

海市城市规划设计研究院 上海东岸投资（集团）有限公司 主编 同济大学出版社

出版日期：2017.10 一版一次 开本尺寸：26cm 361页

书号：ISBN978－7－5608－6747－2 定价：280.00元

提要：上海市 2015 年 10 月启动黄浦江东岸滨江开放空间贯通工作，黄浦江东岸开放空间贯通项目是推动上海市转型发展，提升城市综合竞争力和整体城市品质的重要战略举措，是浦东新区"十三五"重点项目。 记录黄浦江东岸滨江开放空间贯通的过程，展示上海在城市发展中综合效益的平衡的基础上，以人为本的整体发展战略，展现国际大都市城市形象，丰富世界滨水城市规划发展的新理念、新方法。

都市演进的技术支撑：上海近代建筑设备特质及社会功能探析（1865—1955）

蒲仪军 著 同济大学出版社

出版日期：2017.5 一版一次 开本尺寸：23cm 287页

书号：ISBN978－7－5608－6881－3 定价：68.00元

提要：本书是关于上海近代建筑史的研究，也是作者博士论文深化的成果。 论文以上海近代建筑设备特质及社会功能探析为出发点，将核心问题聚焦在近代建筑设备演进与上海都市现代性的关系上，以上海建筑设备重大历史事件发生时间为研究的时间区间和纵轴，分别从技术、制度、产业、文化等方面横向切入，通过文献挖掘、实物调研、案例分析与人物访谈获取大量史料，并加以分析与归纳，勾勒出上海近代建筑设备演进的脉络。

集粹扬帆：上海市城市规划设计研究院规划设计作品精选集Ⅲ

上海市城市规划设计研究院 编著 同济大学出版社

出版日期：2017.11　一版一次　开本尺寸：31cm　223页

书号：ISBN978－7－5608－7442－5　定价：280.00元

提要：本书主要展示了上规院2008年至今近十年来的项目，书中收录的项目除城市规划与设计的实践项目外，还有与实践相结合的研究类项目，以及上规院参与编制的规划类标准规范等。 各入选项目的主题亦紧扣当前城市规划设计领域热点话题，如规划转型、新型城镇化建设、"城市双修"等。

开放营造：为弹性城市而设计

倪旻卿　朱明洁　编著　同济大学出版社

出版日期：2017.9　一版一次　开本尺寸：21cm　369页

书号：ISBN978－7－5608－6937－7　定价：139.00元

提要：本书是有关上海"四平社区"城市微更新的项目的介绍，该项目是一个研究与实践结合的长期项目，旨在结合中国城市发展现状，探讨实体空间及社会学和文化意义上的城市社区情境，激活设计因子在都市生活和建成环境中的干预和催化作用。 书中记录了该计划所包含的全球都市公共空间创生实践案例展、10个公共空间在地项目和50余个社区微创意介入以及系列社区创意活动。

林荫道设计规程

上海市绿化和市容管理局　上海市路政局　上海市城市规划设计研究院　编　同济大学出版社

出版日期：2017.3　一版一次　开本尺寸：20cm　41页

书号：ISBN978－7－5608－6766－3　定价：16.00元

提要：本规程根据上海市城乡建设和管理委员会《关于印发〈2015年上海市工程建设规范编制计划〉的通知》(沪建管〔2014〕966号文)的要求编制而成。 主要内容包括：1总则；2术语；3基本规定；4总体设计；5 绿化设计；6 工程设计。

上海百年工业建筑寻迹

娄承浩 陶祎珺 编著 同济大学出版社

出版日期：2017.4 一版一次 开本尺寸：23cm 158 页

书号：ISBN978 - 7 - 5608 - 6799 - 1 定价：68.00 元

提要：本书主要讲述上海近代工业建筑的历史文化与保护，从上海成为中国近代工业发源地的历史渊源说起，对老上海的工业厂房与码头建筑的结构、类型等做了分类介绍，最后以当下部分典型的工业建筑保护实例对这座城市工业遗产的保护提出美好的建议。 因此本书是一本留存上海工业遗产、宣传工业历史建筑保护的科普读物，其受众不仅包括建筑院校师生，还将受到对近代上海滩历史感兴趣的社会大众的关注。

上海市房屋建筑工程养护维修预算定额（第一册）：房屋修缮工程 SH 00-41（01）-2016

上海市建筑建材业市场管理总站 上海市房地产科学研究院（上海市住宅修缮工程质量监测中心） 编 同济大学出版社

出版日期：2017.7 一版一次 开本尺寸：26cm 582 页

书号：ISBN978 - 7 - 5608 - 7088 - 5 定价：268.00 元

提要：本书共 18 章，包括土建工程和特种工程两大类，是统一上海市房屋修缮工程预算项目划分、计量单位和工程量计算的依据；是完成分项工程的人工、材料、机械台班消耗量的标准；是编制工程概算、施工图预算、最高投标限价依据，是进行投标报价、办理竣工结算的参考依据。

上海市房屋建筑工程养护维修预算定额（第一册）：房屋修缮工程 SH 00-41-2016　宣贯材料

上海市建筑建材业市场管理总站主　编　　同济大学出版社

出版日期：2017.9　一版一次　开本尺寸：30cm　60页

书号：ISBN978－7－5608－7233－9　定价：30.00元

提要：本书作为《上海市房屋建筑工程养护维修预算定额（第一册）房屋修缮工程 SH 00—41（01）－2016》配套用书，由定额编制概况和各章节编制概况两大部分组成。其主要内容包括：拆除工程；土方工程；混凝土和钢筋混凝土工程；加固工程；金属结构工程等。

上海轨道交通 12 号线工程关键技术研究与应用

高英林　陆晨　李文勇　主编　　同济大学出版社

出版日期：2017.6　一版一次　开本尺寸：26cm　268页

书号：ISBN978－7－5608－6839－4　定价：75.00元

提要：本书依托于上海轨道交通 11 号线工程，在介绍线路概况的基础上，归纳了工程在设计和施工过程中遇到的多方面挑战，诸如区间穿越过程中对高密度老旧民房、历史文物的保护，超深、超大枢纽站基坑的施工等。本书重点阐述为解决上述挑战所形成的具有本工程特色的各项关键技术，涵盖设计理念、技术集成、理论仿真、工艺装备、软件研发和技术标准化等方面。

上海国际旅游度假区基础设施绿色建设关键技术研究与应用

王庆国　金大成　蒋应红　主编　　同济大学出版社

出版日期：2017.11　一版一次　开本尺寸：29cm　465页

书号：ISBN978－7－5608－7073－1　定价：240.00元

提要：本书主要依托上海市科学技术委员会 2011 年 12 月立项的

《迪士尼工程绿色关键技术研究与集成示范》，共收录其 4 个子课题共计 11 本研究报告的成果内容和 24 篇学术论文。 涉及上海靠前旅游度假区核心区——上海迪士尼乐园一期工程建设过程中土壤资源的绿色应用、水资源的绿色循环、建立全面园区大数据系统以及全寿命周期的数字化管理等内容。

上海市工程建设规范道路路基设计规范

上海市政工程设计研究总院（集团）有限公司 主编 同济大学出版社

出版日期：2017.8 一版一次 开本尺寸：21cm 91 页

书号：ISBN978－7－5608－7132－5 定价：30.00 元

提要：本规范根据上海市城乡建设和管理委员会《2015 年上海市工程建设规范和标准设计编制计划》（沪建管［2014］966 号文）的要求编制而成，其主要内容有：1 总则；2 术语和符号；3 基本规定；4 一般路基；5 特殊路基；6 路基排水；7 路基防护与支挡；8 路基拓宽改建。本规范适用于上海市新建、改建和扩建公路与城市道路的路基设计。

上海市工程建设规范纤维增强复合材料加固混凝土结构技术规程

上海市建筑科学研究院（集团）有限公司 同济大学 主编 同济大学出版社

出版日期：2017.8 一版一次 开本尺寸：21cm 63 页

书号：ISBN978－7－5608－7171－4 定价：25.00 元

提要：为确保粘贴纤维增强复合材料加固混凝土结构技术可靠、安全适用、经济合理并适合上海地区的要求，特制定本规程。 本规程共分 6 章 2 个附录，主要内容包括：总则、术语及符号、材料、设计、施工、检查及验收等。

上海市工程建设规范住宅工程套内质量验收规范：DG/TJ 08-2062-2017 J 11493-2017

上海市建设工程安全质量监督总站 上海建科工程咨询有限公司主编 同济大学出版社

出版日期：2017.8 一版一次 开本尺寸：21cm 70页

书号：ISBN978-7-5608-7170-7 定价：30.00元

提要：本规范主要内容有：总则；术语；基本规定；建筑尺寸；室内地面；室内顶棚；室内墙面；建筑门窗；楼梯与护栏；细部工程；给排水与燃气；通风与空调；室内电气；弱电工程；太阳能热水系统；其他。 本规范适用于上海市新建住宅工程套内质量验收。

上海市建设工程施工费用计算规则

上海市建筑建材业市场管理总站 主编 同济大学出版社

出版日期：2017.6 一版一次 开本尺寸：21cm 6页

书号：ISBN978-7-5608-7084-7 定价：10.00元

提要：本书主要由建设工程施工费用的要素内容及计算方法、企业管理费和利润的内容及计算方法、措施费、规费的内容及计算方法，以及建设工程施工费用计算顺序表等内容组成。 本书适用于上海市行政区域范围内的建筑和装饰、安装、市政、轨道交通、园林、燃气、民防、水务、房屋修缮等建设工程预算定额的计价方式。

上海市建设工程施工费用计算规则

上海市建筑建材业市场管理总站 主编 同济大学出版社

出版日期：2017.6 一版一次 开本尺寸：21cm 13页

书号：ISBN978-7-5608-7113-4 定价：10.00元

提要：本书主要由建设工程施工费用的要素内容及计算方法、企业管理费和利润的内容及计算方法、措施费、规费的内容及计算方法，以及建设工程施工费用计算顺序表等内容组成。 本书适用于上海市行政区域范围内的建筑和装饰、安装、市政、轨道交通、园林、燃气、民防、水务、房屋修缮等建设工程预算定额的计价方式。

上海市建筑和装饰工程预算定额

上海市建筑建材业市场管理总站 主编　同济大学出版社

出版日期：2017.5　一版一次　开本尺寸：30cm　371页

书号：ISBN978‐7‐5608‐6955‐1　定价：228.00元

提要：本定额是完成规定计量单位分部分项工程所需的人工、材料、施工机械台班的消耗量标准，是编制施工图预算投标限价的依据，是确定合同价、结算价、调解工程价款争议的基础；也是编制上海市建设工程概算定额、估算指标与技术经济指标的基础以及作为工程投标报价或编制企业定额的参考依据。

上海市民防工程预算定额

上海市民防工程定额管理站 主编　同济大学出版社

出版日期：2017.12　一版一次　开本尺寸：30cm　76页

书号：ISBN978‐7‐5608‐7436‐4　定价：30.00元

提要：本书作为《上海市民防工程预算定额 SHA7—31—2016》配套用书，主要由定额编制概况、各章节编制说明及编制实例三大部分组成，其内容包括：土方工程；打桩工程；砌筑工程；混凝土及钢筋混凝土工程；金属结构制作工程；构件驳运及安装工程；门窗工程；楼地面装饰工程；防水及屋面工程等。本书可供工程建设及其相关行业从业人员参考使用。

上海市燃气管道工程预算定额

上海市燃气管理处 上海市建筑建材业市场管理总站 主编　同济

大学出版社

出版日期：2017.9 一版一次 开本尺寸：30cm 250页

书号：ISBN978－7－5608－7232－2 定价：30.00元

提要：本书作为《上海市燃气管道工程预算定额》配套用书，主要由定额编制概况和各分册章节编制概况两部分组成。全书系统介绍了新定额的特点，与"2000定额"的不同之处，使用时需要注意的问题等，有助于造价员准确把握"新定额"的内容，尽快熟悉、掌握和使用。

上海市市政工程预算定额（第一册）：道路、桥梁、隧道工程 SHA 1-31（01）-2016

上海市路政局 上海市建筑建材业市场管理总站 主编 同济大学出版社

出版日期：2017.7 一版一次 开本尺寸：30cm 237页

书号：ISBN978－7－5608－7081－6 定价：128.00元

提要：本定额共由七章组成，内容包括：土方工程、道路工程、桥涵工程、隧道工程、钢筋工程、拆除工程、措施项目。本定额是上海市市政工程专业统一定额，是完成规定计量单位分部分项工程所需的人工、材料、施工机械台班的消耗量标准，是编制施工图预算、最高投标限价的依据，是确定合同价、结算价、调解工程价款争议的基础。

上海市市政工程预算定额（第一册）：道路、桥梁、隧道工程 SHA 1-31（01）-2016 宣贯材料

上海市路政局 上海市建筑建材业市场管理总站 主编 同济大学出版社

出版日期：2017.7 一版一次 开本尺寸：30cm 53页

书号：ISBN978－7－5608－7112－7 定价：30.00元

提要：本材料是上海市市政工程预算定额：第一册道路、桥梁、隧道工程 SHA 1-31(01)-2016 的宣贯材料。

上海市水利工程预算定额：SHR1-31-2016 宣贯材料

上海市水务工程定额管理站　主编　同济大学出版社

出版日期：2017.8　一版一次　开本尺寸：30cm　55页

书号：ISBN978－7－5608－7240－7　定价：30.00元

提要：本书作为《上海市水利工程预算定额（SHR 1-31-2016）》的配套用书，主要由定额编制概况、各章节编制说明两大部分组成。 内容包括：土方工程；围堰及施工排水工程；桩基及地基处理工程；现浇混凝土及钢筋混凝土工程；预制混凝土及钢筋混凝土工程；石方工程；止水、伸缩缝及防水工程等。

上海市园林工程预算定额：SHA 2-31-2016

上海市建筑建材业市场管理总站 上海市绿化和市容（林业）工程管理站　主编　同济大学出版社

出版日期：2017.7　一版一次　开本尺寸：30cm　382页

书号：ISBN　定价：198.00元

提要：本书主要分为园林绿化工程和仿古建筑工程两部分。 主要内容包括：绿化种植工程、园路园桥工程、园林景观工程、绿化措施项目、土石方工程、基础垫层及楼地面工程、砌筑工程、混凝土及钢筋混凝土工程、石作工程、砖作工程、木作工程等。

上海市园林工程预算定额：SHA 2-31-2016 宣贯材料

上海市建筑建材业市场管理总站 上海市绿化和市容（林业）工程管理站　主编　出版社

出版日期：2017.7　一版一次　开本尺寸：30cm　68页

书号：ISBN978－7－5608－7238－4　定价：30.00元

提要：本书作为《上海市园林工程预算定额 SHA 2－31－2016》配套用书，由定额总体编制概况和各章节编制概况两大部分构成。其主要内容包括：绿化种植工程、园路园桥工程、园林景观工程、绿化措施项目、土石方工程、基础垫层及楼面工程、砌筑工程、混凝土及钢筋混疑土工程、石作工程、砖作工程、木作工程等。

同济八骏——中生代建筑实践

同济大学建筑与城市规划学院 编著　同济大学出版社

出版日期：2017.5　一版一次　开本尺寸：23cm　294页

书号：ISBN978－7－5608－6942－1　定价：188.00元

提要：本书收集了 11 组共 14 位中生代建筑师的作品，对每组建筑师选择其最有代表性的三件作品，同时介绍他们的设计理念，可以说代表了同济学派的最新动向。这些中生代建筑师受过良好而又严谨的专业教育，大部分人都拥有海外学习和工作的经历，但也一直保持着与建筑教学和理论探求的密切结合。

医院改扩建项目设计、施工和管理

吴锦华　张建忠　乐云 主编　同济大学出版社

出版日期：2017.6　一版一次　开本尺寸：26cm　460页

书号：ISBN978－7－5608－7082－3　定价：96.00元

提要：本书基于上海市第一人民医院改扩建项目，从甲方管理、设计、施工、投资和工程监理的角度，分别介绍医院建设项目管理的实践经验，对项目管理中主要工作的重点、难点和应对措施进行了详细的梳理总结。

智造密码：你应该知道的上海中心大数据

葛清　主编　同济大学出版社

出版日期：2017.7 版一次　开本尺寸：26cm　233 页

书号：ISBN978－7－5608－6669－7　定价：98.00 元

提要：图书通过"外观印象＋观摩体验＋地下探秘＋建造追问＋理念解码"这样五个大的篇章，将上海中心从外观形象、内部运营、建筑水准和现代理念中所展现出来的技术创新点逐一解读清晰，向外界宣告：这不仅仅是一座高楼，而是集结了中国一流的创新能力和最先进制造水准的"文化地标"。

佘山院子

王受之　著　浙江摄影出版社

出版日期：2017.5　一版一次　开本尺寸：21cm　128 页

书号：ISBN978－7－5514－1788－4　定价：45.00 元

提要：《佘山院子》是继《上海院子》之后，作者王受之关于上海居住类型杂谈的第二本散文。　作者从上海的城市个性展开，谈到上海城市建设过程中比较高端的住宅的设计历程，本书的十二篇文章比较多讨论上海的西式独立住宅的发展历程，特别以匈牙利建筑师邬达克设计的曾经叫作"哥伦比亚住宅圈"的建筑群体为案例，包括 29 幢独立式花园住宅，这个小区的住宅建筑包括英国式、美国式、荷兰式、意大利式、西班牙式和现代式等多种样式。　从这个项目展开，逐步谈到松江、佘山文化，最后落实在路劲集团的"佘山院子"项目。　文字轻松，旁征博引，图文并茂，是一本从不同角度了解上海住宅的轻松读物。

上海市建筑学会第七届建筑创作奖获奖作品集

上海市建筑学会 编　中国建筑工业出版社

出版日期：2017.10　一版一次　开本尺寸：29cm　348 页

书号：ISBN978-7-112-21403-7　定价：330.00 元
　　提要：第七届建筑创作奖是上海市建筑学会 2017 年度的一项重要工作。 自今年三月公告征集以来，得到了各会员及会员单位的积极响应，申报数再创新高。 共收到来自 54 个单位的 609 个项目，其中 556 项符合评选条件通过预审，城市设计类 68 项，公共建筑类 299 项，居住建筑类 64 项，城市更新类 22 项，市政交通类 24 项，园林景观类 52 项，室内外设计类 27 项。

主题乐园景观解析：揭秘上海迪士尼

赵慧敏 著　中国建筑工业出版社

出版日期：2017.5　一版一次　开本尺寸：23cm　182 页

书号：ISBN978-7-112-20324-6　定价：57.00 元

　　提要：本书从主题乐园的景观设计谈起，解析主题乐园景观设计的理念与方法。 并以"迪士尼"为解析的主体，介绍迪士尼的文化，解析"迪士尼"的设计理念及国外迪士尼乐园考察的收获，上海迪士尼景观设计的理念、方法、创意、困难、中国特色、案例等，揭秘著名景点景观设计的创想及方法，施工的经验等。

中国传统建筑解析与传承（上海卷）

中华人民共和国住房和城乡建设部 编　中国建筑工业出版社

出版日期：2017.1　一版一次　开本尺寸：30cm　298 页

书号：ISBN978-7-112-21212-5　定价：198.00 元

　　提要：《中国传统建筑解析与传承——上海卷》从上海建筑的古代、近代、当代和未来四个象限阐述了数千年来的上海建筑，既论述了历史的文脉，又顾及了当代和未来的发展主线。《上海卷》的上篇专注于解析，论述上海传统建筑的特色及其发展演变，建筑类型、空间、构造、营造及审美特征。 下篇专注于传承，在全球城市发展的背景下，以及当代语境下的历史文脉意识和传承创新，传承策略和未来展望，融汇了建筑传统及其发展延续的思想，是一本具有较高学术水平的研究专著。

江南制造局科技译著集成 1：天文数学卷·第壹分册

冯立昇 邓亮 主编　中国科学技术大学出版社

出版日期：2017.3　一版一次　开本尺寸：27cm　625页

书号：ISBN978‑7‑312‑03807‑5　定价：526.00元

提要：本书为2014国家古籍整理出版专项经费资助项目"江南制造局科技译著集成及数字化"出版内容之一，该项目共11卷，30分册。 本项目搜集江南制造局翻译出版的科技类著作150种，以及5种由江南制造局翻译而由他处刊行的科技著作。 又71种或非江南制造局编译者，由江南制造局出版的也收录其中。 共计162种。 对这162种译著均撰写提要，对其中重要译著的原作者、译者、成书情况、外文底本及主要内容和影响作迄今较为全面的介绍。

江南制造局科技译著集成 2：天文数学卷·第贰分册

冯立昇 邓亮 主编　中国科学技术大学出版社

出版日期：2017.3　一版一次　开本尺寸：27cm　830页

书号：ISBN978‑7‑312‑03808‑2　定价：670.00元

江南制造局科技译著集成 3：天文数学卷·第叁分册

冯立昇 邓亮 主编　中国科学技术大学出版社

出版日期：2017.3　一版一次　开本尺寸：27cm　637页

书号：ISBN　定价：516.00元

江南制造局科技译著集成 4：天文数学卷·第肆分册

冯立昇 邓亮 主编 中国科学技术大学出版社

出版日期：2017.3 一版一次 开本尺寸：27cm 610页

书号：ISBN978－7－312－03810－5 定价：492.00元

江南制造局科技译著集成 5：物理学卷·第壹分册

冯立昇 段海龙 主编 中国科学技术大学出版社

出版日期：2017.3 一版一次 开本尺寸：27cm 682页

书号：ISBN978－7－312－03811－2 定价：562.00元

江南制造局科技译著集成 6：物理学卷·第贰分册

冯立昇 段海龙 主编 中国科学技术大学出版社

出版日期：2017.3 一版一次 开本尺寸：27cm 559页

书号：ISBN978－7－312－03812－9 定价：454.00元

江南制造局科技译著集成 7：化学卷·第壹分册

冯立昇 王雪迎 邓亮 主编 中国科学技术大学出版社

出版日期：2017.3 一版一次 开本尺寸：27cm 645页

书号：ISBN978－7－312－03813－6 定价：534.00元

江南制造局科技译著集成 8：化学卷·第贰分册

冯立昇 王雪迎 邓亮 主编 中国科学技术大学出版社

出版日期：2017.3 一版一次 开本尺寸：27cm 626页

书号：ISBN978－7－312－03814－3 定价：504.00元

江南制造局科技译著集成 9：化学卷·第叁分册

冯立昇 王雪迎 邓亮 主编 中国科学技术大学出版社

出版日期：2017.3 一版一次 开本尺寸：27cm 581页

书号：ISBN978-7-312-03815-0 定价：470.00元

江南制造局科技译著集成 10：地学测绘气象航海卷·第壹分册

冯立昇 童庆钧 主编 中国科学技术大学出版社

出版日期：2017.3 一版一次 开本尺寸：27cm 601页

书号：ISBN978-7-312-04152-5 定价：496.00元

江南制造局科技译著集成 11：地学测绘气象航海卷·第贰分册

冯立昇 童庆钧 主编 中国科学技术大学出版社

出版日期：2017.3 一版一次 开本尺寸：27cm 601页

书号：ISBN978-7-312-04153-2 定价：486.00元

江南制造局科技译著集成 12：地学测绘气象航海卷·第叁分册

冯立昇 童庆钧 主编 中国科学技术大学出版社

出版日期：2017.3 一版一次 开本尺寸：27cm 490页

书号：ISBN978-7-312-04154-9 定价：398.00元

江南制造局科技译著集成 13：医药卫生卷·第壹分册

冯立昇 牛亚华 主编 中国科学技术大学出版社

出版日期：2017.3　一版一次　开本尺寸：27cm　763页
书号：ISBN978－7－312－04155－6　定价：628.00元

江南制造局科技译著集成 14：医药卫生卷·第贰分册

冯立昇 牛亚华 主编　中国科学技术大学出版社

出版日期：2017.3　一版一次　开本尺寸：27cm　616页
书号：ISBN978－7－312－04156－3　定价：500.00元

江南制造局科技译著集成 15：医药卫生卷·第叁分册

冯立昇 牛亚华 主编　中国科学技术大学出版社

出版日期：2017.3　一版一次　开本尺寸：27cm　915页
书号：ISBN978－7－312－04157－0　定价：746.00元

江南制造局科技译著集成 16：医药卫生卷·第肆分册

冯立昇 牛亚华 主编　中国科学技术大学出版社

出版日期：2017.3　一版一次　开本尺寸：27cm　722页
书号：ISBN978－7－312－04158－7　定价：584.00元

江南制造局科技译著集成 17：农学卷·第壹分册

冯立昇 邓亮 童庆钧 主编　中国科学技术大学出版社

出版日期：2017.3　一版一次　开本尺寸：27cm　894页
书号：ISBN978－7－312－04159－4　定价：730.00元

江南制造局科技译著集成 18：农学卷·第贰分册

冯立昇 邓亮 童庆钧 主编　中国科学技术大学出版社

出版日期：2017.3　一版一次　开本尺寸：27cm　593页
书号：ISBN978 - 7 - 312 - 04160 - 0　定价：480.00元

江南制造局科技译著集成 19：矿学冶金卷·第壹分册

冯立昇　邓亮　主编　中国科学技术大学出版社
出版日期：2017.3　一版一次　开本尺寸：27cm　555页
书号：ISBN978 - 7 - 312 - 04161 - 7　定价：458.00元

江南制造局科技译著集成 20：矿学冶金卷·第贰分册

冯立昇　邓亮　主编　中国科学技术大学出版社
出版日期：2017.3　一版一次　开本尺寸：27cm　599页
书号：ISBN978 - 7 - 312 - 04162 - 4　定价：486.00元

江南制造局科技译著集成 21：矿学冶金卷·第叁分册

冯立昇　邓亮　主编　中国科学技术大学出版社
出版日期：2017.3　一版一次　开本尺寸：27cm　566页
书号：ISBN978 - 7 - 312 - 04163 - 1　定价：458.00元

江南制造局科技译著集成 22：机械工程卷·第壹分册

冯立昇　主编　中国科学技术大学出版社
出版日期：2017.3　一版一次　开本尺寸：27cm　518页
书号：ISBN978 - 7 - 312 - 04164 - 8　定价：430.00元

江南制造局科技译著集成 23：机械工程卷·第贰分册

冯立昇　主编　中国科学技术大学出版社

出版日期：2017.3　一版一次　开本尺寸：27 cm　578 页

书号：ISBN978 - 7 - 312 - 04165 - 5　定价：468.00 元

江南制造局科技译著集成 24：机械工程卷·第叁分册

冯立昇　主编　中国科学技术大学出版社

出版日期：2017.3　一版一次　开本尺寸：27 cm　685 页

书号：ISBN978 - 7 - 312 - 04166 - 2　定价：556.00 元

江南制造局科技译著集成 25：机械工程卷·第肆分册

冯立昇　主编　中国科学技术大学出版社

出版日期：2017.3　一版一次　开本尺寸：27 cm　691 页

书号：ISBN978 - 7 - 312 - 04167 - 9　定价：562.00 元

江南制造局科技译著集成 26：工艺制造卷·第壹分册

冯立昇　主编　中国科学技术大学出版社

出版日期：2017.3　一版一次　开本尺寸：27 cm　602 页

书号：ISBN978 - 7 - 312 - 04168 - 6　定价：496.00 元

江南制造局科技译著集成 27：工艺制造卷·第贰分册

冯立昇　主编　中国科学技术大学出版社

出版日期：2017.3　一版一次　开本尺寸：27 cm　586 页

书号：ISBN978 - 7 - 312 - 04169 - 3　定价：474.00 元

江南制造局科技译著集成 28：工艺制造卷·第叁分册

冯立昇　主编　中国科学技术大学出版社

出版日期：2017.3　一版一次　开本尺寸：27cm　589页
书号：ISBN978－7－312－04170－9　定价：476.00元

江南制造局科技译著集成 29：军事科技卷·第壹分册

冯立昇　邓亮　王雪迎　主编　中国科学技术大学出版社
出版日期：2017.3　一版一次　开本尺寸：27cm　827页
书号：ISBN978－7－312－04150－1　定价：680.00元

江南制造局科技译著集成 30：军事科技卷·第贰分册

冯立昇　王雪迎　邓亮　主编　中国科学技术大学出版社
出版日期：2017.3　一版一次　开本尺寸：27cm　748页
书号：ISBN978－7－312－04151－8　定价：480.00元

江欢成自传：我的优化创新努力

江欢成　著　人民出版社
出版日期：2017.8　一版一次　开本尺寸：24cm　380页
书号：ISBN978－7－01－017169－2　定价：100.00元
提要：本书记述了江欢成院士的主要业绩。共分为："为祖国健
康工作50年"；东方明珠的故事；优化设计的探索和实践；设计创新
的思考和探索；从工程故事中西区教训等6编。

绿化种植土质量标准创新实践：上海国际旅游度假区绿化建设案例

金大成　沈烈英　方海兰　张勇伟　庞学雷　等著　中国林业出版社
出版日期：2017.3　一版一次　开本尺寸：26cm　306页

书号：ISBN978－7－5038－7885－5　定价：108.00元

提要：本书详细介绍了上海国际旅游度假区绿化种植土壤的各项技术，以及控制标准和质量监管，主要指标的技术内涵及其快速检测方法，提供了土地开发前土壤资源和保护再利用的案例，以及土壤主要障碍因子、盐碱土和压实土壤改良的技术对策及典型案例。

大爱无疆：复旦大学附属眼耳鼻喉科医院医疗援助纪实

李华　汪志明　主编　复旦大学出版社

出版日期：2017.6　一版一次　开本尺寸：23cm　280页

书号：ISBN978－7－309－12949－6　定价：66.00元

提要：自复旦大学附属眼耳鼻喉科医院建院以来，广大医务人员积极投身于对口支援和援边援外医疗队的多项卫生工作，以高度负责的态度、高尚的医德和精湛的医术为受援地人民提供优质医疗服务，有效提高了受援地医疗技术水平，留下了一支带不走的医疗队，充分诠释了"不畏艰苦，甘于奉献，救死扶伤，大爱无疆"的精神，用自己的实际行动赢得了受援地政府和人民的高度评价。　为弘扬传承医院优秀文化，激励我院更多的年轻医务人员，医院决定在65周年院庆来临之际，将建院以来对口支援干部和医疗队的珍贵资料予以梳理，汇编成册。

当关爱成为天使的羽翼：汾阳苑天使细语

李华　迟放鲁　席淑新　张琼　主编　复旦大学出版社

出版日期：2017.6　一版一次　开本尺寸：21cm　158页

书号：ISBN978－7－309－12954－0　定价：56.00元

提要：本书是复旦大学附属眼耳鼻喉科医院护士们撰写的一本有关护理工作和生活的书，共分为六篇，分别是关爱病人篇、关爱集体篇、关爱自我篇、主动求知篇、专科技术篇和灵活变通处置矛盾篇。书中用朴实的语言记录了她们在护理工作和生活中的点点滴滴，有对

"关爱，乃护理之本"护理人员核心价值理念的感悟，有在实践这一核心价值观的体会，有对护理工作中取得的成绩和不足的反思，还有在当前医患关系紧张的形式下护理人员获得病人及家属认可的欣慰和感叹。 本书中的事例体现了护士们用天使般纯真的心为病人着想，默默付出的精神，为医患和谐关系作出了贡献。

上海市麻风学学科史

陈家琨　秦环龙　主编　复旦大学出版社

出版日期：2017·6　一版一次　开本尺寸：25 cm　101页

书号：ISBN978 - 7 - 309 - 12940 - 3　定价：98.00元

提要：为了将本市八十年来麻风防治工作情况总结存世，我们以"尊重历史，尊重事实"为宗旨，组织了在麻风防治工作数十年的同道们对我院麻风学科发展做了全面的回顾和总结，并对今后麻风学科发展提出了建议和展望。 本书列编了麻风机构沿革、流行情况、院村建设、预防治疗、医科教研、宣传教育等，并附以图表、照片。

上海市失智老人康复服务需求及社会支持体系

苌凤水　著　复旦大学出版社

出版日期：2017.3　一版一次　开本尺寸：21 cm　272页

书号：ISBN978 - 7 - 309 - 12838 - 3　定价：42.00元

提要：本书综合运用多种研究方法，分阶段广泛收集各种研究资料，在系统分析国内外研究现状基础上，针对15158名65岁及以上的上海社区居民开展了抽样调查，明确了老人的基本情况，获得了老年痴呆患病率等第一手资料，进而针对失智老人及其照料者等进行专题调查。 本书系统介绍了失智老人社会支持体系的相关研究成果，最后提出相关政策建议与讨论。 本书内容丰富、资料翔实可靠、观点鲜明，为应对老龄化背景下的失智老人照护问题提供了重要参考。

上海市住院医师规范化培训实施效果评估

黄葭燕 著 复旦大学出版社

出版日期：2017.11 一版一次 开本尺寸：23cm 178页

书号：ISBN978-7-309-13326-4 定价：43.00元

提要：本书介绍本评估项目所采用的理论框架和具体实施方案，根据"投入—过程—产出—成效"的逻辑模型，梳理和总结了上海近30年来实施住院医师规培的过程、经历和总体开展情况，包括经费投入、过程管理、住院医师的招录和毕业情况等，不仅包括在培住院医师，也包括已就业的住院医师、带教老师、规培机构、管理部门相关人员等，研究不仅分析了反应层与学习层之间的相关性，同时通过多水平回归模型分析了不同类型规培医院与住院医师规培后效果之间的相关性。

用情呵护生命

丁强 顾小萍 主编 复旦大学出版社

出版日期：2017.11 一版一次 开本尺寸：23cm 247页

书号：ISBN978-7-309-13308-0 定价：66.00元

提要：本书为《用心呵护生命》姐妹篇，由华山医院护理人员编写。 内容包括学习与成长篇、服务与满意篇、专科与安全篇、交流与合作篇、爱心与奉献篇等。 护理人员用自己的感受、亲身体会，描述了一个个简单而温情的故事，全面展现华山人"厚德、仁术、创新、奉献"精神。

沪上顾氏喉科方技荟萃

郭裕 顾桂明 主编 科学出版社

出版日期：2017.6 一版一次 开本尺寸：21cm 110页

书号：ISBN978-7-03-053613-6 定价：40.00元

提要：本书汇集了顾氏喉科的特色验方、外治法、部分可公开的药物研制方法、顾氏喉科临床验案，以及喉科医家临床应用心得体会，使顾氏喉科经验得以整理，其独门祖传以碧雪散为代表的系列良方妙方得以呈现。最后附有中医喉科常用处方，以飨读者。

海派儿科推拿

金义成 陈志伟 蒋诗超 编著 青岛出版社

出版日期：2017.11 一版一次 开本尺寸：25cm 189页

书号：ISBN978－7－5552－5299－3 定价：39.00

提要：海派儿科推拿是发生、发展在上海这一特殊地域的具有其自身特点的儿科推拿学术流派。海派儿科推拿不仅传承了一指禅推拿防治儿科病的传统，并将其融入了小儿推拿。本书分为五个章节，分别从基本知识、常用手法、常用穴部、常见疾病治疗、儿科保健五个方面，把海派儿科推拿的理论和经验做了完整的阐述。

上海市医药卫生系统科研成果选编（2016）

金春林 主编 上海交通大学出版社

出版日期：2017.1 一版一次 开本尺寸：23cm 139页

书号：ISBN－978－7－313－18323－1 定价：30.00元

提要：《上海市医药卫生科研成果选编》是由上海市卫生和计划生育委员会科教处和上海市医学科学技术情报研究所共同合办的一本刊物。该刊于1975年创办，每年一期，迄今共出版了39期，主要收集刊登上海市卫生和计划生育委员会等有关部门组织鉴定通过的上海地区医药卫生科研成果，其中包括项目名称、完成单位、主要研究人员、成果水平、内容简介、主题词等内容。

十年：瑞金医院（2007—2017）

杨伟国 瞿介明 主编 上海交通大学出版社

出版日期：2017.10 一版一次 开本尺寸：24cm 370页

书号：ISBN－978－7－313－18222－7 定价：88.00元

提要：本书为上海瑞金医院110周年院庆书籍之一，从2007年7月至2017年6月上海交通大学医学院附属瑞金医院在《人民日报》《光明日报》等央级平面媒体、《解放日报》《文汇报》《新民晚报》等市级媒体刊登的新闻汇编。

海派中医陆氏针灸

陆焱垚 裴建 施征 主编 上海科学技术出版社

出版日期：2017.1 一版一次 开本尺寸：24cm 348页

书号：ISBN978－7－5478－2960－8 定价：48.00元

提要：本书共分为四个部分。上篇"渊源与发展"，主要讲述陆氏针灸的历史传承以及陆氏针灸人物事略；中篇"学术与临床"，从学术思想、临床经验、优势病种及相关适宜技术与特色、经典医案与医话等方面系统总结陆氏针灸的理论、诊治经验、用药及技术特色；下篇介绍陆氏针灸流派发展的现状与创新对其学术、临床、文化、人才建设进行总结；附篇"流派速览"，则收录了"陆氏针灸"传承谱系、大事记、重要论著索引等内容。

海派中医恽氏中西医汇通

董竞成 主编 上海科学技术出版社

出版日期：2017.3 一版一次 开本尺寸：24cm 419页

书号：ISBN978－7－5478－3486－2 定价：48.00元

提要：本书共分为三个部分，上篇"渊源与发展"，主要讲述恽氏中西医汇通历史传承、流派人物与流派记事；中篇"学术与临床"，从学术思想、临床经验、医话心得、经典医案、用药特色与验方以及流派优势病种等方面系统总结恽氏中西医汇通的学术思想、诊治经验、用药特色；下篇"现状与创新"，介绍了恽氏中西医汇通流派发展的现状与创新，收录传承团队的跟师心得学习，并附恽氏中西医汇通大事记等内容。

上海市医学会百年纪念科普丛书：名医经典远离风湿痛（1917—2017）

上海市医学会 上海市医学会风湿病专科分会 组编 上海科学技术出版社

出版日期：2017.11 一版一次 开本尺寸：24cm 197页

书号：ISBN978-7-5478-3704-7 定价：30.00元

提要：本书分为三大部分。 第一部分"读经典"，收录风湿科专科分会权威专家历年来发表于各大杂志、报刊、网站、广播等媒体的科普佳作19篇，既能够向大众展示风湿病科普知识，又体现了风湿病领域如今的发展现状。 第二部分"问名医"是风湿科科普知识问答，来自上海10余家三级甲等医院知名风湿科专家，对大众关心的风湿科常见病的基本知识、自我保健等常见问题答疑解惑。 第三部分"微辞典"，列举了11种常见的风湿病化验指标并对其进行详细全面的解析，能够帮助大家更好地了解化验指标的意义。

上海市医学会百年纪念科普丛书：神经如何控制行为（1917—2017）

上海市医学会 上海市医学会脑电图与临床神经生理专科分会 组编 上海科学技术出版社

出版日期：2017.11 一版一次 开本尺寸：24cm 148页

书号：ISBN978-7-5478-3722-1 定价：30.00元

提要：第一部分"读经典"，精选了上海市医学会脑电图与临床神经生理专科分会知名专家撰写的经典科普文章。 这些专家以极其通俗的语言，带领读者探索神经生理这门深奥、神秘而与大众健康息息相关的学科。 癫痫、睡眠障碍、头痛、神经痛等困扰大众的疑难疾病，经他们的笔而揭示出与神经控制的奥秘。 第二部分"问名医"，由临床的一线专家总结了脑电图、肌电图、多导睡眠图、神经电图等各种脑电生理现代诊断和治疗技术在临床的实际运用。 患者在这些检查中所遭遇问题，诸如应该到哪个科室去做检查、检查时要注意什么、这些检查有没有痛苦和伤害等，都有一一解答。 无论是在寻医阶段，还是在诊断、治疗或随访和康复阶段，这本书中的知识和指引都会对患者和家属有极大的帮助。

上海市医学会百年纪念科普丛书：名医支招防治普外科疾病（1917—2017）

上海市医学会 上海市医学会普外科专科分会 组编　上海科学技术出版社

出版日期：2017.11　一版一次　开本尺寸：24 cm　190 页

书号：ISBN978－7－5478－3742－9　定价：30.00 元

提要：为了庆祝上海医学会成立 100 周年，由上海市医学会普外科分会组织众多专家编写了《普外科分册》一书。 此书根据普外科领域最新研究进展及科研、临床中经常遇到的问题精心编撰而成，涵盖每个人一生中都会遇到的普外科疾病的方方面面，内容权威且实用。

上海中医药发展史略

季伟苹 主编　上海科学技术出版社

出版日期：2017.7　一版一次　开本尺寸：27 cm　517 页

书号：ISBN978－7－5478－3527－2　定价：98.00 元

提要：本书是一部学术性的史学专著，以时间为顺序，以海派中医发展、兴盛脉络为主题，以文化、教育、医疗机构、学术发展等为主线，分溯源篇、开埠篇、变革篇、曙光篇和复兴篇五大篇，以史学研究方法，试图穿越悠远的历史长廊，追寻海派中医一路辉煌走来的足迹，展现海派中医数百年曲折而辉煌的历史画卷，并揭示其不同时期的发展特点，为上海乃至全国中医今后的发展提供历史借鉴。

上海地区馆藏未刊中医钞本提要

段逸山　主编　　上海科学技术文献出版社

出版日期：2017.6　一版一次　开本尺寸：25 cm　4册　2127页

书号：ISBN978－7－5439－7242－1　定价：980.00元

提要：本书收录了上海地区馆藏1911年之前未经刊刻的中文中医钞本的提要。 酌收1911年之后所抄录1911年之前已佚之钞本。 内容包括：医经与基础理论；伤寒金匮、诊法等。

上海市恶性肿瘤发病率、死亡率和生存率（2001—2012）

仲伟鉴等　主编　　上海科学普及出版社

出版日期：2017.11　一版一次　开本尺寸：30 cm　363页

书号：ISBN978－7－5427－7042－4　定价：68.50元

提要：本书将2001—2012年的肿瘤登记历史资料进行了全面的回顾性整理。 这项工作按照世界癌症研究机构（International Agency for Research on Cancer, IARC）制定的肿瘤登记的标准和规范，用现行的编码标准对历年收集的肿瘤的发病、死亡和现患资料数据库进行了重新审核和编码整理，并进行汇总、统计和分析，是2007年3月出版的《上海市区恶性肿瘤发病率、死亡率和生存率（2001—2012）》专著的延续，因此也特别增加了1998—2002年的合计发病率和死亡率汇总。

海上名医论治臌

祝峻峰 主编　上海浦江教育出版社

出版日期：2017.8　一版一次　开本尺寸：21cm　174页

书号：ISBN978‐7‐81121‐514‐4　定价：28.00元

提要：本书是上海市中医医院肝病科祝峻峰教授领衔编写的一本上海地区著名老中医治疗臌胀病的学术经验的汇总，共收集了不同时期各有学术专长的姜春华、韩哲仙、颜德馨、夏德馨、张云鹏、朱彬彬等共计8位沪上名老中医的心得体悟，内容丰富，切合临床，学术价值很高。

海上名医：张元鼎流派研究

朱凌云 主编　上海人民美术出版社

出版日期：2017.2　一版一次　开本尺寸：29cm　419页

书号：ISBN978‐7‐5586‐0166‐8　定价：420.00元

提要：本书分五个专题：张元鼎家族的故事；古代张氏内科流派形成的渊源；近代张氏内科诊所的回忆；现代张氏内科流派的传承；当代张氏内科方剂述略。

蔡氏妇科风云录

黄素英 主编　上海文化出版社

出版日期：2017.8　一版一次　开本尺寸：22cm　225页

书号：ISBN978‐7‐5535‐0810‐8　定价：48.00元

提要：蔡氏妇科发源于上海江湾，肇始于清代乾隆年间，历经二百余年，源远流长，至今已传至第八代。 本书介绍了上海蔡氏妇科的渊源及传承历史，从蔡砚香、蔡小香、蔡香荪，直到蔡小荪的传承流变，特别是对第七代传人蔡小荪进行了重点阐述，从前七代家族内部传承到第八代广收学生，使蔡氏妇科发扬光大，功莫大焉。

国医大师裘沛然：治疗疑难危急重症经验集

方邦江　裘世轲　主编　中国中医药出版社

出版日期：2017.2　一版一次　开本尺寸：21cm　366页

书号：ISBN978－7－5132－3768－0　定价：39.00元

提要：裘沛然先生是国医大师、上海中医药大学和上海市中医药研究院终身教授，长期从事中医教育工作和中医理论、临床研究工作，是中国现代享有崇高声誉的名老中医。先生中医理论造诣深厚，学术思想及临床经验丰富独到，尤其是他在治疗疑难危急重症方面的经验和学术思想，更是难能可贵。本书即是裘沛然先生治疗疑难危急重症经验的整理总结。

上海市水文水资源调查评价研究

顾圣华　主编　河海大学出版社

出版日期：2017.11　一版一次　开本尺寸：24cm　230页

书号：ISBN978－7－5630－4642－3　定价：38.00元

提要：本书主要阐述了第一次全国水利普查暨第二次上海市水资源普查的八项任务：一是全面查清本市河流湖泊的基本情况和特征、二是全面查清本市水务工程基本情况、三是查清本市经济社会用水状况、四是全面查清本市河流湖泊开发利用和治理保护情况、五是查清本市水土保持情况、六是全面查清本市水资源数量和质量的情况、七是查清本市水务行业能力建设情况、八是建立水利（水资源）基础信息管理平台。

上海市九段沙浮游藻类图册

上海市九段沙湿地自然保护区管理署　编　科学出版社

出版日期：2017.10　一版一次　开本尺寸：22cm　90页

书号：ISBN978－7－03－054762－0　定价：60.00元

提要：上海九段沙湿地自然保护区浮游藻类以河口半盐水及近岸低盐类群为主，有来自海洋中的海洋藻类，也有来自长江的淡水种类在这里交汇。 本书记述了九段沙湿地自然保护区水域的藻类植物5门11目19科30属69个分类单位。 本书对所有的种类都进行了形态学描述，附有所有种类的光学显微镜或者扫描电镜的照片，这些照片的拍摄都来自所采集的九段沙湿地水域藻类样品。

野趣上海

《野趣上海》编写组 著 上海科技教育出版社

出版日期：2017.7 一版一次 开本尺寸：21cm 241页

书号：ISBN978－7－5428－6581－6 定价：48.00元

提要：这是一本引导野趣之旅的书，关注身边自然，培育本地情感，为亲子家庭和年轻人提供一份亲近自然、参与城市自然体验活动的指南，读者既可以按图索骥，独自寻访书中描述的野趣驿站，也可参与行动，与野趣驿站的守护者共同呵护本地的野趣自然。

崇明白山羊

上海市崇明区动物疫病预防控制中心 上海市崇明畜牧协会 编著
上海科学技术出版社

出版日期：2017.8 一版一次 开本尺寸：24cm 160页

书号：ISBN978－7－5478－3629－3 定价：98.00元

提要：本书系统介绍了国内著名山羊品种——长江三角洲白山羊的优秀代表"崇明白山羊"在崇明岛形成的历史及其自然环境，介绍了它的种质特性和生产性能，披露了崇明白山羊原种场育种、保种30年的科技成果，介绍了崇明白山羊标准化生产技术规范，包括规模山羊场建设、饲草料种植加工、繁殖配种、舍饲管理、疫病防治等技术经验及信息化管理新技术。

上海湿地植物

袁琳　袁晓　秦祥堃　田波　主编　　上海科学技术出版社

出版日期：2017.7　一版一次　开本尺寸：25cm　173页

书号：ISBN978－7－5478－3562－3　定价：128.00元

提要：《上海湿地植物》记录了作者在上海市辖区发现的约330种野生水生植物，每种都有简短精练的文字，说明其分类地位、鉴别特征、自然分布环境，并配以精美的物种鉴别和生态照片。《上海湿地植物》由上海盛通时代印刷有限公司印刷。

上海环境科学集（第18辑）

上海环境科学编辑部　编　　上海科学技术出版社

出版日期：2017.6　一版一次　开本尺寸：29cm　143页

书号：ISBN978－7－5478－3509－8　定价：40.00元

提要：本书是环境科学专业学术性刊物《上海环境科学》的系列专辑之一，从不同角度介绍了环境科学领域的研究成果、防治污染的高新技术及学科发展动态，涉及环境管理、环境法学、生态环境、环保产业等。 内容详实、观点新颖、信息量大、可读性强，适合环境科学工作者及大专院校师生阅读参考。

上海环境科学集（第19辑）

上海环境科学编辑部　编　　上海科学技术出版社

出版日期：2017.11　一版一次　开本尺寸：29cm　124页

书号：ISBN978－7－5478－3752－8　定价：40.00元

提要：本书收录了《绿色发展理念下生态扶贫的战略构思》《制药混装制剂生产废水处理试验研究》《居民食物氮足迹分析及其动态研究》等文章。

上海市森林生态连清体系监测布局与网络建设研究

高翔伟等 著 中国林业出版社

出版日期：2017.2 一版一次 开本尺寸：29cm 169页

书号：ISBN978-7-5038-8890-8 定价：98.00元

提要：本书充分反映了上海城市森林建设成果，本书的出版为在市域尺度上构建一个观测站布局合理设施完善的森林生态连清体系监测网络奠定了基础，全面监测森林生态系统服务功能，为森林生态连清提供有效的数据支撑。

上海电气出租物业与建设工程项目安全管理标准化指导手册

上海电气集团置业有限公司 中国安全生产科学研究院 编著 中国环境出版社

出版日期：2017.3 一版一次 开本尺寸：24cm 150页

书号：ISBN978-7-5111-3114-0 定价：30.00元

提要：本书包含《建设工程项目安全管理标准化实施规范（2016年版）》和《出租物业安全管理标准化实施规范（2016年版）》。 其中：《建设工程项目安全管理标准化实施规范（2016年版）》重点对建设方的安全管理模式及具体工作事项进行了规范，共有7章主体内容和11个方面的支撑附件。《出租物业安全管理标准化实施规范（2016年版）》重点对出租物业的出租方的安全管理模式及具体工作事项进行了规范，共有9章主体内容和3大类支撑性附件。

宝钢油井管产品使用手册

张忠铧 主编 上海交通大学出版社

出版日期：2017.5 一版一次 开本尺寸：24cm 546页

书号：ISBN978-7-313-16840-5 定价：198.00元

提要：本书系统介绍了宝钢油井管产品的种类、特点和用户使用技术，全面展示了宝钢在油井管产品中的研究成果，为油田工程设计、物资采购、现场操作等相关人员更好地选择使用宝钢油井管产品提供了技术支撑。

方志年鉴

上海市志：人民政协分志（1978—2010）

上海市地方志编纂委员会 编 上海人民出版社

出版日期：2017.11 一版一次 开本尺寸：30cm 843页

书号：ISBN978－7－208－14861－1 定价：288.00元

提要：本书设有特载、总述、市人大工作、市政协工作、节能减排、环境质量、规章、规划和计划、环境执法、污染防治与环境建设、生态保护与建设、环境管理、科学与技术、信息化建设、资源保护与利用、环保产品与市场等栏目，记述了 2015 年度上海市环境保护的重大事件和环境建设的新成就。

上海市志：工业分志·工业综述卷（1978—2010）

上海市经济和信息化委员会 编著 上海辞书出版社

出版日期：2017.7 一版一次 开本尺寸：30cm 556页

书号：ISBN978－7－5326－4962－4 定价：348.00元

提要：是一部全面反映上海工业自"五五"计划到"十一五"计划期间改革开放、调整发展全貌的资料性文献，记述了上海工业系统 1978 年到 2010 年 33 年时间的历史发展轨迹，真实地反映了上海工业系统改革开放 33 年来的特色和特点。

上海市志：工业分志·纺织业卷（1978—2010）

上海市地方志编纂委员会 编 上海辞书出版社

出版日期：2017.7 一版一次 开本尺寸：29cm 2册 1296页

书号：ISBN978－7－5326－4953－2 定价：428.00元

提要：本书分为述（概述、无题导言）、记（大事记、专记）、传（人物传）、志（行业概览、企业选介、改革开放、调整转型、科研技术、管理）。分为篇、章、节、目、子目、细目六个层次，并配以图、表、照。采用"横排竖写"、"横分纵述"的编纂原则，行业概览篇以纵为主,对各行业的历史沿革、工艺设备和产品开发进行简要溯源,基本以 10 年为一代,分成三个阶段记述。 改革开放篇和调整转型篇记载以国有企业为主的上海纺织行业的发展历程。 管理篇和科研技术篇则留下纺织行业 30 多年来独特、严谨、创新的成果。

上海市志:交通运输分志·港口卷(1978—2010)

上海市地方志编纂委员会 编 上海交通大学出版社

出版日期:2017.7 一版一次 开本尺寸:30cm 931 页

书号:ISBN978‐7‐313‐17122‐1 定价:488.00 元

提要:本书是首轮《上海港志》的续修。 其卷编修体制创新、编纂体例因创并重、资料全面、价值取向多元,彰显的编修特色可为续修志书借鉴。 从整体上看,本卷是一部展示上海港改革开放全貌的资料性文献。

上海方志研究论丛(第三辑)

朱敏彦 上海市地方志办公室 上海市地方史志学会 编 上海书店出版社

出版日期:2017.6 一版一次 开本尺寸:21cm 398 页

书号:ISBN978‐7‐5458‐1467‐5 定价:35.00 元

提要:《上海方志研究论丛》(第三辑)由上海市地方志办公室、上海市地方史志学会编。 本书是上海市地方史志学会从学会会员在2013—2016 年间发表在《中国地方志》《上海地方志》等学术刊物和中国地方志学会学术年会、上海市地方史志学会学术年会上的数百篇学术论文中精选了 56 篇。 从一个侧面反映了近 4 年上海市方志界专家学者和方志工作者在方志理论思考与编纂实践探索的道路上前进的踪迹和阶段性成果。

上海市级专志：瑞金医院志

上海市地方志编纂委员会 编 上海科学技术文献出版社

出版日期：2017.9 一版一次 开本尺寸：30cm 842页

书号：ISBN978－7－5439－7543－9 定价：800.00元

提要：本志以医院和瑞金医疗集团为记述范围，反映医院自1907年建院至2010年，共计103年发展过程。本志共计10篇38章。卷首列图照、序言、总述、大事记，志文采用记、述、志、传、表、图等形式表达，以篇、章、节、目等层次排列。之后设专记，卷末设索引和编后记。

上海市奉贤区民主党派志

《上海市奉贤区民主党派志》编纂委员会 编 方志出版社

出版日期：2017.3 一版一次 开本尺寸：27cm 363页

书号：ISBN978－7－5144－2394－5 定价：200.00元

提要：《上海市奉贤区民主党派志》由序、总述、大事记、正文、编后记五部分组成，本书设十章，按章、节、目三层次，横排纵述，纵横结合，着重记述中国国民党革命委员会上海市奉贤区委员会、中国民主同盟上海市奉贤区委员会、中国民主建国会上海市奉贤区委员会、中国民主促进会上海市奉贤区总支部委员会、中国农工民主党上海市奉贤区委员会、中国致公党上海市奉贤区总支部委员会、九三学社上海市奉贤区委员会七大民主党派成立及发展情况，并对相关人物及重要文化艺术作品做细致介绍，结构合理，编排规范，层次清楚，体现了志书的科学性。

上海城隍庙志

吉宏忠 主编 宗教文化出版社

出版日期：2017.10 一版一次 开本尺寸：24cm 2册 848页

书号：ISBN978－7－5188－0438－2 定价：160.00元

提要：上海城隍庙坐落于上海市最为繁华的城隍庙旅游区，是上海地区重要的道教宫观，始建于明代。 新时期随着宗教信仰自由政策的逐步落实，上海城隍庙得到恢复，重新成为由正一派道士管理的道教宫观。 本书广揽博收各方资料，悉心整理，现编为上海城隍庙志及资料类编两部分，庙志部分介绍上海城隍庙的沿革、殿宇、园林、要事、机构、公益事业等；资料类编部分从类史籍、碑刻、报刊、档案、杂纪中选编相关内容。 期本书成为精品传世之作。

上海市胸科医院上海交通大学附属胸科医院 60 年院志

上海市胸科医院 编　上海交通大学出版社

出版日期：2017　一版一次　开本尺寸：27cm　349 页

书号：ISBN978－7－313－18134－3　定价：128.00 元

提要：本书以条目为基本题材，以进展时间为先后顺序，分为概述、行政管理、党团组织、医护管理、学科建设、医学科研、医学教育、人物，以及附录等内容，客观记载了上海市胸科医院从 1957 年成立至 2017 年的整个发展历程。

普陀医院志

《普陀医院志》 编纂委员会 编　方志出版社

出版日期：2017.7　一版一次　开本尺寸：29cm　508 页

书号：ISBN978－7－5144－2469－0　定价：266.00 元

提要：普陀区是上海市辖区之一，地处上海市区西部市郊结合部。 东距铁路上海站 3.2 公里，东南距市中心人民广场 5.1 公里，西南距虹桥机场 8.8 公里。 区境西、北和嘉定、宝山区相接，东、南和闸北、静安、长宁、闵行等区毗连。 普陀医院源于 1917 年的存济医院，为舟山最早创建的医院。 本书共十二篇，分别为组织机构、医疗、护理、医技、科研教学、公共卫生、创建活动、医院管理、设施设备、医院体制机构改革、人物、丛录。

上海财经大学志（1917—2017）

《上海财经大学志》编纂委员会 编　　上海财经大学出版社

出版日期：2017.9　一版一次　开本尺寸：29cm　922页

书号：ISBN978‐7‐5642‐2796‐8　定价：518.00元

提要：本书以马克思列宁主义、毛泽东思想、邓小平理论、"三个代表"重要思想、科学发展观为指导，深入贯彻习近平总书记系列重要讲话精神和治国理政新理念新思想新战略，坚持实事求是原则，力求全面、准确地记述上海财经大学的发展历程。 本书记述时间，上起民国六年南京高等师范学校商业专修科的设立，总体下限至2017年3月。

上海申达股份有限公司志（1992—2016）

上海申达股份有限公司志编纂委员会 编　　东华大学出版社

出版日期：2017.11　一版一次　开本尺寸：29cm　671页

书号：ISBN978‐7‐5669‐1271‐8　定价：168.00元

提要：上海申达股份有限公司是中国第一批由国有企业改制的纺织类上市公司。 自1992年改制上市，至今已走过25年。 适时修志是申达股份的夙愿和筹划已久的大事，是一项意义深远的文化工程。《申达公司志》遵循修志工作的基本规律和方法，坚持科学记述，注重反映特色。 公司内外上下从筹划、收集资料到撰写文稿、分纂总纂，历时两年，终于完稿付梓。 这部60万字的志书，凝聚着申达股份员工的智慧和心血，为后人留下资料，可发挥"资治、教化、存史"的作用，是申达股份继往开来的一座宝藏。

上海政协年鉴（2013）

徐海鹰 主编　上海社会科学院出版社

出版日期：2017.5　一版一次　开本尺寸：26cm　553页

书号：ISBN978－7－5520－1900－1　定价：350.00元

提要：本年鉴全面阐述上海市政协2013年的工作情况，分为三编：（一）市政协领导文章、重要讲话，收录上海市政协主席、副主席在政协重要会议上的讲话。（二）上海市政协编，包括上海市政协主要会议、重要活动、会议提案、组织情况、大事记等。（三）区县政协编，反映上海市各区县政协的主要工作情况。 是了解上海市政协的重要资料书。

上海政协年鉴（2014）

徐海鹰 主编　上海社会科学院出版社

出版日期：2017.10　一版一次　开本尺寸：27cm　545页

书号：ISBN978－7－5520－2027－4　定价：350.00元

提要：本年鉴分上海市政协和区县政协两篇。 主要包括领导讲话、文章，工作报告，决议决定，制度建设，重要会议，重要活动，协商民主，专门委员会工作，专题调研，委员视察，重点督办提案，反映社情民意，社会团体，组织概况，机关建设，报刊社论、媒体报道，大事记等内容。

上海统计年鉴（2017）

周亚 朱章海 上海市统计局 国家统计局上海调查总队 编　中国统计出版社

出版日期：2017.11　一版一次　开本尺寸：30cm　479页

书号：ISBN978－7－5037－8215－2　定价：480.00元

提要：本年鉴收录了2016年上海的经济和社会等各方面的统计数

据，以及重要年份和改革开放以来的主要统计数据。 全书内容分为23个篇目，包括：综合、人口、国民经济核算、财政收支、固定资产投资、对外经济贸易和旅游、人民生活、城市建设、金融业、房地产业、科学技术等。

上海调查年鉴（2017）

国家统计局上海调查总队上海市统计局 编　中国统计出版社

出版日期：2017.1　一版一次　开本尺寸：30cm　186页

书号：ISBN978－7－5037－8150－6　定价：280.00元

提要：本年鉴图文并茂地记录2016年上海城市日新月异的演进。全鉴门类齐全，资料系统，数据准确，行文简明，体现2016年上海的时代特征、地方特色、年度特点。

上海商务年鉴（2016）

上海市商务委员会 编　上海锦绣文章出版社

出版日期：2017.5　一版一次　开本尺寸：29cm　657页

书号：ISBN978－7－5452－1865－7　定价：280.00元

提要：本年鉴记载了2015年上海商业、服务业、外贸、利用外资、对外经济合作、商务体制改革等方面的发展情况，全面、客观地记录上海商务系统2015年的工作和所取得的成绩，反映上海商务发展轨迹和国际贸易中心建设成果。

上海商务年鉴（2017）

上海市商务委员会 编　东华大学出版社

出版日期：2017.10　一版一次　开本尺寸：29cm　713页

书号：ISBN978－7－5669－1287－9　定价：280.00元

提要：本年鉴设综合、商业、服务业、对外贸易、利用外资、对外经济合作、区域经济和企业、要闻大事、服务便览、统计资料 10 个部分，全面收集了上海 2016 年商务发展情况及资料信息。

上海商贸年鉴（2017）

《上海商贸年鉴》编纂委员会 编　上海锦绣文章出版社

出版日期：2017.5　一版一次　开本尺寸：29cm　319 页

书号：ISBN978 - 7 - 5427 - 7009 - 7　定价：350.00 元

提要：本年鉴记载了 2016 年上海内贸、外贸、利用外资、对外经济合作、服务贸易、技术贸易、商贸体制改革等方面的发展情况，重点反映上海商贸企业改革及经营情况。

上海工业年鉴（2017）

上海市经济和信息化委员会 编　上海社会科学院出版社

出版日期：2017.8　一版一次　开本尺寸：30cm　426 页

书号：ISBN978 - 7 - 5520 - 2107 - 3　定价：350.00 元

提要：本年鉴是一部全面系统反映上海产业发展、经济运行、技术进步和各类所有制工业企业情况的年度资料性工具书。设置了 11 个栏目，包括：特载、综述、专题、区县工业、企业简介、上市股份公司、行业协会简介、大事记、经济法规、统计资料和企业形象。

上海文化年鉴（2017）

翁铁慧 主编　《上海文化年鉴》编辑部

出版日期：2017.10　一版一次　开本尺寸：29cm　419 页

书号：ISBN978 - 7 - 5148 - 0517 - 8　定价：400.00 元

提要：本年鉴是一部翔实记录和反映上海文化产业年度发展状况

的大型综合性、权威性、资料性年刊，也是上海文化产业研究领域信息容量大、资料索引全、可供长期保存和反复查阅的大型工具书，具有"存史"和"镜鉴"价值。

上海旅游年鉴（2017）

《上海旅游年鉴》编辑委员会 编 上海辞书出版社

出版日期：2017.12 一版一次 开本尺寸：27cm 476页

书号：978－7－5326－5050－7 定价：300.00 元

提要：本年鉴是一部全面反映上海旅游业发展状况发展示旅游业所取得的成就和专业工具书。 是对 2017 年上海旅游业发展的轨迹和取得成就的回顾和总结。

上海科技年鉴（2017）

《上海科技年鉴》编辑部 编 上海科学普及出版社

出版日期：2017.9 一版一次 开本尺寸：30cm 456页

书号：ISBN978－7－5427－7031－8 定价：300.00元

提要：本年鉴反映 2017 年间上海科技工作取得的成就。 旨在向上海和国内外全面、系统、真实地介绍上海市科学技术工作发展的基本情况，反映上海市科学技术取得的新成果、新情况、新进展、新知识。

上海体育年鉴（2016）

上海市体育局 编 上海科学技术文献出版社

出版日期：2017.6 一版一次 开本尺寸：29cm 391页

书号：ISBN978－7－5439－7341－1 定价：200.00元

提要：本年鉴内容包括：综述、大事记、专记、群众体育、竞技体育、青少年体育、重要赛事、体育产业、科研教育对外交往、基本建设、运动成绩等。 记述了 2015 年度上海地区体育工作的基本情况。

上海交通年鉴（2016）

上海市交通委员会 编 上海人民出版社

出版日期：2017.4 一版一次 开本尺寸：29 cm 365 页

书号：ISBN978－7－208－14394－4 定价：320.00 元

提要：本年鉴由特载、大事记、专记、主体内容和附录五部分组成，主要记载 2015 年度上海交通领域的重大事项、重要情况、重要成就。

上海环境年鉴（2016）

《上海环境年鉴》编辑委员会 编 上海人民出版社

出版日期：2017.5 一版一次 开本尺寸：29 cm 327 页

书号：ISBN978－7－208－14246－6 定价：380.00 元

提要：本书设有特载、总述、市人大工作、市政协工作、节能减排、环境质量、规章、规划和计划、环境执法、污染防治与环境建设、生态保护与建设、环境管理、科学与技术、信息化建设、资源保护与利用、环保产品与市场等栏目，记述了 2015 年度上海市环境保护的重大事件和环境建设的新成就。

上海税务年鉴（2015）

上海市国家税务局 上海市地方税务局 编 中国税务出版社

出版日期：2017.9 一版一次 开本尺寸：29 cm 406 页

书号：ISBN978－7－5678－0533－0 定价：240.00 元

提要：本年鉴设置的篇目有：专文、重要文献、市级税务工作、基层税务工作、机构人员、大事记、统计资料、法规选编。 书中采用条目结构和记述体进行编纂，按市级税务和基层税务两条线编排，真实反映了2014年度上海市税收工作的基本情况。

上海信息化年鉴（2017）

《上海信息化年鉴》编纂委员会 编　上海人民出版社

出版日期：2017.10　一版一次　开本尺寸：27cm　717页

书号：ISBN978－7－208－14754－6　定价：360.00元

提要：本书客观、集中、系统地记述了年度上海信息化建设和发展的情况，全面介绍了上海城市信息化建设思想、规划、法规、信息基础设施、信息产业、信息化环境、信息技术标准以及城市信息化水平指标体系；记载了各行业信息技术应用方面的重大进展、典型案例；总结了上海城市信息化发展的经验教训；揭示了上海城市信息化未来发展方向。

上海公安年鉴（2017）

《上海公安年鉴》编辑部 编　中国人民公安大学出版社

出版日期：2017.11　一版一次　开本尺寸：30cm　443页

书号：ISBN978－7－5653－3063－6　定价：95.00元

提要：本书记述2016年上海公安机关、各有关公安处（局）的工作和队伍建设情况，以及有关群众团体的工作情况；收录2016年颁布的涉及公安工作的主要法律、法规和政策性文件。

上海浦东新区统计年鉴（2017）

上海市浦东新区统计局　国家统计局浦东调查队 编　中国统计出版社

出版日期：2017.8　一版一次　开本尺寸：30cm　331页

书号：ISBN978－7－5037－8332－6　定价：320.00元

提要：本书通过大量的统计数据，以中英文对照的形式记录了浦东新区开发开放以来社会经济发展的历程，全面展示了2016年浦东新区在二次创业的新阶段中，经济、社会、科技和重点开发区等各方面的发展变化。　全书内容分为：综合；人口；固定资产投资；招商引资；农业；工业；建筑业；金融业及要素市场；房地产；国内外贸易；服务、旅游和住宿业等。

闵行年鉴（2016）

上海市闵行区地方志编纂委员会　编　上海三联书店

出版日期：2017.1　一版一次　开本尺寸：30cm　469页

书号：ISBN978－7－5426－5791－6　定价：200.00元

提要：本年鉴卷首设特载、特辑、大事记、概况，百科大体按自然、政治、经济、文化、社会的顺序排列，具体内容按栏目、分目、条目3个层次编排，卷末为文献、社会调查、附录、索引。

上海司法行政年鉴（2015）

上海司法行政年鉴编纂委员会 编　上海辞书出版社

出版日期：2017.10　一版一次　开本尺寸：27cm　612页

书号：ISBN978－7－5326－5007－1　定价：168.00元

提要：本书设有特载，大事记，市司法行政工作，区、县司法行政工作，学会、协会、院校及其他单位工作，局领导讲话和文稿选载等栏目，记载了2014年度上海司法行政工作的基本情况。

上海房地产年鉴（2016）

上海房地产年鉴编纂委员会 主编　线装书局

出版日期：2017.6 一版一次 开本尺寸：29cm 290页

书号：ISBN978-7-5120-2799-2 定价：650.00元

提要：本年鉴分专论、环境、行业、类型、区域、附录六篇，反映了 2015 年上海房地产业的发展情况。内容包括：2015 年上海市国民经济和社会发展统计公报、政策制度环境、经济社会环境、土地市场、房地产金融、房地产开发、房地产营销、住宅市场等。

上海证券交易所统计年鉴（2017 卷）

上海证券交易所 编 上海远东出版社

出版日期：2017.8 一版一次 开本尺寸：26cm 653页

书号：ISBN978-7-5476-1307-8 定价：300.00元

提要：本书全年反映了 2016 年度上海证券交易所资本市场情况，包括：市场概括、股价指数、证券成交、上市公司、会员公司、投资者、大事记等方面内容，有助于机构投资者和普通投资者了解上海证券交易所市场的发展动态与趋势。

华东师范大学年鉴（2012 总第十三卷）

华东师范大学年鉴编纂委员会 编 华东师范大学出版社

出版日期：2017.1 开本尺寸：27cm 427页

书号：ISBN978-7-5675-4808-4 定价：80.00元

提要：本年鉴是在校年鉴编纂委员会主持下编纂的一部综合性参考文献，所反映的内容上起 2011 年 1 月，下至 2011 年 12 月，采用分类、条目编纂法，以专文、概述、简况为纲，以大事记为经，全面记述 2011 年全校各方面工作情况。本年鉴是由华东师大年鉴编纂委员会编纂的，委员会主编是书记、校长，副主编是副书记、副校长，编委成员共 22 人，由学校各单位各院系中相关人员组成，具体编辑人员主要来自学校档案馆。

上海健康医学院年鉴（2016）

上海健康医学院年鉴编纂委员会 编　上海交通大学出版社

出版日期：2017.2　一版一次　开本尺寸：26cm　272页

书号：ISBN978‑7‑313‑16240‑3　定价：98.00元

提要：本年鉴是由上海健康医学院年鉴编纂委员会主持编纂的一部综合性资料工具书和史料文献。 该年鉴以坚持尊重历史、实事求是的原则，如实记载了上海健康医学院2015年的建设和发展历程。 本书以条目为基本体裁，主要介绍了学校概况、2015年大事记等学院的各项工作，如教育教学、学科建设、人才队伍建设、交流与合作、党建与思想政治教育、条件与保障、校内管理体制改革、学生工作以及各二级学院和附属单位的主要工作内容等。

上海油画雕塑院年鉴（2015—2016）

上海油画雕塑院编　上海书画出版社

出版日期：2017.8　一版一次　开本尺寸：29cm　301页

书号：ISBN978‑7‑5479‑1602‑5　定价：160.00元

提要：本书以院内画家、雕塑家、艺术评论家、策展人等在2015年至2016年间的创作与研究为主要内容，如周加华、肖谷、刘曼文、殷雄、李溯、石至莹、鲁丹、陈妍音、杨冬白、张新、韩子健、袁侃、林森、傅军、江梅、李诗文、陈晓蕾、秦捷佳等。 其他由展览与研讨、院史钩沉、公共教育、年度收藏、国际艺术市场分析、艺术动态等栏目组成。 图文并茂，全面反映了两年里上海油画雕塑院的各项研究与创作成果。

同济大学景观学系科研教学成果年鉴（2015—2016卷）

同济大学建筑与城市规划学院景观学系 著　同济大学出版社

出版日期：2017.5　一版一次　开本尺寸：21cm　205页

书号: ISBN978 - 7 - 5608 - 6884 - 4　定价: 69.00 元

提要: 本书是同济大学建筑与城市规划学院景观学系教师 2015–2016 年的教学及科研论文集, 共有 25 位作者各自就不同主题撰写的论文, 图文并茂, 并有中英文论文摘要, 图片上百幅, 是有关景观学专业教学及相关科研的非常重要的论文成果。

同济规划教育年鉴 (2015—2016)

同济大学建筑与城市规划学院城市规划系 著　同济大学出版社

出版日期: 2017.1　一版一次　开本尺寸: 24cm　261 页

书号: ISBN978 - 7 - 5608 - 6704 - 5　定价: 150.00 元

提要: 本书汇集总结 2015—2016 年度同济大学建筑与城市规划学院规划系的所有课程和部分优秀学生作业、重要事件以及统计资料, 提供了大量的图文解析, 为学院的决策者、管理者、研究者提供丰富的资料与数据, 了解过去一年中取得的成绩和存在的问题。

商务印书馆 120 年大事记 (1897—2017)

《商务印书馆 120 年大事记》编写组 编　商务印书馆

出版日期: 2017.8　一版一次　开本尺寸: 26cm　333 页

书号: ISBN978 - 7 - 100 - 13120 - 9　定价: 120.00 元

提要: 商务印书馆于 1897 年在上海成立, 自建馆 90 周年开始有逢十年纪念日出版大事记的传统, 先后出版《商务印书馆大事记》《商务印书馆百年大事记》《商务印书馆 110 年大事记》。 为庆祝商务印书馆创立 120 年, 本书在 2007 年出版的《商务印书馆 110 年大事记》基础上补编 2007—2016 年间的重要活动、重点图书等, 讲述了商务印书馆自 1897 年成立至今, 120 年来创业、发展、复兴、维持、新生、再创辉煌……的发展历程。

上海市医学会麻醉科专科分会编年史（2017）

邓小明　袁红斌　于布为　主编　　人民卫生出版社

出版日期：2017.5　一版一次　开本尺寸：29cm　295页

书号：ISBN978‐7‐117‐24516‐6　定价：175.00元

提要：麻醉学科在100多年的发展历史中从起初单纯的临床麻醉，发展成为集临床麻醉、疼痛诊疗、危重病监护治疗、急救复苏为一体的临床专科。如今的麻醉学科更肩负模拟教学、临床医师培训、跨界科研等多项重任。上海是我国的金融、科技、医学的发展中心，上海麻醉事业的发展引领并推动着全国麻醉事业的发展。上海的医学教育培养了大量的优秀人才，遍布海内外，不仅使上海市的麻醉学科有了长足的进步，也促使中国的麻醉学事业不断发展和壮大。

2017年上海软件产业发展研究报告

上海市经济与信息化委员会　编著　　立信会计出版社

出版日期：2017.11　一版一次　开本尺寸：25cm　124页

书号：ISBN978‐7‐5429‐5624‐8　定价：50.00元

提要：本书从产业综述、重点领域、区县发展、产业基地和政策环境等角度介绍2016年上海软件产业发展的基本情况，分析了产业发展现状及趋势，梳理了国家和上海的产业政策，对于基础软件、工业软件等重点领域进行了剖析，梳理和总结了代表区县、产业基地的举措与发展思路。

2016年度上海市居民创业状况调查报告

上海市就业促进中心　主编　　复旦大学出版社

出版日期：2017.11　一版一次　开本尺寸：21cm　124页

书号：ISBN978‐7‐309‐13118‐5　定价：20.00元

提要：本书参照全球创业观察项目（GEM）的指标体系和调查方

法，对本市居民从创业现状、创业环境、创业企业现状等多个维度进行了调查。通过对调查数据的分析，揭示出本市的创业特点、创业瓶颈、所需的创业政策以及发展趋势等，全方位地呈现了 2016 年上海市居民创业状况。

2017 上海城市经济与管理发展报告：优化升级长三角城市群的上海城市发展战略研究

赵晓雷　主编　格致出版社

出版日期：2017.12　一版一次　开本尺寸：26cm　322 页

书号：ISBN978 - 7 - 5432 - 2805 - 4　定价：58.00 元

提要：本书对以优化提升长三角城市群为目标的上海城市发展战略展开系统研究，主要内容包括：以优化升级提升长三角城市群为目标的上海城市总体发展定位、以优化提升长三角城市群为目标的上海城市对外开放战略、以优化提升长三角城市群为目标的上海城市创新体系发展战略等。

上海市场商业银行结构性理财产品发展报告：基于消费者权益保护的视角

茆训诚　杨宝华　陶爱莲　唐健盛　著　经济管理出版社

出版日期：2017.12　一版一次　开本尺寸：24cm　140 页

书号：ISBN978 - 7 - 5096 - 5475 - 0　定价：98.00 元

提要：本书的研究结果是课题组根据收集的 2016 年上半年到期的上海市场各商业银行面向普通个人投资者公开发行的结构性理财产品的数据所做出的分析和判断。

上海财政改革发展报告集（2016）

《上海财政改革发展报告集》编委会 编著 立信会计出版社

出版日期：2017.9 一版一次 开本尺寸：26cm 758页

书号：ISBN978－7－5429－5596－8 定价：73.00元

提要：本书主要反映2016年上海市财政预算执行基本情况和财政改革创新取得的重要突破，以及2017年上海市财政预算总体安排和全市财政改革发展的重要任务。 本书是了解近年来上海市财政改革和发展方向的重要参考，实用价值较高。

国家智能网联汽车（上海）试点示范区发展报告（2017）

《国家智能网联汽车（上海）试点示范区》编写组 编著 上海交通大学出版社

出版日期：2017.5 一版一次 开本尺寸：29cm 356页

书号：ISBN978－7－313－17171－9 定价：2000.00元

提要：目前全球智能汽车产业市场规模已突破300亿元，美、德、日等智能汽车产业正处于快速发展阶段，各国相关的法律法规也在不断完善，谷歌、沃尔沃、博世等部分技术领先企业的有条件自动化驾驶汽车已开始路测。 国内智能汽车产业起步相对较晚，但产业发展迅速。 本书对全球的职能汽车产业、智能汽车示范园区的概况及发展现状以及各国的职能汽车的战略与政策、标准与法规进行综述。

上海市新能源汽车产业大数据研究报告（2017）

陈海林 上海市新能源汽车公共数据采集与监测研究中心 主编 上海交通大学出版社出版

日期：2017.8 一版一次 开本尺寸：30cm 437页

书号：ISBN978－7－313－17998－2 定价：2000.00元

提要：本书集合了数据中心对2016年上海新能源汽车大数据的研

究成果，报告旨在对年度内上海新能源汽车的使用情况做全面的盘点，以期为上海新能源汽车的产业发展及推广应用打开新局面、再上新台阶提供参考和借鉴。

上海互联网金融人才发展报告（2017）

上海市互联网金融行业协会　上海金融业联合会　上海大学　上海科技金融研究所 编　上海交通大学出版社

出版日期：2017.5　一版一次　开本尺寸：29cm　103 页

书号：ISBN978－7－313－16811－5　定价：32.00 元

提要：本书对互联网金融行业人才发展问题进行研究，对互联网金融人才进行了界定和分类，针对上海互联网金融人才发展现状开展了深入的调研，对上海互联网金融人才结构、技能素质、招聘现状、人才流动、人才培养模式等多方面进行了深入的梳理和剖析，总结了上海互联网金融人才发展所呈现出的特点及发展中存在的问题，并提出了上海互联网金融人才发展的相关建议和对策。

上海科技人才发展研究报告（2017）

王建平　主编　上海交通大学出版社

出版日期：2017.11　一版一次　开本尺寸：24cm　214 页

书号：ISBN978－7－313－18341－5　定价：49.00 元

提要：本书面向上海市"十三五"时期建设具有全球影响力的科技创新中心任务，认为与全球科创中心相匹配的，上海必须向全球人才枢纽迈进，因此对上海近年来的科技人才引进政策、人才激励政策、兄弟省市及发达国家地区人才政策情况、人才发展软环境、青年人才服务平台建设等进行深入梳理和分析，然后提出"十三五"时期促进上海人才发展的对策和建议。

2016 上海科技创新中心指数报告

《上海科技创新中心指数》研究编制组上海市科学学研究所 编
上海教育出版社

出版日期：2017.4　一版一次　开本尺寸：24cm　88页

书号：ISBN978-7-5444-7438-2　定价：20.00元

提要：当前，上海正深入实施创新驱动发展战略，加快建设具有全球影响力的科技创新中心。 为了把握科创中心的形成与发展规律、监测和评价科创中心建设的进程与成效，迫切需要能够系统化、多维度反映上海科技创新发展特点和趋势的指标体系。 在上海市科委的指导和支持下，上海市科学学研究所组织课题组，开展了上海科技创新中心指数的研究与编制工作，以翔实的数据统计分析为支撑，梳理上海创新的优势特色与短板不足，跟踪监测科技创新中心建设。

2016 上海总部经济及商务布局发展报告

上海市商务委员会 编著　上海科学技术文献出版社

出版日期：2017.1　一版一次　开本尺寸：26cm　194页

书号：ISBN978-7-5439-7596-5　定价：48.00元

提要：本书由上海市商务委员会组织编写。 介绍2015年上海跨国公司总部经济发展概况及2016年上海吸引跨国公司的思路与举措，介绍上海国内企业总部经济发展概况、上海总部经济集聚发展现状及区（县）总部经济及商务楼宇发展现状。

2016 上海服务业发展报告

上海市商务委员会 编著　上海科学技术文献出版社

出版日期：2017.1　一版一次　开本尺寸：26cm　297页

书号：ISBN978-7-5439-7489-0　定价：48.00元

提要：本书在分析2015年上海服务业发展状况与趋势的基础上，

发布了 2016 年上海服务业的政策支持重点，引导社会投资方向。 同时对商贸服务业、商务服务业、服务业发展管理、服务业规划布局和建设重点、上海 18 个区（县）服务业发展情况等进行了简要介绍。

2016 上海国际经济贸易发展报告

上海市商务委员会 编著 上海科学技术文献出版社

出版日期：2017.7 一版一次 开本尺寸：26cm 341 页

书号：ISBN978-7-5439-7477-7 定价：48.00 元

提要：本书分五篇 15 章，在分析 2015 年上海国际贸易发展状况与趋势的基础上，发布 2016 年上海国际贸易的政策支持重点，引导社会投资方向。 展望 2016 年的工作，并有上海各区县的情况总结，对上海建设国际贸易中心建设有很高的参考价值。

上海会展业发展报告（2017）

陈先进 主编 上海科学技术文献出版社

出版日期：2017.3 一版一次 开本尺寸：24cm 211 页

书号：ISBN978-7-5439-7338-1 定价：58.00 元

提要：本书分析了 2016 年上海会展产业链发展现状，摘录部分行业研究报告，预测了上海会展业发展的前景。 书中收录了形势篇、工作篇、足迹篇、思考篇四个部分。

上海民生民意报告（2017）

杨雄 陶希东等 著 上海人民出版社

出版日期：2017.1 一版一次 开本尺寸：24cm 345 页

书号：ISBN978-7-208-14222-0 定价：65.00 元

提要：本书是以上海社科院实施"创新工程"建设为依托，以上海社会科学院社会调查中心（"社情民意调查和公共政策评估"智库）为研究主体，继 2016 年民生民意报告基础上的又一系列年度调查，是一项集体智慧的结晶。 通过对上海 2000 份样本的概率抽样调查，反映上海在收入消费、劳动就业、教育文化、社会保障、居住环境、医疗保健、幸福感、安全感、认同感、信心度等 10 个方面的民生民意基本状况。

2017 上海服务贸易发展报告

上海市商务委员会 编　上海人民出版社

出版日期：2017.12　一版一次　开本尺寸：29 cm　191 页

书号：ISBN978‐7‐208‐14948‐9　定价：60.00 元

提要：本书介绍 2017 年全球、我国和上海服务贸易年度发展情况，发布有关服务贸易及其相关领域的研究成果和政策解读，汇总政府有关部门关于服务贸易以及支持服务贸易发展的政策文件和统计数据。 分为"总报告"、"专题报告"、"政策文件"、"数据表组"、"附录"五个部分，主要内容包括：全球服务贸易规则重构研究、商务部国家统计局关于印发《国际服务贸易统计监测制度》的通知等。

创新与转型：2012—2017 年上海发展报告

徐建刚 中共上海市委党史研究室 编　上海人民出版社

出版日期：2017.5　一版一次　开本尺寸：25 cm　650 页

书号：ISBN978‐7‐208‐14421‐7　定价：70.00 元

提要：本书全面记录了上海市第十次党代会召开以来的 5 年中，在党中央的正确领导下，上海在政治、经济、文化、社会、党建等各领域所取得的显著成就，充分展示了上海广大党员干部群众海纳百川、追求卓越、开明睿智、大气谦和的精神面貌。

上海金融发展报告（2017）

郑杨　主编　上海人民出版社

出版日期：2017.8　一版一次　开本尺寸：29 cm　252 页

书号：ISBN978－7－208－14724－9　定价：88.00 元

提要：本书记载上海国际金融中心建设各方面情况，包括上海金融市场、金融机构、金融环境等方面发展变化的综合性发展报告。

上海学术报告（2015—2016）

上海市社会科学界联合会　编　上海人民出版社

出版日期：2017.12　一版一次　开本尺寸：25 cm　656 页

书号：ISBN978－7－208－14838－3　定价：128.00 元

提要：本书是由上海市社联组织的对 2015—2016 年上海市整个学术状况的研究报告。　本书由许明先生任执行主编，本着学术开放、学术独创、学术为本的原则，请沪外、本地及海外三方面的学者对 2015—2016 年上海的学者和学术成果作了回顾和点评，反映了上海学术的全貌。

2016—2017 年上海典当业发展报告

韩汉君　吴贤达 主编　上海社会科学院出版社

出版日期：2017.1　一版一次　开本尺寸：24 cm　227 页

书号：ISBN978－7－5520－2136－3　定价：49.80 元

提要：本书包括总报告、纪念中国典当业复兴 30 周年特稿和 6 篇专题报告。　总报告以"满怀行业信心、迎接发展拐点"为题，详细分析上海典当业 2016—2017 年发展状况和特点；同时，研究了国内外宏观经济运行特征、我国当前金融市场动态，结合经济金融形势分析典当业发展所处的经营环境。　最后，总报告分析认为，在金融要为实体经济服务的大背景下，政府管理层运筹帷幄，典当行业从业人员不离不弃，我们相信，典当行业发展必将迎来拐点。专题报告则就"典当业务发展模式的比较研究""金融产业链中的典和典当行"等典当行业发展遇到的重大问题，进行专题分析。

2017 年上海精神文明发展报告

谢京辉　王泠一　主编　上海社会科学院出版社

出版日期：2017.11　一版一次　开本尺寸：24cm　341 页

书号：ISBN978－7－5520－2162－2　定价：69.80 元

提要：本书是《上海精神文明发展报告》的 2017 年期，该报告为连续性年度报告，由总报告、理论专题报告和国情调研报告组成，集中反映了上海文化、城市文明、道德培育等多方面的最新发展成就和一线生动案例。

2017 年上海民生发展报告

王泠一　主编　上海社会科学院出版社

出版日期：2017.2　一版一次　开本尺寸：24cm　328 页

书号：ISBN978－7－5520－1503－4　定价：75.00 元

提要：全书由 5 篇总报告和 53 篇专题报告组成。集中反映了上海转型发展、城乡一体、社会民生、基础教育和社会建设等领域的最新成就和一线案例等。尤其是上海市、区两级人大代表"关于推进科技创新中心建设"、"推进长江经济带建设"等调研报告对于中央和地方政府的发展改革具有很高的参考价值。

上海房地产发展报告（2016—2017）

顾建发　张宏伟 编　上海社会科学院出版社

出版日期：2017.7　一版一次　开本尺寸：24cm　194 页

书号：ISBN978－7－5520－2038－0　定价：50.00元

提要：本书从上海房地产发展背景、上海土地市场、上海商品房市场等多维度系统性分析了 2016 年上海房地产市场的发展、变动，展望了 2017 年上海房地产市场。 在最后一部分，对 2016 年中国整体房地产政策、土地市场、典型城市住宅市场及发展进行了论述，对 2017 年中国房地产进行了展望。

上海郊区发展报告（2016—2017）

上海市发展和改革委员会　上海社会科学院 编　上海社会科学院出版社

出版日期：2017.9　一版一次　开本尺寸：24cm　447 页

书号：ISBN978－7－5520－2070－0　定价：120.00元

提要：本书主要内容为：上海郊区经济发展专题，农业、工业、服务业等重点产业发展专题，新城建设、城乡一体化、社会事业、就业等重点领域发展专题，郊区各区县经济社会发展专题三大板块。 整个报告从面、点、块等多个方面，纵向和横向等多角度对比，比较翔实深入地分析了 2016 年度上海郊区经济社会发展的主要特征，并对 2017 年上海郊区经济社会发展的内外部环境与趋势进行分析判断，并在此基础上做了展望。

长江经济带发展报告（2016—2017）

王振　主编　社会科学文献出版社

出版日期：2017.12　一版一次　开本尺寸：24cm　379 页

书号：ISBN978－7－5201－1445－5　定价：89.00元

提要：本书是长江经济带蓝皮书系列的第二部报告，由上海社会科学院长三角发展智库创新团队的牵头组织，也是上海社会科学院国家高端智库成果之一。 这部报告以长江经济带区域整体发展为研究对象，分为指数篇、经济篇、社会篇和环境篇四大部分，共 14 个报告，重点对 2016－2017 年期间长江经济带的经济、社会、环境等发展状况做一个比较全面的梳理，包括工业、服务业、金融业、农业、旅游业、交通运输业、文化产业以及收入分配和社会事业等进行深度整理、挖掘、提炼和分析，独家、权威、系统地介绍长江经济带的最新发展状况和变化规律。

上海法治发展报告（2017）

叶必丰 主编　社会科学文献出版社

出版日期：2017.9　一版一次　开本尺寸：24cm+　341 页

书号：ISBN978－7－5201－0862－1　定价：79.00 元

提要：本书对 2016 年上海地方法制建设进行了全面的回顾、梳理和总结，突出显示上海在人大立法、法治政府、司法改革和依法治市等方面的工作亮点，如关切民生的立法出台，证照分离制度的推行，交通违法大整治的开展，司法体制改革的深化，法律监督水平的强化，社会治理手段的创新等。 对于 2017 年上海法制建设面临的新形势、新情况、新挑战，本书做了进一步的分析和展望。

上海合作组织发展报告（2017）

李进峰 主编　社会科学文献出版社

出版日期：2017.06　一版一次　开本尺寸：24cm　387 页

书号：ISBN978－7－5201－0803－4　定价：98.00 元

提要：本书分为总报告、特稿、政治合作、安全合作、经济合作、人文合作、域外舆情七部分。 收录了《上合组织 2016 年发展形势分析与展望》《2016 年度元首峰会》《对混合战争理论的分析与思考》等文章。

上海经济发展报告（2017）：推动供给侧结构性改革

沈开艳 主编 社会科学文献出版社

出版日期：2017.2 一版一次 开本尺寸：24cm 271页

书号：ISBN978 - 7 - 5201 - 0267 - 4 定价：79.00元

提要：本书以推动供给侧结构性改革为主题，从上海"三去一降一补"问题、上海国际消费城市建设、上海制造业转型升级、上海经济增长动力转换、上海科创中心建设立法需求等不同维度，深入探讨供给侧改革与上海全面深化改革的关系；聚焦上海自贸试验区投资管理创新、上海科技对外开放的模式创新以及上海社会信用体系建设等问题；探讨了上海国资管理体制改革的现状、上海民营经济发展状况、上海上市公司景气指数以及基层治理等问题。

实现持续高效发展：上海供给侧结构性改革实践与路径：2016/2017年上海发展报告

上海市人民政府发展研究中心 编 格致出版社

出版日期：2017.1 一版一次 开本尺寸：29cm 333页

书号：ISBN978 - 7 - 5432 - 2722 - 4 定价：128.00元

提要：本书中报告的观点和材料主要来自上海市政府发展研究中心2016年开展的各项上海发展、改革领域的研究成果，尤其是围绕供给侧结构性改革所进行的研究。本报告的针对性研究对上海各界人士以及兄弟省市和中央了解上海发展具有极高的参考价值。

上海浦东经济发展报告（2017）：深化双自联动和政府职能转变

沈开艳 周奇 编 社会科学文献出版社

出版日期：2017.2 一版一次 开本尺寸：24cm 229页

书号：ISBN978 - 7 - 5201 - 0268 - 1 定价：79.00元

提要：本书以"深化双自联动和政府职能转变"为主题，总报告分析了2016年浦东经济形势及浦东新区加快推进核心功能区建设的新进展和新突破，并对2017年浦东经济发展进行了预测；深化双自联动篇聚焦于自贸区建设及"双自联动"政策效果；政府职能转变篇着重分析了浦东新区品牌提升、区域及产业转型发展和人才制度等；实证案例篇实证分析了科创中心核心功能区建设及政策效应，并在理论上做了提炼。

上海社会发展报告（2017）：共享发展

杨雄　周海旺　编　　社会科学文献出版社

出版日期：2017.2　一版一次　开本尺寸：24cm　318页

书号：ISBN978 - 7 - 5201 - 0269 - 8　定价：79.00元

提要：本书以"共享发展"为主题，深入分析了上海社会经济发展中共建共享的现状和问题，努力探索破解困难和问题的关键环节，提出精准化的对策建议，促进上海2020年全面建成高质量的小康社会，促进上海社会经济的中长期持续稳定发展。

上海文化发展报告（2017）：文化创新的上海实践

荣跃明　主编　　社会科学文献出版社

出版日期：2017.2　一版一次　开本尺寸：24cm　322页

书号：ISBN978 - 7 - 5201 - 0270 - 4　定价：79.00元

提要：本书以"文化创新的上海实践"为主题，聚焦2016年乃至更长时段内上海文化发展的诸多层面，在准确把握2016年上海文化发展新态势的基础上，系统梳理上海文化建设面临的新背景，预测展望上海文化发展的新趋势，进而指出未来上海加快国际文化大都市建设，进一步提升城市文化软实力的主要路径和具体举措。

中国自贸区发展报告（2017）

王力　黄育华 编　社会科学文献出版社

出版日期：2017.6　一版一次　开本尺寸：24cm　300 页

书号：ISBN978－7－5201－0909－3　定价：89.00 元

提要：本书总结了国内外自贸区建设的基本情况和经验教训，重点介绍了上海自贸区运行一年来，在金融、贸易、法律等方面的改革创新，并就自贸区的离岸账户、贸易便利化、法律体系构建等方面进行专题深入探讨。深入分析了"1+3+N"的自贸区体系构建和战略布局，并从国内国际两个大局相互联系的角度出发，围绕国际多边自贸区与国内自贸园区的轴心体系，统筹"一带一路"和自贸区的建设发展，以扩大同各国各地区利益汇合点，对于推进自贸区战略的实施具有一定的政策意义和理论价值。

上海合作组织发展报告（2016）

贝文力 主编　时事出版社

出版日期：2017.8　一版一次　开本尺寸：24cm　352 页

书号：ISBN978－7－5195－0112－9　定价：98.00 元

提要：本书共分三个部分，分别为总论、上海合作组织合作领域研究以及国际关系视角下的上合组织，深入解读了地区热点问题和重大事件对上海合作组织发展的影响，对成员国、观察员和对话伙伴国发展现状及其与上海合作组织的关系进行了系统客观的描述。

上海测绘地理信息产业发展政策研究报告

陆洁中 主编　同济大学出版社

出版日期：2017.11　一版一次　开本尺寸：24cm　195 页

书号：ISBN978－7－5608－7452－4　定价：58.00 元

提要：本书结合上海测绘地理信息产业发展的实际，取得了一批重要数据、结论，系统总结了产业发展目前存在的八大问题，从促进、加快上海产业发展的目标出发，围绕管理、决策、创新等多角度提出五个方面、十九条发展建议，为管理部门、产业单位和业内外人士在政府法规政策指定、市场规范发展、投资决策、生产管理等方面提供了有益参考。

中国特色社会主义上海实践发展报告（2017）

袁峰 编　学林出版社

出版日期：2017.6　一版一次　开本尺寸：23cm　221页

书号：ISBN978－7－5486－1224－7　定价：58.00元

提要：改革开放以来，上海人民在中国共产党领导下，坚持走中国特色社会主义道路，不断扩大开放，深化改革，创新驱动、转型发展，经过30多年的艰苦奋斗，使上海的经济和社会面貌发生了巨大变化。今天的上海，在全国经济建设和社会发展中具有十分重要的地位和作用；正在向国际经济、金融、贸易、航运中心和社会主义现代化国际大都市目标迈进；肩负着面向世界、推动长三角地区一体化和长江经济带发展的重任，2020要在更高水平上全面建成小康社会。上海是如何通过走中国特色社会主义道路取得今天的成就又如何坚持走这条道路走向辉煌的未来，的确是一个值得思考的问题。

2015—2016上海科技金融发展报告

储敏伟 主编　中国财政经济出版社

出版日期：2017.1　一版一次　开本尺寸：24cm　297页

书号：ISBN978－7－5095－7237－5　定价：40.00元

提要：本报告由上海科技金融研究院组织编写，上海市科创中心与杨浦区金融办支持协助编写。本报告重点描述分析近两年来上海科技金融发展的重大背景、重大变革、重要创新、重要产品与重要事件。 通过各方面的描述分析，力图跟踪、梳理、探索上海科技金融发展的主要脉络、主要成果及其背后所反映的上海科技金融发展动力、发展需求与发展趋势。

上海公共关系三十年发展报告（1986—2016）：中英文版

吴友富 编　中国财政经济出版社

出版日期：2017.7　一版一次　开本尺寸：24cm　228页

书号：ISBN978－7－5095－7427－0　定价：50.00元

提要：本报告以 1986—2016 年为时间区间，以上海公共关系发展三十年来重要事件为线索，通过梳理发展历程、探究发展特点、研究重点议题、分析典型案例，全面总结了上海三十年来公共关系发展从无到有、从引进到原创、从普及到提高的整个过程和发展规律。

上海市公证行业社会责任报告（2015—2016）

上海市公证协会 编　中国法制出版社

出版日期：2017.9　一版一次　开本尺寸：26cm　76页

书号：ISBN978－7－5093－8804－4　定价：80.00元

提要：本份报告是上海市公证协会在 2015—2016 年度的工作总结报告，包括 4 万字文字内容和一些图片。 这是上海市公证人员在2015—2016 年度积极组织、主动参与的公益实践服务实例记录，也是全国公证人员履行社会责任的一个典型的形象缩影。

上海金融稳定报告（2017）

中国人民银行上海总部金融稳定分析小组 编　中国金融出版社

出版日期：2017.8　一版一次　开本尺寸：29cm　100页

书号：ISBN978－7－5049－9147－8　定价：80.00元

提要：本书力求客观呈现上海金融行业稳定性状况和需要关注的问题，分析并提示经济金融运行中可能影响金融稳定的潜在风险。 全书包括综述、经济与金融环境、银行业、证券业、保险业、金融基础设施建设六章内容。

2016 上海市电子商务报告

上海市商务委员会 编　中国商务出版社

出版日期：2017.7　一版一次　开本尺寸：26cm　228 页

书号：ISBN978－7－5103－1989－1　定价：90.00 元

提要：本书是上海市商务委员会组织编写的反映上海市电子商务发展状况的综合性报告。 报告从上海市电子商务发展概况、上海市电子商务发展环境、上海市电子商务在各行业中的应用、上海市各区县电子商务发展情况等方面反映了 2016 年上海市电子商务的发展，并对上海市商贸转型、平台经济、跨境电子商务、社区电子商务、生鲜电子商务等方面进行了专题研究，对上海市电子商务产业"十三五"规划的相关要点进行了介绍。 本书的附录提供了 2016 年上海市电子商务重要事件、上海市电子商务主要项目、上海市电子商务相关文件目录，供读者参考。 读者可以通过本书了解到上海市电子商务的发展水平、发展特点和发展趋势，也可以了解到上海市电子商务发展的基本思路、政策和措施。 本书资料丰富、内容翔实，对企业、行业协会及科研教学机构等单位有重要的参考价值。

上海青年政治学年度报告（2017）

严海兵　刘乐明　主编　中央编译出版社

出版日期：2017.12　一版一次　开本尺寸：24cm　426 页

书号：ISBN978－7－5117－3473－0　定价：85.00 元

提要：本书所收录的文章立足于上海、关怀于中国、着眼于世界，力图为促进中国政治学的全面发展贡献绵薄之力。 从世界范围看，青年是学术研究的生力军，也是学术传承和学术创新的中坚力量。 中国政治学经过几代前辈学人的潜心建设，目前正处于方法更新、范式转换和理论创造的关键时期，青年学者肩负着推动学术转型的重大责任。 发现、关注和追踪当代中国青年政治学者的研究成果，是本报告基于时代特征而确定的宗旨。

上海公共文化服务发展报告（2017 基层公共文化服务治理）

荣跃明 主编　上海人民出版社

出版日期：2017.4　一版一次　开本尺寸：24cm　300页

书号：ISBN978－7－5458－1422－4　定价：88.00元

提要：本书系上海社科院文学研究所组织编写的上海市公共文化服务发展年度报告。 全书以专题论文的形式，从总览整个上海公共文化服务事业发展的角度，对相关政策进行解读和分析，对于上海公共文化服务状况做了研究，同时对上海的公共文化资源、产业发展等做了调查和研究。 此外，报告还对上海的公共文化服务理念、公共文化服务设施、相关产业发展战略和人才储备等情况做了具体的论述与考察。

上海文化产业发展报告（2017）

荣跃明 主编　上海书店出版社

出版日期：2017.4　一版一次　开本尺寸：24cm　294页

书号：ISBN978－7－5458－1455－2　定价：88.00元

提要：本书系上海社科院文学研究所组织编写的上海市文化产业发展年度报告。 全书以专题论文的形式，从总览整个上海文化产业发展的角度，对相关政策进行解读和分析，对于年度上海文化产业增长、文化产业人才等情况做了研究，同时对上海的文化产业服务、消费市场做了调查和研究。 此外，报告还对上海的文化产业及其相关产业发展战略和人才储备等情况做了具体的论述与考察。

上海文化交流发展报告（2017）

荣跃明 主编　上海书店出版社

出版日期：2017.4　一版一次　开本尺寸：24cm　411页

书号：ISBN978－7－5458－1454－5　定价：88.00元

提要：本书系上海社科院文学研究所组织编写的上海市文化对外交流年度报告。 全书以专题论文的形式，从总览整个上海文化对外交流事业发展的角度，对相关政策进行解读和分析，对于上海对外交流的状况做了研究，同时对上海的文化对外交流理念、场地、设施、内容等做了调查和研究。 此外，报告还对上海的文化对外交流相关产业发展战略和人才储备等情况做了具体的论述与考察。

上海文学发展报告（2017）：上海生活史的文学建构

荣跃明 编　上海书店出版社

出版日期：2017.5　一版一次　开本尺寸：24cm　321页

书号：ISBN978－7－5458－1437－8　定价：88.00元

提要：本书系上海社科院文学研究所组织编写的上海市文学发展年度报告。 全书以专题论文的形式，从总览整个上海文学事业发展的角度，对相关政策进行解读和分析，对于上海文学创作状况与文学主题、文学创作人才的发展做了研究，同时对上海的文学阅读、文学研究、消费市场做了调查和研究。 此外，报告还对上海的公共阅读推广服务平台建设、文学及其相关产业发展战略和人才储备等情况做了具体的论述与考察。

上海非物质文化遗产发展报告（2017）：推动国际文化大都市建设中的非物质文化遗产保护

荣跃明 主编　上海书店出版社

出版日期：2017.4　一版一次　开本尺寸：24cm　319页

书号：ISBN978－7－5458－1421－7　定价：88.00元

提要：本书系上海社科院文学研究所民俗与非遗研究中心组织编写的上海市非物质文化遗产发展报告。 本报告的主要目的是为了全面反映 2016 年至 2017 年上海非物质文化遗产保护与开发中的主要成绩、重要现象以及存在的主要问题，并提出相关的政策建议。

上海传媒发展报告（2017）：移动传播与媒介创新

强荧 焦雨虹 主编　社会科学文献出版社

出版日期：2017.2　一版一次　开本尺寸：24cm　349页

书号：ISBN978－7－5201－0266－7　定价：79.00元

提要：本书以"移动传播与媒介创新"为主题，分析传媒形态，解读传媒格局，追踪热点现象，探究传媒发展趋势。 移动传播对信息生产、传播和消费模式产生巨大影响，媒介融合进入以移动互联为核心的新阶段。 终端智能化、应用移动化、形态可视化、服务全球化是发展大势，中国传媒当抓住时机迎接挑战，建构移动互联网时代中国传媒新格局。

2016 上海电影产业报告

上海市文化广播影视管理局 编　上海人民出版社

出版日期：2017.2　一版一次　开本尺寸：21cm　255页

书号：ISBN978－7－208－14289－3　定价：36.00元

提要：本书系上海市文化广播影视管理局组织编写的上海市电影产业发展 2016 年度报告。 全书从整个上海电影产业发展的角度，对相关政策进行解读和分析，对于 2015 年上海电影生产状况与制片企业的发展做了统计和数据分析，同时对上海的电影院线、发行与票房市场做了调查和研究。此外，报告还对上海的公共服务平台建设、电影产业发展战略和人才储备等情况做了具体的论述与考察，是一本了解上海电影产业发展的权威读本。

上海市民办高校英语专业人才培养现状调查报告（2016）

孙超　胡玥　卜迅　韦晓英　编　苏州大学出版社

出版日期：2017.4　一版一次　开本尺寸：21 cm　140页

书号：ISBN978－7－5672－2082－9　定价：26.00元

提要：本书是上海市民办高校重点科研项目2016－SHNGE－1ZD的结题报告，从民办高校英语专业的课程设置、课程质量、毕业生及用人单位四方面做调研，以期了解民办高校的人才培养现状，从而帮助项目找到目前的问题和症结所在。

2016年上海市体育社会科学研究成果报告

黄永平　上海市体育局　编　上海大学出版社

出版日期：2017.5　一版一次　开本尺寸：23 cm　363页

书号：ISBN978－7－5671－2748－7　定价：65.00元

提要：本书为一年一度上海市体育社会科学研究成果课题汇编，内容涉及体育事业中和重大理论问题和实践问题，对体育工作者、体育社科研究者及关注体育事业发展的各界人士，具有一定的学习和参考价值。

上海卫生政策研究年度报告（2016）

上海市卫生和计划生育委员会　上海市医药卫生发展基金会　上海市卫生发展研究中心　编　科学出版社

出版日期：2017.2　一版一次　开本尺寸：26cm　533页

书号：ISBN978－7－03－051843－9　定价：140.00元

提要：本书是《上海卫生政策研究年度报告》系列绿皮书的第五辑。全书共设置了卫生规划、医药卫生体制改革、公共卫生、医院管理、基层卫生、学科与人才、药政管理、计生与家庭发展、卫生筹资与保障、国际园地共 10 章，以及《2016 年上海市主要卫生计生统计数据》《2016 年度国家主要卫生计生政策文件一览表》和《2016 年度上海市主要卫生计生政策文件一览表》3 个附录，是 2016 年度上海卫生政策研究成果和重要数据文献的集中展示。

2017 年上海软件产业发展研究报告

上海市经济与信息化委员会　编著　立信会计出版社

出版日期：2017.11　一版一次　开本尺寸：25cm　124页

书号：ISBN978－7－5429－5624－8　定价：50.00元

提要：本书从产业综述、重点领域、区县发展、产业基地和政策环境等角度介绍 2016 年上海软件产业发展的基本情况，分析了产业发展现状及趋势，梳理了国家和上海的产业政策，对于基础软件、工业软件等重点领域进行了剖析，梳理和总结了代表区县、产业基地的举措与发展思路。

上海市气候变化监测公报（2016）

上海市气候变化研究中心　编　气象出版社

出版日期：2017.7　一版一次　开本尺寸：26cm　28页

书号：ISBN978－7－5029－6609－6　定价：20.00元

提要：全书共分 5 章，分别从大气、海洋、植被物候、季节变化和气候变化影响因子等方面，揭示了上海市 1961 年以来的气候变化科学事实。本书可为地方政府有效制定应对气候变化政策，满足国内外科研与技术交流需要，开展气候变化科普宣传提供科学依据。

上海资源环境发展报告（2017）：弹性城市

周冯琦　汤庆合　主编　　社会科学文献出版社

出版日期：2017.2　一版一次　开本尺寸：24cm　282页

书号：ISBN978－7－5201－0271－1　定价：79.00元

提要：弹性城市是指对经济、环境、社会和制度等领域可能发生的各种冲击，具有承担、恢复和预防能力的城市。本书以"弹性城市"为主题，分析了上海建设弹性城市的背景和必要性，介绍了上海水污染治理现状和创新路径、弹性城市建设和长三角水环境治理、上海城市水治理的转型、上海水生态重建模式分析，充分论述了中国城市适应气候变化的挑战及其未来的方向。最大的贡献是创建了"弹性城市"评价指标体系，并以上海为例，进行了实证分析。

上海市科协学科发展报告（2017）

上海市科学技术协会　主编　　上海科学普及出版社

出版日期：2017　一版一次　开本尺寸：26cm　394页

书号：ISBN978－7－5427－7008－0　定价：46.00元

提要：本书选取了上海市科学技术协会学科、产业（行业）技术与社会事业发展研究项目中相关的十余篇报告，分学科篇、技术篇和社会事业篇三部分，力图从学科发展的视角，客观反映上海市一些重点学科的发展现状。

2015年上海市 1% 人口抽样调查资料

上海市统计局　编　　中国统计出版社

出版日期：2017.2　一版一次　开本尺寸：31cm　514页

书号：ISBN978－7－5037－8063－9　定价：380.00 元

提要：本书为 2015 年上海市 1%人口抽样调查数据的汇总加工资料。　组织开展 2015 年 1%人口抽样调查，将摸清 2010 年以来人口在数量、素质、结构、分布以及居住等方面的变化情况，为制定国民经济和社会发展规划提供科学准确的统计信息支持。

2016—2017 年上海经济形势回顾与展望

周亚　朱章海　主编　上海人民出版社

出版日期：2017.1　一版一次　开本尺寸：24cm　186 页

书号：ISBN978－7－5432－1607－5　定价：88.00 元

提要：本书是上海市统计科学应用研究所的年度蓝皮书。　作为一份服务于上海经济社会发展的重要经济报告，本书对上海 2016 年度的财政、投资、消费、外贸、外资、生产价格、居民消费价格、先行指数、农业、工业、第三产业、金融、房地产、城市和农村居民收入、就业、研发投入这些方面，全方位地提供了上海经济形势的现状分析和未来预期。

2016 年上海国际金融中心建设蓝皮书

吴大器　主编　上海人民出版社

出版日期：2017.1　一版一次　开本尺寸：23cm　246 页

书号：ISBN978－7－208－14219－0　定价：58.00 元

提要：本书由上海金融学院金融研究所主持编写。　全书的框架结构有所变化，主要记录了 2016 年上海建设国际金融中心的现状和举措，以及其地位的提升。　自 2009 年春季上海双中心建设已作为国家战略以来，本书选择的作者层次和学术地位有较大提高，增强了宏观面的论述和分析，因此本书的内容丰富多彩，在业内有较大影响。

2017 年上海国际金融中心建设蓝皮书

吴大器 主编　上海人民出版社

出版日期：2017.12　一版一次　开本尺寸：23cm　270 页

书号：ISBN978 - 7 - 208 - 14918 - 2　定价：58.00 元

提要：2017 年的"蓝皮书"延续既往体例，分为三编架构：第一编是"2016 年度上海国际金融中心的建设概览和分析"，相应更新 2016 年发展的基本数据，可以作为年鉴比较收录。第二编是"金融创新和国家战略联动的专项研究"，2017 年的研究命题是根据和针对上海金融中心与国家战略联动发展的热门和重点关注程度，以及研究团队系列成果质量而确定的。两个专项研究均为省部级的研究项目。第三编是"上海国际金融中心建设专项建议"，根据蓝皮书已有体系，每年的蓝皮书都会汇集这一年中在上海立信会计金融学院为主建设的开放性决策。

上海国际航运中心建设蓝皮书（2014—2016）

中国经济信息社　新华通讯社上海分社　中国金融信息中心 编著
上海人民出版社

出版日期：2017.7　一版一次　开本尺寸：29cm　108 页

书号：ISBN978 - 7 - 208 - 14194 - 0　定价：58.00 元

提要：本书从媒体的角度，对上海国际航运中心的建设与发展进行全面系统的介绍和分析，既从受众的角度让广大读者了解上海国际航运中心的发展现状和趋势，又从专业角度给予客观评价。全书主要分为四个部分，一是回顾了上海国际航运中心建设取得的基本成绩；二是结合国家战略分析了上海国际航运中心的坐标；三是现代航运服务业发展；四是对上海国际航运中心的探索和展望。

2017 上海职业教育事业蓝皮书

周汉民 主编　上海科学技术文献出版社

出版日期：2017.11 一版一次 开本尺寸：24cm 412页

书号：ISBN978‐7‐5439‐7556‐9 定价：88.00元

提要：本书分为上海职业教育改革发展报告、上海职业教育专题研究、上海职业教育及特殊职教案例和上海中华职业教育社2016年度事业报告四个部分，通过总结上海职业教育的成绩和特色，梳理面临的新形势新问题，提出上海职业教育的发展思考和路径选择。

2015年上海航运政策与法律发展白皮书

林江 等 编著 上海浦江教育出版社

出版日期：2017.6 一版一次 开本尺寸：23cm 679页

书号：ISBN978‐7‐81121‐506‐9 定价：168.00元

提要：本书中英文对照，是上海国际航运研究中心政策与法律研究所结合2015年上海国际航运中心建设以及航运发展形势，回顾了2015年全年上海在航运政策与法律方面的发展。 全书共分为六部分：航运法律、法规及政策，航运政策与法律的司法执行，航运政策与法律的行政执行，航运政策与法律的书文评析，年度航运聚焦，展望。

上海市中小企业改制上市操作手册（2017）

上海市中小企业上市促进中心 主编 上海科学技术文献出版社

出版日期：2017.2 一版一次 开本尺寸：26cm 258页

书号：ISBN978‐7‐5439‐7320‐6 定价：68.00元

提要：本书根据资本市场的最新动态编制，希望此书能够对处于改制阶段或正在为改制而犹豫和彷徨的中小企业有所裨益和帮助。 本书共分10章，重点围绕中小企业改制的基础知识、法律和财税处理原则、公司治理架构构建、改制重组操作流程以及市区扶持政策等内容进行介绍，并收录了部分企业改制过程的现实案例。

人力资源和社会保障管理实务手册（2017）

上海市劳动和社会保障学会 编　上海社会科学院出版社

出版日期：2017.5　一版一次　开本尺寸：21cm　189 页

书号：ISBN978 - 7 - 5520 - 1942 - 1　定价：40.00 元

提要：本书汇集了上海市 2017 年最新最全的劳动和社会保障方面的政策规定与有关管理条例，供广大人力资源专业人员参考使用。 全书分"劳动管理""保险福利""事业单位人事管理""争议处理""居住证管理"等八大部分，每个部分都有详细的政策解读，十分方便读者使用。

上海市公共信息多语种服务手册：中日文版

上海市语言文字工作委员会办公室 编　上海外语教育出版社

出版日期：2017.8　一版一次　开本尺寸：19cm　159 页

书号：ISBN978 - 7 - 5446 - 4972 - 8　定价：29.00 元

提要：《上海市公共信息多语种服务手册（中日文版）》由上海市语言文字工作委员会办公室组编，上海市教育科学研究院国家语言文字政策研究中心、上海外国语大学语言文字工作委员会编制。《上海市公共信息多语种服务手册（中日文版）》从吃、住、行、游、购、娱、医七个方面，系统介绍了上海的餐饮住宿、旅游景点、公共交通、文化娱乐、出入境、购物休闲、就医流程等公共信息。

上海市公共信息多语种服务手册：中韩（朝）文版

上海市语言文字工作委员会办公室 编　上海外语教育出版社

出版日期：2017.8　一版一次　开本尺寸：19cm　157 页

书号：ISBN978 - 7 - 5446 - 4973 - 5　定价：29.00 元

提要：《上海市公共信息多语种服务手册（中韩朝文版）》从吃、住、行、游、购、娱、医七个方面，介绍了上海的旅游景点、餐饮住宿、公共交通、文化娱乐、出入境、购物休闲、就医流程等公共信息，以满足来自韩国和朝鲜的外籍人士在沪旅游、生活、工作等基本需要。

上海市公共信息多语种服务手册：中法文版

上海市语言文字工作委员会办公室 编　上海外语教育出版社

出版日期：2017.8　一版一次　开本尺寸：19cm　163 页

书号：ISBN978－7－5446－4974－2　定价：29.00 元

提要：《上海市公共信息多语种服务手册（中法文版）》从吃、住、行、游、购、娱、医七个方面，介绍了上海的旅游景点、餐饮住宿、公共交通、文化娱乐、出入境、购物休闲、就医流程等公共信息，以满足来自法语国家和地区的外籍人士在沪旅游、生活、工作等基本需要。

上海市公共信息多语种服务手册：中西文版

上海市语言文字工作委员会办公室 编　上海外语教育出版社

出版日期：2017.8　一版一次　开本尺寸：19cm　163 页

书号：ISBN978－7－5446－4975－9　定价：29.00 元

提要：《上海市公共信息多语种服务手册（中西文版）》从吃、住、行、游、购、娱、医七个方面，介绍了上海的旅游景点、餐饮住宿、公共交通、文化娱乐、出入境、购物休闲、就医流程等公共信息，以满足来自西班牙语国家和地区的外籍人士在沪旅游、生活、工作等基本需要。

上海市公共信息多语种服务手册：中英文版

上海市语言文字工作委员会办公室 编　上海外语教育出版社

出版日期：2017.8　一版一次　开本尺寸：19cm　168页

书号：ISBN978－7－5446－4976－6　定价：29.00元

提要：《上海市公共信息多语种服务手册（中英文版）》从吃、住、行、游、购、娱、医七个方面，介绍了上海的旅游景点、餐饮住宿、公共交通、文化娱乐、出入境、购物休闲、就医流程等公共信息，以满足来自英语国家和地区的外籍人士在沪旅游、生活、工作等基本需要。

上海市精神文明创建工作标准（2016版）

上海市精神文明建设委员会办公室　编　社会科学文献出版社

出版日期：2017.4　一版一次　开本尺寸：26cm　195页

书号：ISBN978－7－5201－0637－5　定价：88.00元

提要：本书由上海市精神文明建设委员会办公室编写，是一本探索新时期上海市精神文明创建工作的著作，收集了2016版上海市精神文明创建工作的各项管理规定和考评标准，包括2016版上海市文明城区测评体系，上海市文明小区、社区、村、镇测评体系，上海市文明单位、文明行业测评体系等。编者会同有关部门认真调研，修订了上海市精神文明创建体系中各部分的管理规定和考评标准，在保持继承性的同时，突出先进性、示范性和前瞻性，保证了该标准体系持续发挥指导作用。

精神卫生伦理审查操作指南

徐一峰　主编　人民卫生出版社

出版日期：2017.2　一版一次　开本尺寸：21cm　244页

书号：ISBN978－7－117－23891－5　定价：79.00元

提要：本书详述上海市精神卫生中心伦理委员会的发展，反映出我国精神卫生机构伦理审查的演变历史，通过重点讨论精神科伦理审查的关键问题，并辅以实际案例的讨论分析，帮助理解伦理审查的基本概念和重要理念等。本书内容包括：上海市精神卫生中心伦理委员会简介、伦理审查制度和标准操作规程、精神卫生的特殊问题、伦理审查的案例分析等。

上海市级医院建筑信息模型应用指南（2017版）

上海申康医院发展中心 编 同济大学出版社

出版日期：2017.11 一版一次 开本尺寸：23cm 95页

书号：ISBN978－7－5608－7471－5 定价：36.00元

提要：本书是国内第一本医疗卫生领域建筑信息模型（BIM）技术应用指南，该指南就BIM在医院建设项目中的应用价值、应用组织以及新建、改扩建项目和大修改造项目的BIM应用要点进行了说明。

既有公共建筑节能改造技术与应用指南

上海市建筑建材业市场管理总站 华东建筑设计研究院有限公司主编 中国建筑工业出版社

出版日期：2017.11 一版一次 开本尺寸：27cm 96页

书号：ISBN978－7－112－21116－6 定价：49.00元

提要：本书内容共三篇，第1篇技术篇（上海市既有公共建筑节能改造技术措施）；第2篇应用篇（上海市既有公共建筑节能改造示范项目）；第3篇资料篇。

上海市高中体育专项化教学实用指导

李永莉 编著 杭州出版社

出版日期：2017.5 一版一次 开本尺寸：29cm 169页

书号：ISBN978－7－5565－0658－3 定价：35.00元

提要：本书是为了顺应上海市"高中体育专项化"课程改革的趋

势，以提供体育教师专项化教学实用指导为宗旨，编者选择了深受高中生喜爱，同时也是学校开展比较广泛的篮球、排球、足球三个项目，编写了本书。 本书主要分为篮球篇、排球篇、足球篇，每篇包括理论知识和教学实践。 并且，本书还根据运动项目的特点，设计了与运动技术相结合的专项游戏，寓教学于游戏之中，增加了专项化教学的趣味性和实效性。

后 记

    编辑书目是一个痛并快乐着的事儿，它的痛主要属于编辑者，它的快乐源于成就感。通过《上海主题书目（2017 年）》的准备、整理与编纂，其间，又"认识"了许多反映上海内容的图书，对上海主题书目有了新的感觉，还增添了新的人员参与，所以才有了"《上海主题书目》分类纲要与说明"一文，以求教于大家。在收集书目、录入编目、分类编制过程中，有赖于汪耀华老师、倪道敏老师的关心，有赖于很多同事的辛苦，特别是柴云杰、顾美芝同志，费了不少心力。

图书在版编目(CIP)数据

上海主题书目. 2017年 /《上海主题书目》编纂组
编. -- 上海 ： 上海书店出版社，2025. 4. -- ISBN 978-
7-5458-2446-9

Ⅰ. Z812.6

中国国家版本馆 CIP 数据核字第 202509JZ06 号

责任编辑　杨柏伟　章玲云
封面设计　汪　昊

上海主题书目(2017年)
《上海主题书目》编纂组 编

出　　版	上海书店出版社	
	（201101　上海市闵行区号景路 159 弄 C 座）	
发　　行	上海人民出版社发行中心	
印　　刷	上海新华印刷有限公司	
开　　本	890×1240　1/32	
印　　张	12	
字　　数	300,000	
版　　次	2025 年 4 月第 1 版	
印　　次	2025 年 4 月第 1 次印刷	
ISBN 978 - 7 - 5458 - 2446 - 9/Z · 115		
定　　价	88.00 元	